纪连海品清史

纪连海·著

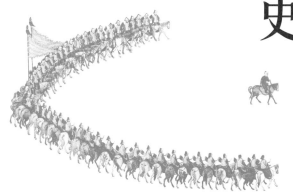

中国出版集团　现代出版社

图书在版编目（CIP）数据

纪连海品清史 / 纪连海著. — 北京 ： 现代出版社，
2024.1
ISBN 978-7-5231-0665-5

Ⅰ．①纪… Ⅱ．①纪… Ⅲ．①中国历史－研究－清代
Ⅳ．①K249.07

中国国家版本馆CIP数据核字(2023)第223625号

| 著　　者 | 纪连海 |
| 责任编辑 | 梁　惠　邓　翙 |

出 版 人	乔先彪
出版发行	现代出版社
地　　址	北京市安定门外安华里504号
邮政编码	100011
电　　话	(010) 64267325
传　　真	(010) 64245264
网　　址	www.1980xd.com
电子邮箱	xiandai@vip.sina.com
印　　刷	固安兰星球彩色印刷有限公司
开　　本	710mm×1000mm　1/16
印　　张	25.75
字　　数	392千字
版　　次	2024年1月第1版　2024年1月第1次印刷
书　　号	ISBN 978-7-5231-0665-5
定　　价	86.00元

目 录

第一讲

努尔哈赤开国（上）

大清王朝的历史要从努尔哈赤开国讲起。这位王朝创始人本身就是个传奇。

传奇之一是他的奇迹般崛起：以十三副半铠甲起兵，打下偌大江山。

传奇之二是他的子孙后代居然夺取了中国政权，是中国历史上四个国祚超过两百年的"寿星"之一，且是其中唯一的少数民族政权。

传奇之三是他的子孙后代奇迹般地促使中国人口迅速翻了几番。

传奇之四是他本人也为我们留下了种种疑案：先世、姓氏、身世、幽弟、杀子、八旗、建元、大妃、叶赫老女、炮伤和遗诏等。

一、努尔哈赤的族属溯源

爱新觉罗·努尔哈赤（公元1559—1626年），女真的英雄。满语中"爱新"意为"金"，"觉罗"为族，"努尔哈赤"是野猪皮。

而说到女真，我们并不陌生。

1. 女真的历史

从周到秦，女真的先民被中原称为"肃慎"，他们世居白山黑水之间，

■ 清太祖努尔哈赤朝服像

以渔猎为业；两汉到魏晋，称"挹娄"；南北朝，称"勿吉"；隋唐时期，称"靺鞨"。

"靺鞨"初有数十部，后逐渐发展为粟末、伯咄、安车骨、拂涅、号室、黑水、白山七个较大的部落。其中，地处最南的粟末部与最北的黑水部最强大。女真族就是"黑水靺鞨"的后裔。

唐太宗时，黑水靺鞨向唐朝纳贡。公元698年，粟末靺鞨建立了震国，感受到极大威胁的黑水靺鞨很快便与唐朝形成了统一战线。公元725年，唐朝在黑水靺鞨境内设置黑水军，次年置黑水都督府，标志着黑水靺鞨地区正式纳入唐朝版图。

公元926年，粟末靺鞨政权被辽所灭。这时的黑水靺鞨，则有史载："附属于契丹。其在南者籍契丹，号熟女真。其在北者，不在契丹籍，号生女真。"

日后的爱新觉罗·努尔哈赤，属于"生女真"，它包括几十个部落，其中完颜部最为强大。北宋徽宗政和四年（1114年），完颜部的首领完颜阿骨打起兵抗辽，并于公元1115年称帝，国号金，定都会宁，推行兵民合一的猛安谋克制。猛安谋克是爱新觉罗·努尔哈赤创建八旗制度的基础。在随后

■ 黑龙江女真之一的"费雅喀人"（清人绘）

的历史洪流中，中原地区的女真人逐渐与汉人融合，东北地区的女真人则继续单独存在。

2．努尔哈赤的祖先——布库里雍顺的传说

女真在明朝中叶时分为建州、海西、野人三大部。努尔哈赤的祖先属于建州女真。这里要特别提到一位叫作布库里雍顺的先人。

据《清太祖高皇帝实录》记载：长白山东北布库里山下的布尔瑚里泊，有三个仙女沐浴。大仙女叫恩固伦，二仙女叫正固伦，三仙女叫佛库伦。正洗间，飞来一只神鹊，口中叼了一枚红色的果子，放在了三仙女佛库伦的衣服上。佛库伦看着晶莹鲜红的果子觉得很可爱，便拿着含在嘴里。这果子刚一入口便一下滚进肚里，她便怀了身孕。不久后产下一个男孩，据说这孩子生下来就会说话，长得体貌奇异。长大以后，佛库伦告诉他，他是因吃红果子生的，叫他姓爱新觉罗，名布库里雍顺。

佛库伦给布库里雍顺一只小船，叫他坐上，告诉他说："天生汝以定乱国，其往治之。"随后升空而去。布库里雍顺乘着小船顺流而下，到了一个河岸上，便下船折些柳条野蒿铺在地下，坐在上边等待。当时那里正好有三姓争着做酋长，以致动武打斗起来，连日不停。正好其中一人取河水看见了他，回去对大家说："你们不要争斗了，我刚才去取水，看见一个人，相貌堂堂，很是非凡，一定是上天派下来的。"于是大家都去看他，布库里雍顺告诉他们说："我是天女所生，特来平定你们的争乱。"并且告诉了姓名。大家说："这是上天派来的圣人，不能让他白来。"于是大家用手抬着他到家，共同商议推举布库里雍顺为头领，并将本族姑娘许配给他为妻，居住在长白山鄂多里城。

此后，爱新觉罗·布库里雍顺下传数世，明初传至猛哥帖木儿，为斡朵里部的首领。

3．建州女真的分裂

公元1403年，明成祖在建州地区设置建州卫，以火儿阿部（亦名胡里改）首领阿哈出为指挥使；1411年，明成祖又在建州地区设置建州左卫，以猛哥帖木儿为建州左卫都指挥使；1433年，猛哥帖木儿被"野人"杀死，

■《满洲实录》之"三姓奉雍顺为主"图

子爱新觉罗·童仓袭封。1442年，明廷又分设建州左、右二卫，以童仓掌左卫，以猛哥帖木儿的弟弟凡察掌右卫，遂称"建州三卫"。

这样，建州左、右卫实际上是来自斡朵里部共同祖先的两个兄弟部落。他们与建州卫火儿阿部互通婚姻，通过血缘关系紧密地联合在一起。

1467年，明宪宗召童仓到北京朝见，并在返回途中将他杀死。与此同时，朝鲜也出兵万人攻入建州卫，杀死建州卫都指挥使、火儿阿部的首领。

建州三卫遭到如此沉重打击之后，部众分裂为八个部落：哲陈、浑河、苏克素护河、董鄂、完颜、珠舍哩、讷殷、鸭绿江。

就在建州女真分裂的同时，海西女真和野人女真也先后发生分裂。

4. 海西女真和野人女真

海西女真也被称为扈伦四部，包括哈达、叶赫、乌拉、辉发。其中尤以叶赫部最为有名。他们的始祖最初并不是女真人，而是蒙古人，原属蒙古部落中的土默特部；后消灭了原属海西女真的纳拉姓部，取其姓而代之；后来又迁于叶赫河岸建国，遂被称为叶赫部，也就是我们通常所说的叶赫那拉氏。

野人女真又被称为东海女真，分为窝集、库尔喀和瓦尔喀三部。

回过头来继续说建州三卫。1559年，三卫发生了一件惊天动地的大事：爱新觉罗·努尔哈赤出生在赫图阿拉。

5. 少年努尔哈赤

努尔哈赤的祖父是童仓的后裔、建州左卫都指挥使觉昌安。努尔哈赤的父亲塔克世是觉昌安的第四个儿子，母亲喜塔腊·额穆齐是建州右卫都指挥使王杲的义女。塔克世有五个儿子：长子努尔哈赤、次子穆尔哈齐、三子舒尔哈齐、四子雅尔哈齐、五子巴雅喇。其中，喜塔腊氏生育三个儿子，就是努尔哈赤、舒尔哈齐和雅尔哈齐，还生育一个女儿。后来塔克世又娶那拉氏为继妻，生育一个儿子即巴雅喇。李佳氏生育一个儿子即穆尔哈齐。

在努尔哈赤九岁时，母亲额穆齐因病去世，努尔哈赤逐渐陷入困境之中：开始是继母那拉氏的白眼，继而是父亲的辱骂。王杲看不过去，就把外孙接到自己家中抚养。

此后努尔哈赤常到抚顺、清河等地经商，广交朋友，学会了蒙、汉语

■ 赫图阿拉城北门

言文字，还爱看《三国演义》和《水浒传》，从中学习韬略兵法，渐知辽东山川形胜与道里险夷。十七八岁的时候，他到明总兵李成梁部投军，屡立战功，颇受器重。

战场得志的同时，努尔哈赤还得到了一个女人的欣赏。十八岁时，他与父亲塔克世分家，入赘佟佳氏，做了辽东富商佟佳·塔木巴晏的上门女婿。他的妻子佟佳·哈哈纳札青（又叫詹泰）为他生下两个儿子和一个女儿，大儿子叫褚英，二儿子叫代善，女儿东果格格长大成人后嫁给了何和礼。

然而就在此时，他的外祖父王杲、祖父觉昌安、父亲塔克世却在不到十年的时间里先后遇难。后来努尔哈赤也以此为借口，以岳父塔木巴晏送给他的"十三副半铠甲"起兵，拉开了女真统一战争的历史帷幕。

二、努尔哈赤起兵

1. 王杲、觉昌安和塔克世之死

悲剧源于努尔哈赤外祖父王杲争强好胜。

嘉靖年间，王杲驱使诸部落不时掠夺汉人和财物，屡次背叛明军。1574年，明廷官员到王杲寨追索逃人，竟被其部下杀死。于是万历年间，朝廷派总兵官李成梁大举兴师问罪，杀死王杲部千余人，王杲逃走并于1575年为海西女真哈达部所擒，送明廷处死。

王杲死后，他的儿子、努尔哈赤的舅舅阿台为父报仇，不断袭杀明军。1583年春，李成梁率兵直捣阿台的驻地。阿台妻子的祖父（同时也是努尔哈赤的祖父）觉昌安为保孙女和族人无恙，便暗中归顺明廷，并按照李成梁的部署，同自己的儿子、努尔哈赤的父亲塔克世一同进城，打算劝说阿台投降。

这时，另一个归顺明廷的建州女真图伦城城主尼堪外兰却立功心切，不顾觉昌安和塔克世的安危，擅自率部攻城。觉昌安和塔克世在城破后不幸死于战火。

■ 努尔哈赤的盔甲

努尔哈赤得到父、祖蒙难的噩耗后悲痛欲绝。他回到家中找到岳父塔木巴晏送给他的"十三副半铠甲"，带着自己的弟弟舒尔哈齐逃难。

然而一路逃难下来，努尔哈赤却因祸得福，收获颇丰。

2. 因祸得福的努尔哈赤

努尔哈赤逃难路过的第一站是嘉木瑚，借宿在嘉木瑚城主家中，在这里他遇到了一个对日后创业非常重要的人物、后金（大清的前身）五大开国元勋之一的额亦都。

额亦都家世代生活在长白山区，在年幼的时候父母被仇家所杀，他躲到邻近的村子里才得以幸免。13岁时，额亦都手刃了仇人，之后为躲避追捕逃到了嘉木瑚地区投奔他的姑姑。

额亦都看到努尔哈赤志向远大、谈吐不俗，便有意追随他，可是他的姑姑与姑父都因惧怕明廷而反对。额亦都便说："大丈夫生在天地间，哪能庸庸碌碌地活一生？我已经下定决心，请姑母不要担心我！"第二天，他带领村中九个人跟随努尔哈赤。这时的努尔哈赤二十二岁，额亦都十九岁。

努尔哈赤逃难路过的第二站是叶赫部，贝勒杨佳努见他仪表雄伟、器宇不凡，便优礼相待，还把年仅七岁的女儿叶赫那拉·孟古许给努尔哈赤为妻，并送给他马匹、甲胄，派兵护送他回建州老家。

这年努尔哈赤二十四岁，因叶赫那拉·孟古尚在幼年，便暂未行婚娶礼。直到1588年，当叶赫那拉·孟古长到十三周岁的时候，因父亲杨佳努已死，就由她的兄长送亲并完婚。四年后，叶赫那拉·孟古生下一个男孩，取名皇太极。

3. 明朝政府的努力

努尔哈赤有了支持者，胆量也逐渐大了起来。他给明朝在东北地区的官员写信质问说："我祖、父为何被害？难道你们与我有不共戴天之仇吗？"为此要求明廷杀掉尼堪外兰谢罪。

但当时明朝在东北地区最大的威胁不是努尔哈赤一家，而是海西女真扈伦四部当中最强大的哈达部，因此非常需要尼堪外兰出力。何况觉昌安和塔克世之死也的确是误杀。因此，朝廷为缓和与努尔哈赤的僵持局面，不仅派官员为"误杀"致歉，还送还觉昌安和塔克世

■ 埋葬努尔哈赤远祖、曾祖、祖父和父亲的辽宁新宾永陵

008

的遗体，赏给努尔哈赤敕书三十道、马三十匹、赐"龙虎将军印"并封为指挥使，还额外允诺每年赐银800两、蟒缎15匹。

此时的努尔哈赤余怒未消。他的父、祖冤死，部众叛离，族人心变，兼之得罪了明朝边臣。但他又不敢直接同明朝冲撞，于是只能把心中怒火通通发向了尼堪外兰。

4．努尔哈赤起兵复仇

公元1583年夏，努尔哈赤以报父、祖之仇为名，以岳父塔木巴晏送给他的"十三副半铠甲"和部众三十人为基础，又与苏克素护河部萨尔浒城主、嘉木瑚城主、沾河城主盟誓后得部众百余人后起兵，率领这一百多号人迅速直扑尼堪外兰的驻地图伦城，拉开了女真统一战争的历史帷幕。恰在这前后，海西女真哈达部的首领万汗病死，他的儿子们发生了内讧。随后，叶赫部的首领清佳努、杨吉努兄弟趁机袭击了万汗的儿子孟格布禄。明巡抚李松与总兵官李成梁为此出兵镇压，斩清佳努兄弟，令诸部仍归哈达部孟格布禄约束。清佳努的儿子布寨与杨吉努的儿子那林布禄不服，再次起兵。李成梁领明兵炮攻叶赫城，那林布禄等出降。这些变故使得明廷无暇顾及努尔哈赤。

■ 明朝为表彰李成梁镇守辽东军功而建的石坊

于是努尔哈赤打着讨伐仇人尼堪外兰的旗号，先攻打苏克素护河部图伦城，继而四处攻城略地。他越战越勇，连战连捷，终于在1586年杀掉仇人，随后趁热打铁，继续征伐女真其余部族。

三、建州女真的统一

1. 攻克董鄂部之役

公元1584年，努尔哈赤攻克董鄂部。这是一次很有意思的战役。

当年秋天，住在佟佳江附近的董鄂部内乱。努尔哈赤率并不多的人马乘机进攻，董鄂部主阿海巴颜以400人在城内迎战。

当时恰逢大雪，努尔哈赤灵机一动，撤走了大部队，亲率12名精锐在城下打埋伏。阿海巴颜以为敌人放弃进攻，率兵出来确认，被努尔哈赤打了个正着。伏兵们杀死4人，缴获2副甲衣后扬长而去。

此后，董鄂部士气大挫，努尔哈赤节节胜利。终于在公元1588年，董鄂部余众1万多人在他们首领何和礼的带领下归顺。后来何和礼也成为后金政权的五大开国元勋之一。

2. 建州女真六部的统一

公元1585年至1591年，努尔哈赤接连攻克浑河部、苏克素护河部、哲陈部、完颜部和鸭绿江部。至此，他控制了建州女真八个部落中除珠舍哩、讷殷二部以外的其他所有部落，占有了抚顺以东、长白山以南至鸭绿江的广大地区。

努尔哈赤知道他还没有能力与明朝对立，于是主动向明朝入贡。明廷也默认他统一建州三卫的事实，册封努尔哈赤为建州都督佥事，于1591年又晋升他为左都督。

但越来越强大的努尔哈赤终于引起了以叶赫为首的海西女真四部的恐慌。

3. 打败九部联军，完全统一建州女真

公元1593年夏，海西女真四部联合蒙古科尔沁、锡伯、卦尔察三部，

加上建州女真中的珠舍哩、讷殷二部，共九部三万人马，分三路攻打努尔哈赤。

面对九部联军的大举进攻，努尔哈赤的属下都惊恐异常。而努尔哈赤却在临战前夜酣然大睡。他是怎么想的？谁都不知道。

努尔哈赤的第二任妻子富察氏十分担心，大声叫醒丈夫说："你是不是乱了方寸了？是不是害怕了？不然的话，你怎么能够在九部联军进攻的时候睡得这么香呢？"

努尔哈赤听后翻了一个身，说："我如果害怕的话，还能睡得这么香吗？我早就听说叶赫部要来攻打我们，但是不知道什么时候来，所以一直就惦记着这件事。现在他们果然来了，我就放心了。我如果败于叶赫部，上天会讨厌他们的，他们难道还能不害怕？现在，我们顺应上天的安排，安定疆土，他们却纠集九部的军队残杀虐待没有过错的人，上天不会保佑他们的。"

努尔哈赤说完就继续睡觉去了。等到天亮时，他果然打败了九部联军，还乘机消灭了讷殷、珠舍哩两部。

至此，经过十年努力，建州女真最终得以统一。

此后，努尔哈赤又开始了统一海西女真和野人女真的战争。1599年，努尔哈赤乘海西女真四部中的哈达部饥荒，并与叶赫部不和之机，消灭了它。

他也由此引起了明廷的高度警觉。

第二讲

努尔哈赤开国（下）

努尔哈赤经过十年努力，完成了建州女真的最终统一，又击败了以海西女真为首的九部联军。剩余的海西女真和野人女真诸部不会善罢甘休，明朝也由此日益警觉。努尔哈赤仍然面临诸多考验。

一、努尔哈赤巩固统一的措施

1. 满洲文字的创立

哈达部被消灭后，努尔哈赤暂时停止了统一女真各部战争的步伐，转而开始从事内部建设，以巩固统一成果。他的第一项措施就是创立满洲文字。

当时，建州女真与朝鲜、明廷的来往公文都用汉文书写；对内发布军令和政令时则用蒙古文。这两种文字对女真

■ 努尔哈赤像

■ 后金第一部官修档案《满文老档》

百姓来说都难懂难记。

于是在公元1599年，努尔哈赤命人以蒙古字母拼写满语的方式创制了满文，并在清朝建立后被选定为官方语言文字。这不仅是满洲发展史上的一座里程碑，更是中华文化史乃至东北亚文明史上的一件大事。

2. 创立八旗制度

努尔哈赤的第二项措施就是创立八旗制度。它起源于女真人的牛录制：早先，女真人在出兵或狩猎的时候，按族党屯寨进行。每人出一支箭，十人为一牛录，其中有一首领，称"牛录额真"。

公元1601年，努尔哈赤在此基础上建立了黄、红、白、蓝四旗，每旗7500人。1615年，四旗又扩大为八旗。原四旗名称冠以"正"，新四旗则冠以"镶"。"镶"即在原来旗帜周围镶边，其中黄、白、蓝三色旗镶红边，红色旗镶白边。如此就形成了满洲八旗。后来又逐渐增设蒙古八旗、汉军八旗和"打胜八旗"，合计三十二旗，但仍惯称"八旗"。

八旗"以旗统军，以旗统民"，平时耕田打猎，战时披甲上阵，将部族国家联结成一个组织严密、生机蓬勃的整体。这是清朝的一个核心社会制度，也是定鼎燕京、入主中原、统一中国、稳定政权的关键。

3. 制定抚蒙政策

秦、汉以降，中原王朝始终防备北方游牧民族。直至明代，京师仍遭北骑袭扰，明英宗甚至做了瓦剌的俘虏。为此，修筑"万里长城"的办法从秦一直沿用至明。

然而努尔哈赤对蒙古采取了既不同于中原，也有别于先辈的做法：采用编旗、联姻、会盟、封赏、围猎、赈济、朝觐、重教等政策，加强对蒙古上层人物及部民的联系与辖治。

此后，后金国（清朝）与蒙古的关系也不同于汉、唐的公主和亲，而是互相婚娶，成了真正的儿女亲家。困扰古代中国的北方游牧民族难题，至此得到初步解决。这是努尔哈赤修内政的第三项措施。

终于，建州女真内外初定。努尔哈赤觉得，他统一整个女真、建立强大政权的时机到了。

二、后金政权建立前后的努尔哈赤

公元1607年，野人女真三部中的瓦尔喀部看到了努尔哈赤统一女真是一个任谁都不可阻挡的大趋势，于是主动归附。同年，努尔哈赤消灭了拒不屈服的海西女真四部中的辉发部。而另一部族乌拉部的势力虽然被大大削弱，却仍图谋振兴。

1. 乌拉部的挣扎

乌拉部与努尔哈赤交战失败后，被迫将贝勒满泰的女儿乌拉那拉·阿巴亥嫁给努尔哈赤为妻，努尔哈赤也将侄女嫁予乌拉部，双方互相婚嫁，结成姻盟。但到了公元1613年，努尔哈赤还是消灭了乌拉部。

至此，海西女真四部中就剩下叶赫部了。于是叶赫紧急向明廷求救，明廷派出千人相助。努尔哈赤便在攻下叶赫七城十九寨后见好而收。

努尔哈赤这时觉得，建立自己政权的时机已经到来了。

2. 后金政权的建立

创大业者，必立根本。边疆少数民族能够创建政权，是日后入主中原建立王朝的基础。

公元1616年，努尔哈赤以赫图阿拉为都城，称"兴京"，仿蒙古和中原王朝范式登上汗位，立国号"大金"，史称后金，年号天命。疆域东至辽边，北临蒙古，南濒鸭绿江。

努尔哈赤立国后，重视以天命思想维持统治。他宣称："汗是天之子，汗之子是贝勒、大臣，而贝勒和大臣之子又是阿哈（奴隶）。"所以他自称"天命皇帝"，并在给朝鲜国王的国书上加盖了"后金天命皇帝印"。

与此同时，努尔哈赤确定次子代善为大贝勒，侄阿敏为二贝勒，五子莽古尔泰为三贝勒,八子皇太极为四贝勒。以额亦都、费英东、何和礼、扈尔汉、安费扬古为五大臣同听国政。又设扎尔固齐十人听讼治民,掌管民事与司法。凡有重大案件,先由扎尔固齐十人审问,然后报告五大臣,再由五大臣复查,报诸贝勒讨论议决,最后由努尔哈赤亲自审问裁决。

从此,努尔哈赤有了巩固的根据地,以支持其统一事业进一步发展。

但在选定接班人的大事上,努尔哈赤犯了难。

3.努尔哈赤三次立储的失败

此前,努尔哈赤有过三次立储失败的教训。

第一次,他立了同母胞弟舒尔哈齐。二人同起兵,共成长;同战斗,共患难。后来地位几乎平起平坐。舒尔哈齐也成为努尔哈赤的实际接班人。但两兄弟在很多重大政治策略问题上分歧很大,直至闹得不可开交。1611年,努尔哈赤圈禁了舒尔哈齐,将其迫害致死。

第二次,他立了长子褚英。褚英是努尔哈赤21岁时由妻子佟佳氏所生。1607年,建州女真同乌拉部激战,时年27岁的褚英勇谋出众,力败强敌。此后不久,褚英取代舒尔哈齐成为实际上的接班人。但努尔哈赤过早确立接班人,导致诸子和大臣之间分歧丛生,他们对褚英非常不满,弄得努尔哈赤很伤脑筋。最后,努尔哈赤下定决心,于1613年将褚英废掉,又在经过痛苦思索后将其处死。

第三次是在褚英死后,努尔哈赤与第一任妻子佟佳·哈哈纳札青所生的次子代善成为事实上的接班人。代善时年30岁,很受父亲赏识,在1615年努尔哈赤刚刚建立八旗制度的时候,代善一个人单独掌握两红旗,共计51个牛录,

■ 代善像

其实力仅次于努尔哈赤亲掌的两黄旗 65 个牛录，并远高于其他人。后来努尔哈赤分代善两红旗中的一个给了代善的长子岳讬，但也只是从锻炼孙辈能力的角度考虑，实际上并没有削弱代善的领导地位。

但代善高兴得太早了，以致露出马脚。他非但没有吸取哥哥褚英虽无过而遭嫉被废杀的教训，反而在这条路上越走越远。终于，努尔哈赤的小福晋德因泽向丈夫告发多尔衮的母亲乌拉那拉·阿巴亥与代善图谋不轨。她说："阿巴亥有次备佳肴送给大贝勒代善，代善受而食之；又送给四贝勒皇太极，则受而未食。阿巴亥经常派人去代善家，不知道干些什么；又经常在深夜外出宫院，不知道去往哪里。"

努尔哈赤派人调查，结果一切属实。最后努尔哈赤因不愿家丑外扬而没有继续追究和声张。但世上没有不透风的墙，很快这件事就在满洲贵族中曝光。代善的威望大大下降，已无力争夺汗位。

努尔哈赤无奈之下，被迫放弃在自己活着的时候立储的想法，并经深思熟虑后提出汗位继承新方案——由八位和硕贝勒（八旗旗主）共议推举新汗或废黜大汗。

三、努尔哈赤与大明王朝开战

1. 与大明王朝开战的借口："七大恨"

公元 1618 年春，羽翼已丰的努尔哈赤以"七大恨"为由，正式向明廷开战。这"七大恨"，就是他心目中与明结怨的七件令他恼怒异常的事情。

第一，明朝害死努尔哈赤祖、父；

第二，明朝背弃誓言，遣兵越界，护卫叶赫部；

第三，明朝违背誓言，指责建州杀害出边采人参、挖矿的汉人，逼令建州十人偿命；

第四，明朝派兵驱逐住在柴河、三岔和抚安等三处的女真人，让其退出耕地；

第五，明朝逼迫努尔哈赤退出已经吞并的哈达地区；

第六，明朝支持叶赫部，使原来许嫁努尔哈赤的叶赫老女转嫁蒙古；

第七，明帝听取叶赫部谗言，派人送信给后金侮辱建州。

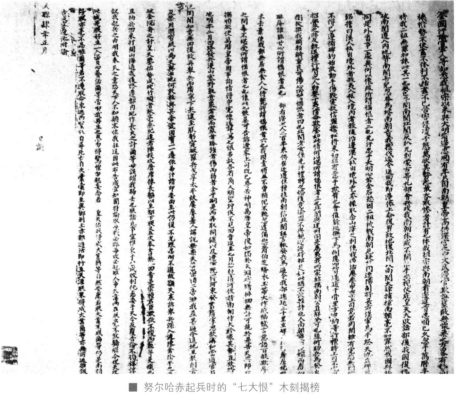

■ 努尔哈赤起兵时的"七大恨"木刻揭榜

"七大恨"绕了半天无非就是四件事：杀父之仇、夺妻之恨、粮食危机、部族矛盾。

但这其中第二、第六、第七条涉及海西女真中最为强大的一个部落——叶赫部。还有一个"叶赫老女"，她本是努尔哈赤的未婚妻，然而竟被转嫁，就是夺妻之恨了。

"叶赫老女"是叶赫贝勒的妹妹，既是红颜，又是"祸水"：当年叶赫为了联络建州，将其许给努尔哈赤，可后来又同时许给了哈达、辉发和乌拉三部贵族。结果这三个部落都被努尔哈赤灭掉。后来蒙古扎鲁特部也要娶她，叶赫老女誓死不从，最后被许给了蒙古喀尔喀部。

建州得到这个消息之后，大家非常气愤，认为这是奇耻大辱，要发兵把她夺回来。但努尔哈赤当时说："为了我们共同的利益可以打他（叶赫），可为了一个女人打他不好。这个女人许配给我，我都没有那么生气，你们那么生气干什么？"于是叶赫老女最终就嫁到了蒙古。

至于"七大恨"里重提此事，便成了一个历史谜案。

2．改变东北格局的萨尔浒大捷

公元 1618 年，努尔哈赤在宣布"七大恨"之后，一举捣毁抚顺、攻取清河。明游击将军李永芳投降，后金掠去人畜三十万。1619 年春，努尔哈赤再次率兵攻打叶赫，攻下 20 余寨。

大惊失色的明廷从福建、浙江、四川、甘肃调集 88000 人与朝鲜兵13000 人，以杨镐为辽东经略，采用分兵合击的战术进攻兴京，企图一举摧毁努尔哈赤政权。叶赫也派兵援明。萨尔浒之战由此打响。

努尔哈赤以"凭尔几路来，我只一路去"策略应敌，先在萨尔浒击破明军主力杜松部，然后北上尚间崖（位于萨尔浒西北 30 里处）击破明朝马明部，随后向南急返兴京击破明军刘綎部与朝鲜姜弘立部。最后，各路明（朝鲜）军均为努尔哈赤所破，杜松、刘綎战死，马明逃脱，姜弘立被俘，后金对明朝从防御转入进攻态势。

此后，努尔哈赤迅速消灭了叶赫，并占领野人女真三部中的窝集部的大部分。

至此，经过 30 多年的努力，努尔哈赤终于基本统一了女真各部。

3．辽东地区的拉锯战

萨尔浒战后，明廷任命通晓军事的熊廷弼为辽东经略。熊廷弼积极防御，使努尔哈赤无法施展。后来熊廷弼被不懂军事的袁应泰代替，其守备松懈，终为努尔哈赤所破。1621 年，努尔哈赤攻占沈阳、辽阳。

在这种情况下，明廷被迫再度起用熊廷弼。然 1622 年，努尔哈赤大破熊廷弼和辽东巡抚王化贞所部，夺取辽西重镇广宁。熊廷弼兵败被斩、传首九边，王化贞弃城丢官、下狱论死。

明廷又派天启皇帝的老师、大学士孙承宗为辽东经略。孙承宗上任后整军备粮，积极防御，还任用袁崇焕修筑宁远城，加强战备。之后整整四年，辽东地区没有大的战事发生。

由此努尔哈赤判断，与明朝的战争不是一日之功，于是决定迁都沈阳。

4. 决议迁都沈阳

公元 1625 年，努尔哈赤决定迁都沈阳。如果以历史眼光审视，此举实出人意料：辽、金二朝曾设五京，都没有沈阳；元、明二朝设在辽东的军政中心，也在辽阳，不在沈阳。

因此这个决定遭到贝勒诸臣反对。他们提出一条最重要的理由是：东京辽阳已在建设。本来年景就不好，如果再迁都沈阳，就又要大兴土木，劳民伤财。

努尔哈赤则坚持己见。史载其论断是："沈阳形胜之地，西征明，由都尔鼻渡辽河，路直且近；北征蒙古，二三日可至；南征朝鲜，可由清河路以进；且于浑河、苏克素护河之上流，伐木顺流下，以之治宫室、为薪，不可胜用也；时而出猎，山近兽多；河中水族，亦可捕而取之。朕筹此熟矣，汝等宁不计及耶！"

由此可见，此时的努尔哈赤已志在天下。他的论断综合考量了历史与地理、社会与自然、政治与军事、民族与物产、形胜与交通等因素，最终说服了众人。

沈阳由此开历史先河成为都城，后经努尔哈赤、皇太极父子两代经营，最终在清朝迁都北京后成为陪都。

四、努尔哈赤之死

迁都沈阳后，努尔哈赤继续对抗明朝。此时明

■ 袁崇焕石刻像（拓片）

廷深陷东林与阉党的党争，时任辽东经略孙承宗因身为东林党领袖而受到排挤，辞官回京。接替他的是阉党分子高第，他消极防御，将山海关外的兵力全部撤到关内，明军弃城丢械，兵民塞路、哭声震野。

公元1626年正月（公历2月），68岁的努尔哈赤亲率六万八旗军、号称二十万大军渡过辽河，如入无人之境，杀向宁远城。

1. 袁崇焕守卫孤城宁远

宁远是明军彼时最重要的军事堡垒，也是防备后金进攻明朝的要冲。守将袁崇焕42岁，进士出身，没有作战经验，但他竟拒绝了撤退命令，率领万余兵民独守孤城。

袁崇焕在城上遍置新从海外引进的"红夷（衣）大炮"；将商民、粮草撤到城内，焚毁城外房舍，军民联防、坚壁清野；又刺血宣誓，并亲自向官兵下拜以激其忠义，于是官兵都决心与他同生共死。

一切布置妥当之后，静待努尔哈赤来攻。

2. 努尔哈赤之死

1626年正月二十三日（公历2月19日），努尔哈赤命大军距宁远城外5里安营，横截与山海关之间的大路。

■ 宁远东门瓮城

■ 努尔哈赤的陵寝《福陵图》（清人绘）

二十四日（公历 2 月 20 日），后金猛力攻城，城头遍布箭矢，几无立锥之地。后久攻不下，努尔哈赤便遣死士挖洞，凿开三四处高约两丈的洞口，被明守军以火球、火把烧退。直到城墙快被挖穿，袁崇焕亲自带兵用铁索裹着棉絮蘸油点燃御敌，他的战袍被箭矢射破、肩臂受伤，仍旧坚持不下火线。

二十五日（公历 2 月 21 日），袁崇焕用西洋大炮从城上往下轰击，重创八旗军。努尔哈赤对红夷大炮的来源、特性、性能和威力等一无所知，所以事先毫无准备。后金军死伤惨重，官兵畏缩不前，于是努尔哈赤亲自督阵，勒令诸将持刀驱兵向前，但刚到城下又被逼退。最后有史载："城上西洋大炮击中黄龙幕，伤一大头目，用红布包裹，官兵抬去，放声大哭。"

努尔哈赤一生戎马驰骋 44 年，几乎没有打过败仗，可谓常胜统帅。然胜利腐蚀聪明，权力冲昏头脑，宁远之败使他遭遇了起兵以来最重大的挫折。此后，天命汗郁郁寡欢，陷入苦闷。

八月十一日（公历 9 月 30 日），努尔哈赤在沈阳城东 40 里的瑷鸡堡忧愤而死。

随后，其子皇太极继位。

第三讲

皇太极称帝（上）

虽然1626年，努尔哈赤兵败宁远，忧愤而死。但他的儿子皇太极接班并将事业发扬光大，最终成为清王朝的第一位皇帝。

皇太极也是一位谜一般的人物：

谜点之一，是他以一个最不被人看好的身份和地位，成功登上了后金汗位。

谜点之二，是他突然改女真族名为满洲，改后金政权为大清。

谜点之三，是他在宁锦大捷之后，却不敢直取中原。

谜点之四，是他在51岁、正当壮年的时候突然死去，且既没有死因，也没有遗言。

■ 清太宗皇太极朝服像

如此说来，皇太极到底是一个什么人？这要从他的成长经历说起。

一、皇太极成长经历

1. 皇太极的家庭之谜

皇太极的母亲是叶赫那拉·孟古。她在 7 岁的时候被许给努尔哈赤，13 岁时出嫁，4 年后（1592 年）生下皇太极。

皇太极生在一个大家庭。他的堂兄弟和子侄有近两百人。皇太极上面有 7 个同父异母的亲哥哥，他们的母亲都来自建州女真，只有皇太极的母亲来自建州结下深仇的叶赫部。这些亲缘背景对皇太极的成长产生了各种正面与负面影响。

2. 皇太极的母亲叶赫那拉·孟古之死

皇太极 11 岁的时候（1603 年），她的母亲叶赫那拉·孟古去世，年仅 28 岁。她的死因多半是心情抑郁。

孟古的后半生里，夫家建州一直与母家叶赫敌对。其仇之深，甚至到了努尔哈赤将孟古的堂兄尸首劈成两段，只归还一段以作羞辱的程度。后来孟古病危，请求见自己生母最后一面。努尔哈赤派人去迎接，竟遭到叶赫贝勒断然拒绝，终令孟古抱憾九泉。

在这样的背景下，皇太极少年丧母，又没有同母的兄弟姐妹照应，其孤苦伶仃可想而知。

3. 皇太极的成长之谜

凡事皆有两面。皇太极丧母后，虽饱受艰难困苦，却也磨炼了独立性格与顽强意志；虽势孤力单，却养成了慎言少语、善于沟通协调的优点；虽夹在建州与叶赫的世仇之间，却促使他工于心计、长袖善舞；不仅如此，皇太极还从小聪慧过人，能"一听不忘，一见即识"；此外，他的理家才能也为人所共识。

但皇太极知道仅有这些还不够。一个没妈的孩子要想生存，只有追随自己父亲，在战斗中茁壮成长，得到赏识，进而获得庇护。

于是皇太极在 20 岁时（公元 1612 年）就正式从征，直到 35 岁继承汗位。这 15 年间，他经历了 10 场重大战役，尤其是萨尔浒之役中，他率军进攻吉林崖，杀明主将杜松；攻打斡珲鄂谟，阵斩明军主将；与代善追击明军至富察，杀死其监军，还俘虏了朝鲜军元帅……这些都为皇太极日后登上汗位储备了重要军事实力，奠定了良好政治条件。

于是在父亲努尔哈赤去世后，皇太极立刻采取雷霆手段，继承了后金汗位。

二、皇太极继承汗位之谜

1. 努尔哈赤死后的形势

努尔哈赤生前因种种缘由未能顺利立储，对汗位如何继承也仅有"八和硕贝勒共议推举新汗和废黜大汗"的规定。这导致他死后诸子夺位，势同水火。

堂兄阿敏不仅受其父舒尔哈齐连累，自己也有大过，丧失了夺位资格；五兄莽古尔泰有勇无谋，还曾亲手杀死生母，名声太差，自然也不配做一国之君。于是最有资格和能力角逐汗位的只剩下两组人：

一是大贝勒代善。他性格宽柔、深得众心，军功多、权势大，更得父汗努尔哈赤青睐，曾许以"百年之后，我的幼子和大福晋交给大阿哥收养"。

二是多尔衮、多铎兄弟。他们的生母乌拉那拉·阿巴亥深得努尔哈赤宠爱，很可能爱屋及乌，传位给爱妃之子。

与他们相比，皇太极的局面十分不利。但他却想到了一个一箭双雕的计策。

2. 一箭双雕的计策

皇太极指使努尔哈赤的小福晋德因泽向丈夫告发，说大福晋乌拉那拉·阿巴亥与大贝勒代善私通款曲，甚至经常派人去家中密谋。这事经查属实，努尔哈赤虽不愿家丑外扬而草草结案，可丑闻还是不胫而走，使代善声望大降。

但阿巴亥并未因此被彻底搞垮，很快重得努尔哈赤宠爱。

于是皇太极一计不成，又生一计。这次他成功了。

3. 设计除掉阿巴亥

皇太极的"又一计"是釜底抽薪。他知道要想阻止多尔衮兄弟继承汗位，最好也最直接的办法就是杀掉阿巴亥。

于是皇太极和另外几个贝勒结成同盟，宣称努尔哈赤生前曾说过将来要让大福晋殉葬。最终，阿巴亥无奈自缢而死，多尔衮兄弟因此失去了依靠，止步于夺位大门之外。

4. 皇太极初登大宝

代善失势，多尔衮兄弟丧母，皇太极终于在大位争夺中获得了有利地位。这时，他的两个子侄又出来推波助澜。

推举新汗时，代善的儿子岳讬和萨哈璘到父亲家里游说："皇太极才德当世无双，又深得先汗青睐，大家都心悦诚服。"代善听后也觉得形势比人强，遂点头称善。于是再由代善出面，把岳讬和萨哈璘的意见转达给阿敏、莽古尔泰和其余贝勒，终令皇太极成为无可争议的新汗。

■ 皇太极即位后所制满文"皇帝之宝"

为这一天，皇太极精心谋划了 15 年。

5. 皇太极初登大宝时的中国

皇太极初登大宝时，中国正处在四方势力逐鹿的乱局之中。清太宗皇太极（公元 1592—1643 年）、明崇祯帝朱由检（公元 1611—1644 年）、农民军领袖李自成（公元 1606—1645 年）和蒙古察哈尔部林丹汗（公元 1592—1634 年），为了各自民族或集团的利益相互角逐厮杀。

大浪淘沙后，林丹汗败死青海、崇祯帝煤山自缢、李自成败死九宫山，皇太极成为最后赢家，他的子孙也接管了中国的基业。

这其中最主要的原因，是皇太极不论是文治还是武功都技高一筹。从一个在一般人眼里连巩固汗位都不容易做到的地方政权领袖，直到"天下共主"，皇太极要做的事情还有很多。

三、皇太极除去异己之谜

1．设计安抚多尔衮兄弟三人

皇太极初登大宝时，四大贝勒并肩而坐，轮流分值处理军国大事。

为了巩固汗位，就要消除代善、阿敏和莽古尔泰的威胁。皇太极这次首先想到利用多尔衮兄弟。

为此他一直采取"打""拉"结合的办法对付多尔衮。"打"是夺取原来努尔哈赤准备送给多尔衮的镶白旗15个牛录，给了自己的长子豪格。随后又将原来的正黄、镶黄二旗改旗号为正白、镶白，反把皇太极自己和儿子所领的原两白旗改为两黄旗。

"拉"是由多尔衮取代其兄阿济格的镶白旗旗主之位。原先多尔衮虽然领有15个牛录，但归附于阿济格麾下，弟弟多铎则统领正白旗和努尔哈赤的亲军。于是在公元1628年，皇太极以阿济格擅自为幼弟多铎说亲为名，废掉他的旗主之位，改由多尔衮领镶白旗。以如此微末小事为借口，一看便知皇太极是成心的。

结果从多尔衮的视角来看，他虽然失去了努尔哈赤给自己准备的15个牛录，却从阿济格那里被找补了回来。前者是老汗王的"过期空头支票"，加上皇太极为儿子才拿走，情感上可以接受；后者却是实实在在的好处。这样看，皇太极也算对多尔衮不薄。

皇太极这又"打"又"拉"，葫芦里面到底卖的什么药？

2．皇太极对付多尔衮的计策分析

这么做实为一石三鸟。

当时八旗的实力排名是：第一是多尔衮兄弟占有两白旗、65个牛录，实力最强；第二是代善父子两红旗、51个牛录；第三才是皇太极父子两黄旗、40个牛录；第四是阿敏的镶蓝旗、33个牛录；第五是莽古尔泰的正蓝旗、21个牛录。如果两蓝旗合作的话，实力将超出代善父子，如此一来皇太极父子的实力仍然排在最后。

因此，皇太极拉拢多尔衮就有三个好处。

一是在多尔衮兄弟三人中间制造矛盾，从而达到分化两白旗的目的。多尔衮年轻，没有太大威胁，容易掌握笼络和控制；而阿济格军功高、脾气直且莽撞，最不容易控制。

二是促使支持皇太极的力量由绝对劣势转变为相对优势。即便只有多尔衮原来的15个牛录站在自己一边，皇太极的实力也将达到55个牛录。而此时的阿济格、多铎兄弟实力将下降至50个牛录。如此一来，皇太极的实力将立即超过其余几方，变得最强大。

三是只要拉多尔衮站在自己一边，皇太极就可以全力以赴对付两红两蓝四旗。若要削弱最威胁皇权的其他三大贝勒的权力，除了自身实力外，还须拉拢和扶植一些没有利害冲突的兄弟子侄，其中就有多尔衮。

最后，多尔衮似乎坚定地站在了皇太极一边。对付代善、阿敏、莽古尔泰三大贝勒的时候到了。

3. 皇太极"南面独坐"之谜

皇太极即位之初是四大贝勒共同南面而坐。这突出不了皇太极的地位。于是他处心积虑夺取"南面独坐"之权，借机把其他三贝勒打下去。

公元1630年，皇太极以阿敏战败、心怀异志、僭拟国君等16条罪状将他幽禁籍没。1631年，又以持刀"向前"（行刺皇太极）为罪名处置了莽古尔泰。在明白了皇太极杀鸡给猴看的手段后，代善便主动要求下台。自此，皇太极就"南面独坐"了。

但皇太极对代善还不放心。1635年以代善轻视君上、贪财违法的罪名，削了他的贝勒爵号。1640年，代善封和硕礼亲王。皇太极次年又斥责他越分妄行、轻君蔑法，迫使他闲居。

至此，皇太极彻底"南面独坐"，稳固了权力。然而把兄弟子侄算计下去容易，让大家对自己心服口服却难，如果不处理好的话，甚至会葬送父亲

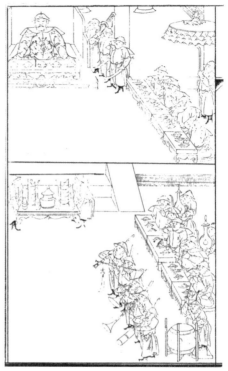

■《满洲实录》之"太祖大宴群臣"图

努尔哈赤打下来的大好江山。

为此，皇太极必须有所建树。

四、皇太极调整满汉关系的措施之谜

此时皇太极敏锐地判断，要想坐稳宝座、安定政权，就要获得境内管辖的大多数人口——汉族人民的支持。为此他采取了几项政策。

1."分屯别居"与《离主条例》

努尔哈赤晚年，特别是进入辽河平原以后，实行了一些错误政策，导致大量百姓流离，官府搜刮粮食、强占田地，激化了民族矛盾。汉人为了报复，有的在饮水和食盐中投毒，有的把猪毒死后卖给满人，有的拦路击杀落单满人，更有甚者组织起武装暴动。努尔哈赤却没因此调整施政，反而继续施行高压，结果事态更加恶化，致使丁壮锐减、田园荒芜、寇盗横行。

皇太极继位后迅速改弦更张，提出"治国之要，莫先安民"，强调满洲人、蒙古人、汉族人之间应该协调融合。

公元1627年，皇太极颁布"分屯别居"令，解放40%的汉人奴隶为自由农。1631年又颁布《离主条例》，规定：奴仆"凡讦告不入八分贝勒私行采猎、隐匿出征所获、擅杀人命、奸属下妇女、冒功滥荐、压制讦告该管之主等项罪行者，均准其离主"。结果"民皆大悦，逃者皆止"。

对汉族百姓如此，皇太极也出台了针对汉族士绅的政策。

2. 开科取士，重用汉官

皇太极知道，大争之世，谁能充分调动人才，谁就能最终胜出。正像他说的那样："自古国家文武并用，以武功戡祸乱，以文教佐太平。"

纵观当时几大政权，大明有人才却不能用，李自成农民军则缺乏拔尖人才，大清则在努尔哈赤时期过多杀戮。

后金曾对所谓通明生员尽数处死，其中有300人幸存，但都沦为奴仆。皇太极下令为他们举行考试，奴隶主不得阻拦。他们当中有200人考中，获得了自由与奖赏。此举成为后金科举考试的开端。后来皇太极又在汉人生员中举办考试，考中228人，从中选拔举人，委以重任。这项举措获得了强烈反响，使皇太极仁名远播。

此外，皇太极礼待汉官，将他们从满洲大臣的奴仆从属身份中解脱出来，给予骑马、使用牲畜和耕田等平等权利；对归降的汉官也一并照此办理，恩赏赐官。

其中一个著名的例子是范文程。皇太极让范文程长随左右参与军政大计，凡事必问其意见，常把"范文程知道吗""为什么不和范文程商量"挂在嘴边。有一次范文程在皇宫里用餐，想起老父亲便不忍独享美食，皇太极就立刻派人把酒菜急送到范文程家里。后来范文程做到内秘书院大学士，开汉人在清廷为相之先河。

对汉族士绅如此，那么应该如何对待汉族降官降将呢？

3．组织汉军八旗

皇太极极为重视团结利用汉人，为此组织了汉军八旗。

在努尔哈赤时代，降服的汉人被编入16个佐领，隶属满洲八旗。公元1631年，皇太极以汉人精于火器为由，将他们别置一军，名"乌真超哈"（重军）。1637年，又把一旗汉军分作左右翼两旗，委派汉官统领。1639年，再分二旗为四旗，合计共7000人左右。1642年，再分四旗为八旗，计24500人。其中都有汉官参与统制。

皇太极此举既扩大兵源以供战争之需，又利用

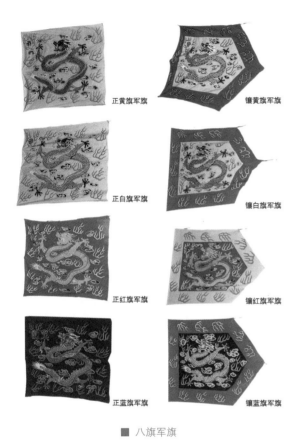

正黄旗军旗　镶黄旗军旗

正白旗军旗　镶白旗军旗

正红旗军旗　镶红旗军旗

正蓝旗军旗　镶蓝旗军旗

■ 八旗军旗

汉军同明军作战，达到了"选用招降，以汉攻汉，则无不可矣"的目的。但更深一层的用意，是以建汉军八旗助其巩固皇权，分割满洲诸王公贝勒的权势，打破他们对军队的垄断。

至此，八旗满洲亦失去"独尊"的地位，以满洲贵族为核心的、与汉蒙联合统治的基础也更广泛了。

一切准备就绪后，皇太极加快了他称帝入关的步伐。

皇太极称帝（下）

皇太极在稳定内政后，开始了大规模扩张战争。在 1636 年他称帝之前，组织了几次大战。

一、三面出击，开拓疆域

1. 向东出兵，出征朝鲜

朝鲜一直是明朝的属国，自 14 世纪末建立李氏王朝后亦维持亲善。作为明朝全辽战略体系中的重要一员，是控制东北地区女真势力的排头兵。

明朝与朝鲜在联合抗击日本侵略后关系更加密切。努尔哈赤崛起后，明朝便在萨尔浒等战役中征发朝鲜军队助战。从后金攻略辽河以东地区并向西辽河拓展开始，朝鲜就成了后顾之忧。因此，皇太极制定了先征朝鲜，再全力攻明朝的总体战略。

公元 1627 年春，皇太极派大贝勒阿敏、济尔哈朗、阿济格等率兵大举进攻朝鲜。朝鲜武备久废，不到半月就丢掉了平壤，国王李倧带着妻、子远避江华岛并遣使求和。阿敏至江华与李倧签订和约，但随后翻脸，纵兵掠夺三日，大发横财后离开。

皇太极并没有追究。他此举在军事上是为了打击朝鲜，令其不敢轻易骚扰自己后方；政治上逼迫其疏远明朝，将来在金明交战中能助金或中立；经济上抢粮以解燃眉之急。何况当时的主要目标是与明朝争夺辽东，对朝鲜只能见好就收。但这次双方达成的实际上是"兄弟之盟"，不如皇太极的预期。

■ 皇太极像

反观朝鲜，则仍幻想明朝能帮自己抵御后金的侵略，因此战败后不愿屈服。他们对和约敷衍了事；继续对明朝称臣；提供车船粮马助战；还积极防御后金国，对后金遣还逃人等要求虚与委蛇。

于是皇太极要求朝鲜正式与明朝绝交。但李倧公然宣称："敝邦之于明朝，君臣分义甚重，若贵国要我负明，则宁以国毙，断不敢从！"

对此，皇太极选择暂时忍耐。因为辽东袁崇焕才是此时的心腹大患。

2. 设反间计，除袁崇焕

公元 1626 年春，努尔哈赤兵败宁远。皇太极当时也在场，目睹了这场八旗成军后最大的败仗。努尔哈赤因此而死，皇太极自然要为父报仇！

为此他策动了宁锦之战，却在 1627 年夏战败。此后，皇太极就一直视袁崇焕为进兵中原的最大障碍。

1629 年冬，皇太极选择"围魏救赵"，亲率大军绕过山海关直扑北京，逼袁崇焕回师"勤王"，再趁机实施"反间计"。

这时明廷重新任用袁崇焕为兵部尚书、蓟辽督师。他曾提醒朝廷，辽东防守坚固、蓟镇一带空虚，但朝廷置若罔闻。结果皇太极果然见机而来。袁崇焕得知后只能仓促率领九千骑兵日夜兼程驰援。

袁崇焕赶到北京广渠门外驻守，粮草无继、装备不整，仍然身先士卒，衣甲被射成了刺猬也不下火线，终于取得广渠门和左安门两次大胜，成功救下京师。

皇太极见时机成熟，就模仿《三国演义》"蒋干盗书"陷害袁崇焕。他先派人散布谣言，说袁崇焕纵敌而保存自己力量。随后将抓来的明廷杨姓太监关在营帐里，再密遣明廷降将鲍承先在帐外偷偷对杨太监说："我们要撤兵了，这是大汗的主意。大汗与袁崇焕有密约。要不了几天，他就投降了。"最后故意将杨太监放回，借他之口传谣言给明廷崇祯皇帝。

崇祯帝信以为真，便于公元1630年1月13日（农历十二月初一），以议军饷为名诱捕袁崇焕，并于9月22日（农历八月十六日）将其绑赴西市凌迟处死。

时人曾"鲜活"地记载了袁崇焕被凌迟的真实细节过程："遂于镇抚司绑发西市，寸寸脔割之。割肉一块，京师百姓从刽子手争取，生啖之。刽子乱扑，百姓以钱争买其肉，顷刻立尽。开腔出其肠胃，百姓群起抢之，得其一节者，和烧酒生啮，血流齿颊间，犹唾骂不已。拾得其骨者，以刀斧碎磔之。骨肉俱尽，止剩一首，传视九边。"浓浓血腥溢于字里行间，读来不免令人肌肤悚然生寒。

由此可见皇太极的"反间计"大获成功，使明朝上下人人深信不疑。

袁崇焕死后，"边事益无人，明亡征决矣"。1634年，皇太极实现了长驱直入中原的梦想，亲率大军蹂躏了宣府、大同一带。

中原攻略至此暂告一段落。回过头来说蒙古。

3. 向西用兵，三征蒙古

明清之际，蒙古分为漠南、漠北和漠西三大部。其中漠南蒙古位于明朝和后金之间，并与明朝有攻守同盟。其察哈尔部首领林丹汗是成吉思汗后裔，势力强大，自称"全蒙古大汗"。明廷遂以重金联结林丹汗共同抗金。

在努尔哈赤时代，漠南蒙古以东各部落大多归附后金，只有察哈尔部坚持抵抗。皇太极即位后三次向西用兵，为的就是降服林丹汗。

公元1628年，皇太极趁漠南蒙古诸部不和，拉拢林丹汗的反对者们结盟，亲率大军征讨，在敖木伦一带大胜，俘获11000余人后乘胜追至兴安岭。1632年，皇太极长途奔袭归化，迫使林丹汗丢下数万民众和十数万牲畜后连夜逃遁，察哈尔部土崩瓦解，林丹汗最后病死。1635年，皇太极命多尔衮等人率军三征察哈尔，林丹汗的儿子率部归降。

至此，后金历经20余年，终于彻底收服了漠南蒙古。

这时，皇太极意外获得了传国玉玺。他大喜过望，认为这是"一统万年之瑞"，获得上天认可，于是亲自拜天并告祭太祖努尔哈赤福陵。

随后，皇太极迅速决定：改族名"女真"为"满洲"，改国号"大金"为"大清"，改称号"大汗"为"皇帝"。

二、族名满洲，建号大清

1. 改族名"女真"为"满洲"

公元1635年11月22日（农历十月十三日），皇太极正式改族名女真为满洲。

■ 满蒙汉三体"皇帝之宝"信牌

"满洲"本是建州女真下面一个小部落的名字，努尔哈赤的父祖就诞生于此。随着努尔哈赤统一女真各部，这个名字逐渐显赫并成为女真的代称。而明朝与朝鲜的官方和民间还是惯称建州或女真。

此前，满洲也自称女真或诸申，这都是同音演变和借汉字表达时的不同写法，显然对清朝统治不利，有必要予以统一。于是皇太极明确规定称满洲，不称诸申。

至于"满洲"二字的含义则至今成谜。清代官方的代表性说法是"满洲"由藏语"曼珠师利"（汉译妙吉祥）演变而来。也有说在明初，女真曾有位大英雄叫李满住，其部落便把"满住"作为名称，逐渐转音为"满洲"。

而皇太极改族名的原因，大概一是为了避讳其先人曾受明朝统治；二是化解汉人对"女真"称呼的仇视。

2．改国号大金为大清

公元 1636 年 5 月 15 日（农历四月十一日），皇太极在沈阳皇宫大政殿即皇帝位，改国号"大清"。

关于"大清"一词，有一个传说：努尔哈赤早年逃难时，身边有一匹大青马陪伴，它忠心护主，最后累死。努尔哈赤便许诺："将来我得了天下，国号就叫大清。"刨除传说成分，皇太极改国号的用意和改族名一样，是避免中原汉人记"金"的旧仇，给自己的统治平添麻烦。

皇太极此举还表明：他不仅是满洲的大汗，还是蒙古人、汉人以及所有人的皇帝。

■ 崇德年制白玉"大清受命之宝"

在完善政体的同时，皇太极还确立了他的后宫——"一后四妃"。而这"一后四妃"，都被蒙古博尔济吉特氏包揽。

3．"一后四妃"，笼络蒙古

皇太极的"一后四妃"同出蒙古，姓博尔济吉特氏，分属科尔沁和察哈尔部。皇帝娶异族后妃，自然是出于笼络。

皇后博尔济吉特氏·哲哲，来自科尔沁部，成婚时 14 岁，皇太极 22 岁。皇太极继位后，她成为中宫，称"清宁宫大福晋"。皇太极称帝后，她就成了中宫皇后。

皇后之下还有四位皇妃，分别是：关雎宫（东宫）宸妃海兰珠，是哲哲的侄女，在她 25 岁时嫁给了 42 岁的皇太极。麟趾宫（西宫）贵妃那木钟，原是林丹汗的诸位侧夫人之一，在丈夫死后归顺，被皇太极收入后宫。衍庆宫（次东宫）淑妃巴特玛璪，与那木钟情况一样，她的养女嫁给了多尔衮。永福宫（次西宫）庄妃（俗称大庄妃）布木布泰，是哲哲的侄女、海兰珠的妹妹，12 岁时嫁给了 33 岁的皇太极。

与此同时，皇太极还把自己的次女下嫁给了林丹汗的儿子；命济尔哈朗娶林丹汗遗孀为福晋；他的长子豪格和二兄代善、七兄阿巴泰也分别同察哈尔部联姻，借助错综复杂的婚约联盟成功巩固了对蒙关系。

稳定后宫后，皇太极继续着手消灭明朝。但在这之前，还是要解决遗留的后方问题——朝鲜。

三、开拓东北，备战大明

1. 再战朝鲜，稳定东方

■ 立于朝鲜汉江南岸的"大清皇帝功德碑"

公元 1635 年，后金征服漠南蒙古，皇太极巩固了自己的地位，但与朝鲜的"兄弟之盟"却趋于决裂。朝鲜国王李倧既不遣子为质，也不接待使臣，更不派人"劝进"（劝皇太极称帝），使两国关系急转直下。朝鲜故技重施，一面积极备战，一面向明朝求援。

1636 年 12 月，皇太极称帝后，兵分两路讨伐朝鲜。他亲率大军攻破义州，另一路军攻入平壤，包围朝鲜王京。李倧这次逃到了南汉山城，清兵紧追不放，围点打援，最后攻破城池。

次年 1 月，皇太极发出最后通牒，责令朝鲜投降。李倧内外交困，只能出降并签订屈辱条约，改"兄弟之盟"为"君臣之盟"。朝鲜从此降为清朝属国。

李倧随后公开表示"自（崇德二年）正月三十日以前则为明朝之臣子，正月三十日以后则为大清之臣子"，但对盟约中要求出兵助清征明一事仍感觉为难。

但这不妨碍皇太极达成目的。他改变了朝鲜在明清之间的立场，获得了大量朝鲜物资，彻底解除了南攻明朝的东面隐患。

2. 征抚索伦，稳定北方

皇太极还向北用兵，攻略黑龙江流域。

他坚持"慑之以兵，怀之以德"的策略，将宗室女儿嫁给达斡尔头人，促使黑龙江流域索伦部的许多首领相继归顺。

公元 1636 年以后，皇太极又两次发兵征讨拒不屈服者，双方在雅克萨和呼玛尔等地打了多场遭遇战，以清军惨胜告终。随后皇太极变更战略，遣蒙古骑兵伏击敌人退路，自己则率军一路至齐洛台大破敌军。

皇太极征抚并用、以抚为主，收服了贝加尔湖以东、外兴安岭以南、乌苏里江至鄂霍次克海的广阔地域。至此，大清的西、北、东三面均已完全稳固，可以南下与大明政权决战了！

四、松锦用兵，决战关外

1. 造红衣炮，创建重军

"工欲善其事，必先利其器"，皇太极在总结宁远、宁锦和北京三次战

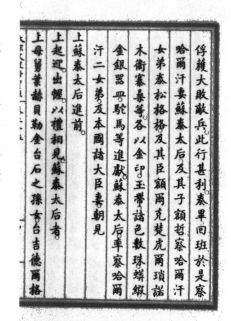

■《清太宗实录》中关于察哈尔部归降的记载

役得失后，开始重视新式武器——红衣大炮。

公元 1631 年春，后金在沈阳成功仿制出第一批大炮，取名"天佑助威大将军"。这是八旗成军后在兵器上的划时代革新。为此，皇太极还专门设置"重军"，装备重型火炮装备。

此后，明清双方在火炮配置上已经对等，但清军依然有强大的骑兵优势。皇太极借此纠正了父亲努尔哈赤晚年的战略失误。他死后谥号"文"，恰恰说明了其功业特质。

2．松锦用兵

公元 1639 年，皇太极开始在辽西部署与明军决战。

清军先是围困了锦州，守将祖大寿告急。于是明崇祯帝派洪承畴为总督，率马步军十三万来解锦州之围。

洪承畴的战略是"步步为营，且战且守，待敌自困，一战解围"。明清双方在公元 1641 年夏初战于松山。清军失利，伤亡颇多，皇太极接到战报后带病亲征。

行军途中，皇太极鼻子流血不止，用碗接着继续赶路，昼夜兼行 500 余里赶赴松山。随后他布下伏兵切断明军退路，又破坏其粮道、洗劫其存粮，在桥梁和高地设伏击敌，在大路列阵切断敌军、分割包围，终于获得大胜。

据《清太宗实录》载："是役也，计斩杀敌众五万三千七百八十三，获马七千四百四十四、骆驼六十六、甲胄九千三百四十六副。明兵自杏山，南至塔山，赴海死者甚众，所弃马匹、甲胄以数万计。海中浮尸漂荡，多如雁鹜。"

洪承畴兵败退守松山城，随后城破被俘。这时明朝以为他殉国了，专门设祭褒扬，结果又得知他降清，闹了个大笑话。

回望明清两军对战近 30 年，成败主要在萨尔浒和松锦两场战役。萨尔浒之战后，双方攻守易位，后金获得主动；松锦之战后，明军尽失辽东，在关外已无险可守，清军由此转入战略进攻，直至定鼎燕京、入主中原。

3．盛年辞世

然而就在皇太极志得意满，正要再建新功时，却天不假年。

■ 盛京皇宫大政殿内宝座

公元 1643 年 9 月 21 日（农历八月初九），皇太极遽然驾崩，倒在了定鼎燕京、升座紫禁城的梦想途中，享年 51 岁。

他的死结束了大清的山海关外时代，开启了统一全国的进程。

第五讲

多尔衮摄政（一）：
当上摄政王之谜

皇太极在 51 岁的盛年遽然辞世，无缘实现其终生为之奋斗的定鼎燕京的美梦。大清王朝随后由多尔衮摄政。

在多尔衮担任摄政王的那 2650 个日日夜夜，发生了许多波澜壮阔、激动人心的事件，诸如：清军入关，定鼎燕京，还有他和孝庄皇太后之间那说不清、道不明的关系。

一切还是要从皇太极去世那天谈起。

一、皇太极去世后继承人的四个希望人选

1. 皇太极去世后的形势——四个理论上的继承人选

公元 1643 年 9 月 21 日，皇太极驾崩。他大概没想过自己会在正当年富力强的时候死去，因此也就没留下任何遗言来安排继位者。当然，其余人也都没有一点准备。

经过一段时间的忙乱和哀悼，激烈的皇位争夺战即将在皇宫崇政殿打

响。时间是 9 月 26 日，即皇太极死后第五天。

谁最有希望即位？在当时形势看来，主要有四个人。

皇太极生前共有 11 个儿子，其中 3 个夭折。在他去世时，继妃乌拉那拉氏所生、肃亲王豪格 35 岁，庶妃颜扎氏所生、辅国公叶布舒 16 岁，侧妃叶赫那拉氏所生、承泽郡王硕塞 16 岁，庶妃那拉氏所生、镇国公高塞 6 岁，庶妃伊尔根觉罗氏所生、辅国公常舒 6 岁，永福宫庄妃博尔济吉特氏所生的福临 5 岁，庶妃所生的韬塞 4 岁，麟趾宫懿靖大贵妃博尔济吉特氏所生的襄亲王博穆博果尔 2 岁。

八子中肃亲王豪格年龄最大，福临的母亲庄妃最受宠，博穆博果尔的母亲懿靖大贵妃地位最高。在这三人中，人们又普遍看好豪格。

除三位皇子外，有希望角逐皇位的第四人是睿亲王多尔衮。

率先开始角逐的是豪格与多尔衮，任谁也没把后来的获胜者福临当回事。

因此，还是要先讲清楚豪格与多尔衮。

2. 肃亲王豪格的优势

肃亲王豪格角逐皇位的资本丰厚。

第一，他当时 35 岁，正值壮年，且比多尔衮还要大 3 岁。

第二，相貌不凡、弓马娴熟、性格英毅、足智多谋，是公认的俊杰。

第三，久经战阵，功勋卓著。早在努尔哈赤时期，豪格就两次随军征蒙，因功被封贝勒；在皇太极时期，先后九次主持或参与攻明，深入山西、山东等地，还曾三征蒙古、一征朝鲜。因此皇太极称帝后，豪格被晋封为肃亲王，掌管户部事务，与几位叔辈平起平坐。

第四，效忠者众。豪格深得正黄、镶

■ 豪格像

黄和正蓝三旗拥护，两黄旗将士更是誓死效忠。且皇太极生前一直"强干弱枝"，三旗共计61个牛录，实力远强于其他五旗。更何况从利害关系出发，两黄旗都希望由皇子继位，以继续保持其优越地位，他们觉得怎么着也轮不到多尔衮。

3．睿亲王多尔衮的优势

睿亲王多尔衮掌管镶白旗，共30个牛录。他在17年前与皇太极争夺汗位失败，如今立志不再重蹈覆辙。除了年纪和军功优势与豪格不相上下外，多尔衮又有独特优势。

■ 多尔衮像

第一，"根正苗红"。当年努尔哈赤曾留有遗言，由九王子（多尔衮）即汗位。只是当时多尔衮年幼，便由代善暂摄。结果代善迫于情势，才拥立了皇太极。

第二，兄弟齐心。多尔衮兄弟占有两白旗。其中哥哥英郡王阿济格的镶白旗30个牛录中有多尔衮一半；弟弟豫郡王多铎的正白旗35个牛录也听其驱策。这样算下来人数最多。况且当时有权参与讨论拥立皇帝的七个亲王和郡王中，多尔衮兄弟已经占了三席、至少65个牛录的支持。

第三，经验丰富。多尔衮17年前曾错失汗位，让他从中吸取了不少经验。17年来，多尔衮增长了不少才干，变得智慧过人，"睿"亲王封号当之无愧。

了解了夺位的"交战"双方后，再来看哪些人是"裁判"。

4．谁有决定权

按照努尔哈赤生前定下的规定，皇（汗）位继承要由满洲贵族来讨论商议。这里实际上指的是在努尔哈赤时期被封为贝勒的人。而到了皇太极时期，贝勒一词被固定用于支持满洲的蒙古族上层统治者，因此"贵族"实际上指的是当时册封的亲王和郡王。

当时具体来说就是七个人：礼亲王代善、郑亲王济尔哈朗、睿亲王多尔衮、肃亲王豪格、英郡王阿济格、豫郡王多铎、颖郡王阿达礼。

七人中，多尔衮三兄弟和豪格既是"运动员"又是"裁判员"，因此代善、济尔哈朗和阿达礼的态度就至关重要。

而这三个人又有三种想法。

5. 颖郡王阿达礼的想法

颖郡王阿达礼是代善的孙子，父亲是代善三子萨哈璘。萨哈璘是最早拥立皇太极为大汗的人，是皇太极的大功

■ 多铎像

臣，一直深受宠幸。不幸的是，他在皇太极即位后不久就去世了。

萨哈璘死后，皇太极也许是恨铁不成钢，也许是出于别的什么考虑，竟一直对其子阿达礼很不好。于是阿达礼自然对皇太极颇为不满，反而逐渐与多尔衮亲近。

因此，阿达礼多次在各种场合公开表态，支持多尔衮继承皇位。

6. 郑亲王济尔哈朗的想法

济尔哈朗是努尔哈赤弟弟舒尔哈齐的第六子，比豪格大 10 岁，比多尔衮大 13 岁。他从小一直寄养在伯父努尔哈赤家，因此也算是这个家庭中极为特殊的一员。

公元 1629 年，皇太极颁布了舒尔哈齐长子阿敏的 16 大罪状，将其幽禁在寓所。此后济尔哈朗承袭了阿敏的一切职务，也接管了镶蓝旗共 33 个牛录。这在满洲八旗中仅次于多尔衮弟弟多铎掌管的正白旗 35 个牛录。

济尔哈朗从一无所有到实力雄厚，全靠皇太极。因此他一直跟皇太极很

好。那么从理论上说，济尔哈朗不大可能参与争位，而是支持皇太极的儿子——只要是皇太极的儿子就行，却不一定是豪格。

于是济尔哈朗无论倾向哪一方，都会使力量的天平发生倾斜。

7. 礼亲王代善的想法

代善是努尔哈赤子孙当中年龄最长者，他和子孙现在仍然掌管着两红旗共51个牛录。

不过此时代善的两红旗势力已遭到严重削弱，他本人也年过花甲，早已不过问朝政。他的诸子中，最有才干的岳讬和萨哈璘英年早逝，剩下一个硕讬不称心，一个满达海资历浅、没有发言权。第三代中，阿达礼等人虽然不甘为人后，但屡被皇太极打压。这就导致两红旗老的老、小的小，没有竞争优势。

代善家族上一次争夺汗位没有成功，现在他们也并不想再来争夺，只是见风使舵。然而以代善的资历和两红旗的实力，其态度仍能左右事态发展。

8. 双方的形势分析

总结一下，有权决定皇位的七个人中，多尔衮赢得了四个人和两个多旗的支持。四个人是多尔衮、阿济格、多铎和阿达礼；两个旗是两白旗；"多"的一点是正红旗、正蓝旗、正黄旗中的部分宗室亲贵。

豪格一方则有两黄和正蓝三个旗的支持。

另外济尔哈朗和代善的态度不明。

从态势上看，多尔衮一方似乎占有更加明显的优势。

然而从结果上看，多尔衮又和17年前一样功败垂成。这其中庄妃做了一些文章。

9. 庄妃的想法

公元1636年，皇太极称帝，布木布泰被册封为庄妃；1638年，她为皇太极生下儿子福临；1643年皇太极去世的时候，福临5岁。

此时的庄妃做梦都想让自己的儿子福临即位。但从年龄上看，福临上面有5个哥哥；从地位上看，豪格是长子，2岁的博穆博果尔的母亲懿靖大贵妃博尔济吉特氏，要比庄妃高上三个级别。

哪里就轮得上自己的儿子了呢？怎么才能轮上自己的儿子呢？庄妃又能做点什么呢？

事实上面对当时那种非常激烈的竞争，又是身为后宫女子，庄妃也仅能做做美梦而已。

除非形势有变化。

■ 永福宫

10．勿忘天下大势

这个形势就是天下大势。

第一，清朝刚刚崛起，历史机遇宝贵。满洲人的前身女真人在历史上曾经建立过一个大金政权，也曾占领过中原，更遭到了中原汉族人民的强烈抵抗，最终亡于蒙古之手。现在是女真人第二次建立政权，有再次进军中原、统一中国的机会。

第二，大业胜利在望，前路仍然艰辛。此时明朝即将灭亡，却仍在李自成、张献忠农民起义军和大清八旗军队的夹击下苟延残喘。大清离胜利只有一步之遥，却丝毫不能懈怠。

第三，正因如此，皇位争夺必将激烈而不悲惨。无论是满洲上层贵族，还是普通八旗官兵，都不希望豪格与多尔衮之间的争夺带有浓重的血腥味道，更不希望出现你死我活或者鹬蚌相争、让明朝或李自成渔翁得利的局面。

在如此形势下，夺位双方反而暴露了各自的劣势。

11．主动出击者豪格的劣势

作为主动出击的一方，豪格的劣势体现在四个方面：

第一，真正支持者少。七个"裁判"中，除了他自己之外再没有人明确表示支持。

第二，两黄旗目的不纯。两黄旗支持豪格，实际上是想继续保持在八旗中的优越地位，仅此而已。这时如果还有别人能够做到的话，放弃支持豪格也不失为明智选择。

第三，缺乏经验。豪格从来没有争夺最高领导权的经验。在这方面，他明显弱于多尔衮。虽然年纪大，但涉世经验不多。

第四，缺乏军队支持。多尔衮在17年前夺位失败后奋发图强，指挥了大量战役，得到了很多八旗子弟的敬佩。豪格在这方面劣势明显。

因此豪格在皇位争夺战中非但不会一帆风顺，还随时可能落败。于是他选在9月26日黎明率两黄旗抢先动手，以便先声夺人。

但从结果上看，他失败了。这其中是否存在多尔衮与庄妃联手的可能？

而多尔衮也没有成功。这是否意味着他为了庄妃这个美人放弃了江山？

二、多尔衮当选摄政王之谜

1．剑拔弩张的形势

皇太极死后不久，鳌拜、索尼等大臣就来到豪格家，订生死同盟，请立豪格为皇帝。

随后，大臣们找到济尔哈朗，争取他的支持。济尔哈朗虽然倾向豪格，但主张与多尔衮商议。

另一方面，两白旗主张立多尔衮为君。多尔衮的两个同母兄弟阿济格和多铎甚至率领一些贝勒大臣下跪劝说多尔衮出来争位。

于是双方混战一触即发。豪格的部下甚至下令亲兵们弓上弦、刀出鞘，护住家门，以防万一！

反观多尔衮，虽然想当皇帝，却不失为一位久经考验的政治家。他力主和平解决皇位继承问题。这毕竟直接关系到八旗安危和大清未来。

2. 豪格的支持者占了先机

皇太极死后第五日（9月26日），多尔衮提出召集诸王大臣在崇政殿的东庑殿一起讨论皇位继承。会议由年纪最长、地位最高的礼亲王代善主持。

就在此时，两黄旗大臣们先发制人，组织在大清门盟誓，拥立豪格。他们召集两黄旗巴牙喇，张弓挟矢包围崇政殿，又传令护军全副武装封锁大清门。

会议正式开始前，多尔衮还在试探大臣索尼的态度，索尼冷冷地说："先帝有儿子在，必须立其中的一个。我就是这个意见，没有别的可说。"

会议正式开始之后，索尼和鳌拜首先倡议"立皇子"，多尔衮听后大声呵斥道："这里是亲王、郡王们说话的地方，你们算是什么东西，还不赶快退下！"

结果索尼和鳌拜只好退出，但两黄旗仍然包围着宫殿，暂时占了上风。

3."定议之策，未及归一"

随后，两白旗也不甘示弱。多铎和阿济格兄弟先后发言支持多尔衮即位。多尔衮见形势紧张，陷入犹豫。

多铎就说："你如果不答应即位，应当立我。我的名字在太祖遗诏里提到过！"

这话就是搅局。多尔衮当然不同意，就说："肃亲王（豪格）的名字也在遗诏里，不是独有你一人。"

多铎又说："不立我，论长当立礼亲王（代善）！"

代善表示："我老了。豪格是先帝长子，应该继承大统。"

豪格听后，觉得已经有了两黄、正蓝和两红旗的支持，大局可定。于是他假意谦让说："豪格福少德薄，非所堪当。还是让别人来当皇帝吧！"

他本意是想让众人"坚请不已"，然后再顺势登上皇帝宝座，显得自己既谦恭又众望所归。但此举却被两白旗抓到把柄，当即表示："肃亲王活这么大了，这一生总算是说了一句实话！""肃亲王的确是福少德薄、非所堪当啊！"

豪格没想到自己一句客气话竟落得这么个结果，非常生气，但也无可奈何，只有暂退一步。

在如此激烈的气氛下，两黄旗大臣们佩剑向前说："我们这些人吃先

■ 崇政殿殿内景

帝的、穿先帝的，先帝对我们的恩情比天大。要是不立先帝的儿子，我们宁可死，追随先帝于地下！"

这时，代善见形势不对，就以自己年老、多年不问朝政而离席。阿济格随后表态如果不立多尔衮，自己就退出。多铎沉默不发一言。

这就出现了"定议之策，未及归一"的僵局。

4．意外的较量结果

紧要关头之下，济尔哈朗站出来提了一个折中方案：让既是皇子，又不是豪格的福临继位。

多尔衮听后权衡利弊，表示："我赞成由皇子继位。皇子当中豪格提出他不继位，那就请福临继位。福临年纪小，郑亲王济尔哈朗和我辅政，待福临年长后归政。"

这方案一下子竟成了多数意见。豪格便再也不好反对了。

于是5岁多的福临意外地坐上了大清国皇帝的宝座！

第六讲

多尔衮摄政（二）：
率领清军入关之谜

5岁多的福临意外地坐上了大清国皇帝的宝座。这前后最受考验的是多尔衮。

一、多尔衮不当皇帝之谜

多尔衮无愧于"睿"亲王封号，面对近在咫尺的帝位，却能审时度势退让。这并不容易——古往今来有多少人要当皇帝！

1. 多尔衮不当皇帝的原因

多尔衮放弃帝位的原因有多个。

第一，客观上兵力不足，为此要避免内讧。多尔衮并非不能"霸王硬上弓"，但势必就要与兵力上占上风的豪格集团火并。即便能够得胜，也将令满洲陷入内讧、元气大伤，那么进军中原一展抱负，乃至广大父兄基业都将化为泡影。这是多尔衮无论如何不能接受的。

第二，主观上目光敏锐，志向高远。多尔衮年轻的时候就立志要赶超父、兄。定都北京、以清代明才是他的宏伟目标。为此就要始终顾及满洲整体利益和清朝统治基础，就要花大力气维持最高决策层的正常运转，就要整合一切可以团结的力量。

所以，扶持福临登基才是最优解。

2. 多尔衮为什么要立福临

多尔衮立福临，绝不是因为某些文人骚客扯到的与庄妃的风流韵事，而是有如下考虑。

■ 盛京皇宫大清门

第一，以退为进，摄政称王。福临还不到 6 岁，便于控制。且本身就是皇子，就轮不到同为皇子的豪格再来插手。再加上他的生母庄妃深得皇太极宠幸，立他更贴合先帝心意，也就更为大臣们所拥护。反观博穆博果尔的母亲麟趾宫贵妃的地位虽高，却毕竟曾是林丹汗的妻子。

同时，黄、白二旗既然是夺位助力，那么福临即位后，两黄和正蓝旗利益得到保障后，多尔衮代表两白旗辅政就顺理成章了。即便这样，多尔衮仍恐遭到政敌诉病，还特意拉上了资深中间派和老好人济尔哈朗。

结果就是，两黄旗大臣再无理由反对。豪格虽然不快，却有苦难言。多尔衮则以退为进成为实际掌权者，获得了真正胜利。

第二，避免内讧，顾全大局。在济尔哈朗提出拥立既是皇子，又不是豪格的爱新觉罗·福临时，多尔衮就已经在心里打定了主意：如果自己强行继位，势必引发两黄旗和两白旗的火并。让给豪格，既不甘心，也怕日后遭到报复。拥立福临，则有利无害。

所以他接受了济尔哈朗的意见，并以福临年纪小为由辅政，承诺福临年长后归还大政。这样对济尔哈朗来说也能沾光。代善只求大局安稳，并不觊觎皇位，自然带头同意。于是各方顺理成章都接受了。由此形成的新格局，对今后数年乃至数十年都有巨大影响。

当然，多尔衮这么做，也是为两黄旗大臣"佩剑向前"所迫，不得已调整方略。所谓高瞻远瞩、胸襟广阔，实乃退而求其次罢了。

3. 多尔衮如何对付反对者

第一，处死硕讬、阿达礼伯侄。福临继位后，硕讬和阿达礼为多尔衮的谦让打抱不平，阴谋发动兵谏，结果被父亲代善告发。最终，硕讬、阿达礼被处死，家产罚没。但从事后看，多尔衮对处死硕讬、阿达礼很内疚。于是他安排阿达礼的弟弟勒克德浑承接爵位、世袭罔替，并亲自在宫内抚养硕讬的幼子。可见当时杀他们确实万不得已。

第二，分化瓦解两黄旗大臣。多尔衮掌权后，立刻对当初盟誓拥立豪格的正黄旗大臣动手。这包括八个人：鳌拜、索尼、图赖、图尔格、拜音图、何洛会、谭泰和冷僧机。

其中拜音图率先投靠多尔衮，他的弟弟告发济尔哈朗曾埋怨多尔衮。于是济尔哈朗被罚银 5000 两，权力逐渐被多铎接手。接着，何洛会叛变，告发了图赖和图尔格，使他们被废黜。谭泰被捕，随后在狱中叛变。冷僧机紧随其后投靠多尔衮，被升了官。这就等于除了鳌拜、索尼、图赖和图尔格外，大家都背叛了豪格。

第三，收拾豪格。公元 1644 年春夏之交，何洛会告发豪格图谋不轨、诅咒多尔衮早死，于是多尔衮大肆屠戮豪格身边的亲信，还召开议政王大臣会议给豪格定罪。豪格见大势已去，表示自己愿意自杀赎罪。当时代善、济尔哈朗、多铎和阿济格都说该杀，反而是年幼的皇帝福临哀泣绝食为兄长求情，豪格最终免死，废为庶人。之后，多尔衮再度起用豪格攻略四川，豪格取得大捷，却没有得到奖赏。1648 年，多尔衮再度借口豪格"乱保非人"，将其下狱囚禁至死，还把他的妻子纳入自己府中。

第四，不遗余力地分化中间派。豪格死后，其统领的正蓝旗被划给了多铎。此时，正红旗中代善家族已经衰落，年轻一辈尽被多尔衮所笼络，长年外放，且稍有小过即被惩罚。镶红旗成分复杂，人心不齐，难成大器。镶蓝旗济尔哈朗被多尔衮几次打击后剥夺了辅政王职位，被多铎取而代之。

第五，扩充两白旗势力。多尔衮大力扶持他的两个同母兄弟，在清军入关前后，多次让阿济格和多铎担任主帅，令其功勋卓著、地位稳固。多铎很争气，文武全才，成为多尔衮的左膀右臂，可惜在公元 1649 年死于出痘。阿济格是一勇之夫、脾气暴躁，多尔衮不敢十分重用，然而亲兄弟关起门来有龃龉，打开门还是能一致对外的。

经过半年多的努力，多尔衮终于坐稳了摄政王宝座。

也在此时，局面风云突变！

二、风云突变的政局

此时，大明、大清和大顺三大势力逐鹿中原已成水火。

1. 大顺政权的建立和迅速扩张

大明朝是公元 1368 年由朱元璋创立。但朱元璋的后代越来越不堪承担天命，朝廷在政治上越来越腐败，统治也越来越黑暗，终于引发了明末农民起义。

公元 1627 年，陕北灾荒严重，陕北澄城县却不顾百姓死活，催收甚急，农民被迫起义。高迎祥、李自成、张献忠先后举起义旗，其中"闯王"高迎祥实力最强。

李自成公元 1606 年生于陕西省米脂县李继迁寨，是党项羌人后代。20

岁那年，无依无靠的他因无力偿还豪绅的债被戴上枷锁严刑拷打。在穷伙伴的帮助下，他杀死豪绅，逃往甘肃当边兵。1629 年，李自成投奔"闯王"高迎祥，很快得到信任，成为一名勇将，号称"闯将"。1636 年夏，高迎祥牺牲，李自成继任闯王。

1638 年冬，清军攻明。明王朝为对付清军和镇压农民起义军加征三饷，农民纷纷破产逃亡。河南、山东、河北等地也连续发生严重的旱灾和蝗灾。这时，李自成大军进入河南，提出"均田免粮"口号，深受人民的拥护。民间流传着"杀牛羊，备酒浆，开了城门迎闯王，闯王来了不纳粮"等民谣。

1641 年正月，李自成攻破洛阳，杀死福王朱常洵，把王府和豪家的金银、粮食发给饥民，民众拍手称快。不久，他又攻克西安。1644 年正月，李自成定国号为"大顺"，年号"永昌"，以西安为"西京"。

1644 年春，李自成率部东渡黄河，攻克太原，一方面发布檄文揭露明朝的罪恶，另一方面向民众宣布"三年不征""平买平卖"等政策。农民军以摧枯拉朽之势，一路凯歌行进，于 1644 年 4 月下旬兵抵北京城下。

2．大明王朝的灭亡

就在大顺政权与大明王朝决战在即之时，多尔衮为农民军声势所震慑，连忙派使者联系李自成，提出双方"协谋同力，并取中原"，但并没得到响应。

多尔衮非常生气，征询范文程的意见。范文程认为大顺是敌非友，指出明朝灭亡后，中原形势必将如同秦朝灭亡后一样，"楚汉逐之，是我非与明朝争，实与流寇争也"，所以"闯寇涂炭中原，戕厥君后，此必讨之"。

此时，明朝崇祯皇帝也急诏宁远守将、已故袁崇焕的部下吴三桂回师勤王。但吴三桂借鉴袁崇焕被凌迟处死的教训，在接到诏书后心存顾忌，有意放慢行军速度。结果他不但没有按期勤王，反而在山海关接受了李自成招降，然后献出山海关，率兵西进，准备去拜见李自成。

1644 年 4 月 25 日（农历三月十九日）黎明，李自成攻陷北京。崇祯皇帝朱由检在万岁山自缢殉国。

国祚 276 年的大明王朝在农民起义的暴风骤雨中灭亡。

3. 多尔衮的抉择

公元 1644 年 5 月 9 日，吴三桂叛归山海关、李自成攻占北京城的军报传到了大清都城盛京。多尔衮急召正在盖州汤泉驿养病的大学士范文程商议对策。

范文程分析了大顺政权必然会失败的 3 个因素："贼也虽拥众百万，横行无惮，其败道有三：逼殒其主，天怒矣；刑辱缙绅，拷劫财货，士忿矣；掠人赀，淫人妇，火人庐，民恨矣。备此三败，行之以骄，可一战破也。"

因此他主张火速入关，直取北京。还提出"战必胜，攻必取，贼不如我；顺民心，招百姓，我不如贼"，强调清军一定要严禁屠戮抢掠，对百姓秋毫无犯，"止嗜杀，安百姓"。

■ 明北京宫城图

范文程还劝谏多尔衮说："好生者天之德也，古未有嗜杀而得天下者。国家止欲帝关东则已，若将统一区夏，非乂安百姓不可。"

多尔衮愉快地接受了范文程的建议，决定：利用忠于明朝的官吏、缙绅、儒士、百姓对农民军的不满，兴师入关，逐鹿中原。为了改变八旗兵惯于抄掠的军风，多尔衮给每个士兵发了两个月的粮饷，并下令"勿杀无辜，勿焚庐舍，不如约者罪之"。

4. 山海关之战

公元 1644 年 5 月 14 日，多尔衮自领大将军印，统率满洲、蒙古、汉军八旗等共十四万大军，奔向山海关。

与此同时，范文程到军营起草晓谕明朝吏民文告，解释清军入关逐鹿中原是"为尔复君父仇，非杀尔百姓。今所诛者为闯贼"，并一再表明"师行以律，必不害汝"，承诺"吏来归复其位，民来归复其业"，希望百姓见到清军时能安心给予支持，共同对付李自成农民军。

就在这个时候，吴三桂得知自己的宠妾陈圆圆为李自成部下刘宗敏夺去，"冲冠一怒为红颜"，"翻然复走山海关"，背叛了李自成。这使清廷上下都意识到，实现努尔哈赤和皇太极遗志的时机到了。

5月14日，吴三桂的讨李檄文传到北京城，李自成这才知道事态严重，于5月17日亲率大军前往山海关迎战。然而，李自成心存侥幸，还想招降吴三桂，导致行军迟缓，在5月26日前后才赶赴战场，贻误了战机。

于是吴三桂趁机派出使者向多尔衮求援，表示如果清兵支援自己，"将裂土以酬"。但这时他的想法还不是投降清朝。

多尔衮知道良机千载难逢，但他非常谨慎，一面派人回盛京调兵，一面又故意延缓进军速度，打算逼吴三桂降清。

5月26日，李自成农民军开始攻城。多尔衮密切关注战况，长期作壁上观。在李自成攻下部分城池后，吴三桂先是几次派人求救，继而亲自杀出重围来投，多尔衮知道他们已经两败俱伤，这才兵发山海关。

这时，山海关聚结了三大军事集团：一是明山海关总兵吴三桂所统领的明军；二是李自成亲自带领讨伐吴三桂的二十万大顺军；三是多尔衮所率领的清军。这已经是当时中国最强大的军事力量。

李自成骄傲轻敌，没采取有效措施招降或消灭吴三桂，对关外的清兵也没有给予应有的重视。等认识到局势严重时，吴三桂与清军已经兵合一处了！

5月26日到28日，三方展开山海关大战。在与农民军的决战中，多尔衮让吴三桂的军队首先上阵，等双方精疲力竭时，再令精力旺盛的阿济格、多铎两支八旗军冲击农民军，结果农民军抵挡不住，迅速败退回北京。

多尔衮便取得了山海关大捷。在这场著名战役前后，他听从范文程计策，充分利用汉人内部矛盾，挟制吴三桂做清军入主中原的马前卒，从而确立了在三方逐鹿中原过程中的优势地位。

三、清军入关和迁都北京

1. 清军入关

山海关大捷后，多尔衮以吴三桂军为先导，亲率八旗军向北京进发。沿途官兵纷纷献城投降、奉表称臣。李自成则于5月31日败归北京，6月4日仓促称帝，之后放火烧毁紫禁城部分宫殿，弃京西走，撤到山陕一带休整，以图再举。

6月6日，多尔衮率军从朝阳门进入北京城，临武英殿御政。从此，中国历史翻开了崭新一页。

2. 迁都北京

多尔衮御政中的一件大事就是定都。他建议迁都北京，但阿济格表示反对："初得辽东，不行杀戮，故清人多为辽民所杀。今宜乘此兵威，大肆屠戮，留置诸王，以镇燕都。而大兵则或还守沈阳，或退保山海，可无后患。"

多尔衮听后则用先帝皇太极的遗言回答："先皇帝尝言，若得北京，当即徙都，以图进取。况今人心未定，不可弃而东还。"

■ 多尔衮摄政王府旧址

当时年仅 6 岁的顺治皇帝福临自然采纳摄政王多尔衮的意见。于是 10 月 30 日（农历十月初一），顺治帝在皇极门（今太和门）张设御幄，颁诏天下"定鼎燕京"。

祖、父 28 年奋争未能实现的梦想，6 岁的福临却实现了。他在多尔衮的辅佐下"入关定鼎，奄宅区夏"，所以身后得到的庙号是"世祖"，而他的父亲皇太极的庙号仅是"太宗"。

这一切都来得太突然，甚至令人来不及思索；这一切又来得太轻易了，让人不能不怀疑是"天福降临"。

多尔衮则马不停蹄继续进兵。11 月 17 日，他封阿济格为靖远大将军，统军经山西入陕，征讨大顺军，由吴三桂、尚可喜随征。11 月 23 日，令多铎统军征讨江南，孔有德、耿仲明随征。在李自成和张献忠相继失败后，又移师东南和西南，征讨残明政权和与农民军结合的残明抗清力量。

入关后的多尔衮还会采取哪些措施来完成中国的再度统一呢？

第七讲

多尔衮摄政（三）：
统治政策之谜

打江山容易，保江山难。摄政王多尔衮在率领清军入关后，迅速完成了管理国家、巩固政权的一系列基础工程。其中的一些正确决策，可以分为对全国、对汉族官吏和知识分子、对汉族各个阶层各个行业的百姓三个方面。

一、对于全国统治的三项正确决策

1. 颁布法律

多尔衮于公元 1644 年定鼎北京以后，马上就命令以《大明律》为蓝本，参考满洲旧制，利用三年的时间制定出《大清律集解附例》，这是大清朝第一部通行全国的统一的基本大法。这个《大清律集解附例》经过多次重修、增加内容，到了同治时，已经改叫《大清律例》，就是我们俗称的《大清律》。

2. 设立官职

多尔衮进了北京以后，怎样统治全国呢？他效法明制，设立了很多官职。并且，根据清朝统治的需要，进行了一定的改革，使得统治机器更加运转自如。这方面多尔衮是太在行了，早在1636年，他二十几岁的时候，就担任了大清朝的吏部尚书。在中央的行政体制上，他全盘接受了明朝的体制，在中央机构中，仍然以六部作为国家的主要权力机关。但是六部尚书则都由满洲人担任。

1648年，他又规定，六部各分满汉，每一个部都有满尚书、汉尚书，满尚书的职权要大于汉尚书，除此之外，多尔衮还根据少数民族政权的特点，增加了一些内容。一个就是议政王大臣会议，这是一个权力机关、议事机关。他还增加了一个机构，叫理藩院。这个理藩院是专门管理少数民族事务的。此外，明朝有内阁，清朝设置了内院，但清朝这个内院的权力要比明朝的内阁小。

3. 整顿吏治

公元1647年，多尔衮确定了官吏的"四格六法"考绩办法。

"四格六法"在清朝初年施行。所谓"四格"是从守（廉、平、贪）、政（勤、平、怠）、才（长、平、短）、年（青、中、老）四个方面对官员作出评价；"六法"是从"不谨、罢软无为、浮躁、才力不足、年老、有疾"六个方面处理不称职的官员。具体做法是不谨、罢软无为者革职；浮躁、才力不足者降调；年老、有疾者退休。考核优异者可以得到引荐、升官、晋级、赏赐、封赠等奖励；考核差劣者则给予罚俸、降级留任、革职等处分。

这是他的"四格六法"的考核办法，他不是光说，而是真做，经常举行全国性的考核。比如1650年正月，他命令全国考核，这一次

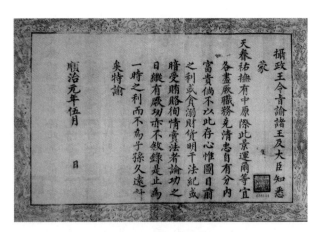

■ 摄政王谕诸王大臣令旨

考核就刷下去 816 个官员，分别加以革职、降职，还有退休。不但如此，他还亲自参与审案。有一个福建刑事案，周世科是前明官员，后来投降，清朝任命他官复原职，结果他却贪赃枉法。最后多尔衮下令，一查到底，核查后就地正法。

二、对于汉族官吏和知识分子的五项正确决策

1．为崇祯皇帝发丧

多尔衮入关以后，他很清楚，要夺取这个天下，就要化解矛盾，就要争取大多数人对自己的支持。实际上他也清楚，只是不知道"统一战线"这个名词，但是对于这个词他是很理解的。他要采取措施，要赢得明朝的地主阶级对他的支持拥护，怎么办呢？他发表了一篇长篇演讲："夫国家之定燕都，乃得之于闯贼，非得之于明朝也。兵以义动，为乃报君父之仇。"这个国家能定鼎中原，是从闯王李自成那儿夺过来的，大清跟明朝没有任何冲突，我们进入中原就是为你们报君父之仇的。随后为崇祯皇帝发丧出殡，成功招抚了一大批明宗室人员。他的这个措施也成功地达到分化汉族地主阶级和农民阶级这一目的，汉族地主阶级纷纷投降于他。

2．吸收明朝官员为清朝效劳

清廷入关后需要大批官员，当时唯一快速有效的途径是吸收明朝官员归附。

在清军进京后，多尔衮立即下令，"故明内阁部院诸臣，以原官同满洲官一体办理"，实际上是一揽子包下了在京明官，概不追究他们"从逆"大顺的"前科"。多铎攻克南京后，把沿途招降的 372 名前明文武官吏按级别任用。洪承畴在总督江南军务后，曾一次向朝廷推荐 149 名旧官任职，多尔衮亦照单全收。

多尔衮此举是为适应清朝以少数民族入主中原施行统治的明智之举。这样急于补缺，难免把明朝旧弊带进新朝来，但也恰是此政策，令清兵颇得汉人协助，此后为平定全国而在华北、西北的军事行动，几乎通行无阻。

3．恢复科举考试制度

除了整顿官吏、任用旧人外，多尔衮也注意选用新人。他自称："别的聪明我不能，这知人一事，我也颇用功夫。"所以甫一入北京，就多次下诏在各地征聘"山泽遗贤"。

清军入关后，范文程也上疏："治天下在得民心，士为秀民，士心得则民心得矣。请再行乡、会试，广其登进。"多尔衮接受了他的意见。

1644 年，清廷"定以子、午、卯、酉年乡试，辰、戌、丑、未年会试。乡试以八月，会试以二月"。并于次年在实际上恢复了科举。

1646 年到 1649 年的三次会试中，朝廷共录取进士 1100 人。其中首科进士里后来出了 4 位大学士、8 位尚书、15 位侍郎、3 位督抚，还有都察院副都御史、通政司使、大理寺卿、内院学士等 6 位高官。其余人才也很快充实到中央和地方的各级衙门，成为新朝的骨干力量。

4．创建绿营

多尔衮采取的一项重大军事决策是创建绿营。主要出于两方面考虑。

一是八旗兵力太少，不足以控制全国。当时的八旗分为满洲八旗、蒙古八旗、汉军八旗和打胜八旗 4 个部分。满洲八旗是努尔哈赤建立，其他 3 个部分均为皇太极时期建立。

这四个部分的八旗（共 32 旗）兵力总共约二十万人。其中，守卫京师的京营和其他地方驻防各占一半左右。京营旗兵驻扎在京城四周，主要负责保卫皇宫和首都，主力是骁骑营、步军营和护军营。驻防八旗则分驻各省要冲。

二是妥善处置降兵。当时在各地还存在着约六十万明朝降兵。如果不能正确引导、妥善安置，将会造成巨大动荡，给清廷统治全国带来巨大的灾难性后果。

出于上述两方面考虑，多尔衮迅速下令：在除满洲地区以外的地方，改编明朝降卒与招募汉人而成的地方军，使用绿旗，故名绿营或绿旗兵。

绿营分陆营和水师两个兵种，各有马兵、步兵、守兵 3 个等级，总人数一般保持在六十万左右。驻军组织有标、协、营、汛 4 级。兵源开始实行招募制，后来转为世袭。除少数配合驻防八旗拱卫京师外，绝大部分都驻扎在各地。在京绿营统一由八旗步军统领；地方上的绿营由地方长官统领，最高军事长官是总督，没有总督的省份则是巡抚。操练和征战由提督和总兵负责。

5. 准许满汉联姻

公元 1648 年，多尔衮下令，准许满汉官民联姻。其实这里"汉族军民"仅指包括汉族官员在内的、拥有汉军八旗及其以上身份的人，并不是所有的汉人都可以与满洲军民联姻。

即便没有完全放开通婚，这项政策仍对消弭民族隔阂起到了一定的积极作用。

三、对于汉族百姓的六项正确决策

1. 严格军纪

多尔衮听从范文程的建议，命令八旗入关后不得滥杀无辜、不得抢掠财物、不得焚毁民宅，凡是违抗命令者都要受到严厉处罚。

这是一条使全国所有百姓都受益的措施，初步稳定了社会秩序，减少了因战争引起的流亡。

2. 废除三饷

多尔衮紧紧抓住"救民""安民"这两条汉族统治者长期以来总结出的"祖训"不松口，在进入北京以后立即宣布废除明末加派的三饷，减轻百姓负担。

这是一条使全国所有农民都受益的措施，赢得了中原百姓的衷心拥护，大大降低了平定全国的阻力。

3. 奖励垦荒

令各地垦荒，永为己业。清初，农业生产收入不好，钱粮征收困难，为解决土地不足，范文程提出在湖广、江西、山东、陕西、河南等主要产粮区实行屯田。此举后来在多尔衮的支持下逐步推向全国。

4. 废除匠籍制度

公元 1646 年，多尔衮下令废除明朝匠籍制度，匠户与农民一体纳税当差，禁止官府以各种名义无偿役使手工业工人，使其获得了与农民相同的法律地位。

5. 放宽对手工业的垄断

多尔衮还放宽了国家对手工业的专擅垄断，除武器制造、货币铸造及宫廷所需重要物品由官府经营外，其他行业经过批准并按规定纳税，都允许民间经营。

6. 提高商人的社会地位

为了发展私营商业，多尔衮下令废除明末加征于商人的各项税负，并提高了商人的社会地位。

中国自从两千多年前战国时期的秦国商鞅变法以来，历代封建王朝都奉行"重农抑商"。这一政策对于发展农业、巩固统治曾起到过积极作用，但随着社会经济发展，其消极作用也日益凸显。

在历史上，像多尔衮这样下令废除加征于商人的各项税负，并提高商人社会地位的做法，还是很少见的。也足以说明他的开明与远见卓识。

四、多尔衮改变政策之谜

然而就在全国军民感恩拥护之时，令人错愕的转向发生了。

1. 多尔衮改变政策

在没有任何过渡的前提下，多尔衮迅速改变了自己原先制定的正确政策，代之以完全相反的弊政，从而使事态迅速向着完全相反方向发展，最终导致他没能领导大清王朝完成再度统一中国的任务。

2. 多尔衮改变政策的原因

考察其动因，主要来自以下四个方面。

第一方面，是由于多尔衮自身。囿于历史局限、思想觉悟和执政能力，多尔衮无法彻底征服一个从内到外都比满洲优越的中原民族。所以一旦遇到挫折，就会向完全相反的方向靠拢。这就是"矫枉必须过正"的道理。

第二方面，是由于八旗官兵和满洲贵族。普通的八旗官兵夺取江山后，没有那么多的想法，只是需要享受、需要向被征服者显示权威。多尔衮必须努力维护八旗官兵和满洲贵族的利益，大家才能去支持他这个摄政王。为此实行的一些政策，恰恰引起了广大汉族人民的强烈不满，激化了满汉矛盾。

第三方面，是由于部分投降的明朝官兵。因为多种原因，很多明朝官兵在清军入关的过程中非但不努力抵抗，反而对清廷极尽卑躬屈膝之能事，毫不手软地屠杀选择抵抗的部分汉族知识分子和农民武装。这在某种程度上令多尔衮产生了错误判断。

■ 慈宁宫

正是由于上述因素，睿亲王多尔衮向着错误的方向越走越远，最终与一统天下的大业失之交臂。

五、多尔衮的六项弊政

回头再来看这些弊政的具体内容，主要有六条。

1．颁布圈地令

先后发生三次。第一次在公元1644年底，多尔衮下令将北京附近各州县的无主荒田，以及死于战乱的明朝皇亲贵族与太监等留下的田地，分给诸王、勋贵和八旗将士。

第二次在 1645 年秋冬之交，将之前规定的执行范围扩大到近京三五百里内的河间、滦州、遵化、顺德府，山东济南府、德州、临清，江苏徐州，山西潞安府、平阳府、蒲州等地，用来拨给驻扎的八旗兵。

第三次在公元 1647 年春，范围在顺天、保定、河间、易州、遵化、永平等 42 府州县。

前后三次圈地，涉及土地达十六万余顷，称"旗地"。在这过程中，名义上是圈占无主荒地或明朝官庄，但执行时常常把熟地硬说是荒地，把民地硬指为官庄，把私田硬说成无主。同时"凡圈田所到，田主登时逐出，室中所有皆其有也"，"圈一室，则庐舍场圃，悉皆屯有"，往往使百姓倾家荡产、无以为生。这导致大量汉人被迫流落他乡或沦为满洲人的农奴。

这项弊政前后持续 25 年，到 1669 年才下令停止。

2．颁布剃发令

公元 1644 年夏，多尔衮颁布了剃发令，强令中原男子必须依满洲习俗剃发，否则将被列为"逆命之寇"。

清廷和多尔衮之所以在发式问题上如此较真，一方面是民族歧视和迷信武力，另一方面也有深谋远虑。

早在皇太极时期，他就曾经总结了以前契丹、女真入主中原"数世之后，皆成汉俗"的历史教训，认为"汉化"是灭族要因。为此，皇太极要求满洲人必须保持骑射、辫子和服饰传统。这在后来成为清廷"祖训"，子孙务必要贯彻执行。

此外，改换发式、衣冠可以让天下皆成"同类"，避免汉人想起"华夷之辨"和"亡国之痛"。

然而对汉族而言，发式、衣冠已经有几千年历史，凝结着文化传统与民族精神，"一旦持剪刀，剪我半头秃""华人髡为夷，苟活不如死！"由此引发了惊人血案，全国因服饰、发式而被杀的汉人达到几十万。

3．颁布投充法

公元 1645 年春，多尔衮颁布投充法，允许八旗官民招收贫民为奴，可以役使和买卖。

然而在执行时，满洲贵族才不管对象是否是贫民，只要有需求，就去任意逼迫汉人为奴。随着这种现象日益严重，汉族百姓人心惶惶，引发巨大骚动，极大地激化了满汉矛盾。

4．颁布逃人法

清兵入关后，很多汉人被俘后沦为奴隶，加上因投充法产生的奴仆，他们由于忍受不了虐待而大批逃亡。于是在1645年春，多尔衮颁布逃人法，下令：

第一，对逃跑的奴仆严厉惩罚，将逃人鞭一百之后归还原主；

第二，凡窝藏逃跑奴仆的人，本人处死，财产没收；

第三，罪及邻居和地方官员。

结果人人自危，严重地破坏了生产力，加深了百姓的灾难。

5．颁布"禁关令"

1644年，多尔衮下令严禁汉人进入满洲"龙兴之地"垦殖。

清初，满洲人倾族入关后，东北人口更加稀少。清廷视东北为"祖宗肇迹兴王之所"，借口保护"参山珠河之利"，长期实行了封禁。

6．屠城

在清朝军队征服中原的过程中，大肆屠杀敢于抵抗的城乡民众。其中诸如"扬州十日""嘉定三屠"，还有江阴、昆山、嘉兴、常熟、苏州、海宁、广州、赣州、湘潭、大同、四川等地的大屠杀不绝于史册。

这些屠杀惨绝人寰，只能激起汉人的民族仇恨！

正是由于多尔衮的上述六大错误决策，激化了满汉民族矛盾，客观上造成了公元1650年底三大抗清力量几乎同时崛起！多尔衮也至死都没有看到他率领的清朝八旗子弟统一中国。

多尔衮摄政（四）：
与孝庄皇太后的关系之谜

　　长期以来，不管是正史还是野史，都对孝庄皇太后与多尔衮两个人的关系投入了极大的关注。主要有三种说法。

　　一是孝庄皇太后嫁给了多尔衮；二是孝庄皇太后与多尔衮之间并无男女之情；三是孝庄皇太后与多尔衮是情人关系——或者说得难听一点，叫偷情。

　　本书采信的是第一种观点。

一、多尔衮与孝庄皇太后的关系之谜

1. 保全皇位的政治婚姻

　　孝庄皇太后，蒙古族，博尔济吉特氏，12 岁时嫁给了比她大 21 岁的皇太极。皇太极死后，她 5 岁的儿子福临继承了皇位。

　　一个是 30 岁出头的寡妇，一个是只知玩耍的幼童，孤儿寡母，怎样才能撑起战火纷飞中的大清江山？因此顺治虽名为皇帝，但当时实际执掌朝中军政大权的是睿亲王多尔衮。

而多尔衮作为顺治皇帝的叔叔、摄政王，在清军入主中原的过程中屡建战功。他手握重兵，说一不二，甚至把皇帝玉玺也带入自己府内使用，以代统天下。

可以说小皇帝顺治随时有被废掉的危险。因此人们普遍认为，孝庄皇太后为了保住儿子顺治皇帝的天子宝座，才委身于小叔子多尔衮。

至于是她主动情愿，还是多尔衮威胁逼迫？是哪年哪月开始结秦晋之好？是只同居，还是举行过正式婚庆大典？这些反而都是次要的了。作为政治婚姻，当事人在乎的不是形式。

所以即便孝庄皇太后下嫁多尔衮，也不是普通人理解的"妇德有亏"，而是在当时历史条件下不得已采取的一项特殊措施，是巩固皇权的一种政治手段。后来的结果表明，此举稳住了权倾朝野的多尔衮，稳固了幼年顺治的皇位，更稳定了刚刚入关还在开拓中的大清江山。

■ 孝庄皇太后像

2．多尔衮的"皇父"称谓

"太后下嫁"一个重要证据是多尔衮的称号"皇父摄政王"。因为只有娶了皇帝的母亲，才有可能改称"皇父"。

但这个称谓是有一个变化过程的。公元1644年，多尔衮还称"叔父摄政王"；1645年，改称"皇叔父摄政王"；1648年，顺治皇帝下诏，称"叔父摄政王治安天下，有大勋劳，宜加殊礼，以崇功德，尊为皇父摄政王。凡诏疏皆书之。"

这个过程恰恰反映孝庄太后与多尔衮的婚姻是从由隐秘到公开，逐渐为天下臣民所认可接受的。

多尔衮的"皇父摄政王"是史学家一致公认的事实。遍阅清宫档案，当时的朝廷公文中已这样直接称呼。

而且当时的朝鲜也注意到这一情况，在公元1649年的《李朝实录》中，特地记载，上曰："清国咨文中，有'皇父'摄政王之语，此何举措？"臣下回答："臣问于来使，则答曰：今则去叔字，朝贺之事，与皇帝一体云。"上曰："然则二帝矣。"

作为邦外属国，连朝鲜国王都发现称"皇父"与"二帝"无异，大清朝难道会在如此重大问题上犯糊涂？且当时清廷正在推崇儒教，广纳天下饱学之士，绝不会轻易授天下以笑柄。可见"皇父"一词确已明诏天下，"一朝二帝"是既成事实。

公元1650年12月31日，38岁的多尔衮病死。不久朝廷清算他的种种罪行，平坟鞭尸，枭首泄恨。在当时公布的罪状中，"自称皇父摄政王"是最重要的一条。在历数其罪状的诏书中，还有一条大罪是"亲到皇宫内院"。很明显，这是斥责他淫乱后宫。这当与太后有关。

3．张煌言的"太后婚"诗证

一种关于"太后下嫁"的说法是：公元1649年，多尔衮的王妃病死，孝庄皇太后与多尔衮随即举行了正式的婚庆大典。于是"太后下嫁"作为天下最大的绯闻迅速传播开来。关于这点，与孝庄太后同时代的抗清人士张煌言的诗就是直接证据。

诗的名称叫作《建夷宫词》，一共十首，极尽嬉笑怒骂、讥刺嘲讽之能事，从衣饰、住处、食物、坐骑、信仰、娱乐、文字、习惯直到习俗等方面，将满洲人与汉人作比较，贬损前者，彰显后者的优越。其中与太后下嫁相关的是第七、第八两首。

第七首：上寿称为合卺尊，慈宁宫里烂盈门，春官昨进新仪注，大礼恭逢太后婚。

第八首：掖庭又说册阏氏，妙选媏闺足母仪，椒寝梦回云雨散，错将虾子作龙儿。

诗中又是"合卺尊"，又是"太后婚"，百官庆贺、喜盈宫门，太后的寿酒变成了婚宴的喜酒，简直就是一幅生动的写真图。

作为当时抗清的杰出人物，作者张煌言应该在清朝最高统治者身边安插有间谍，对他们的一举一动都很清楚。并且，对其内部的所谓丑恶现象——实际上是汉族上层人士看不惯的现象——竭尽全力加以挖苦讽刺之能事，这才符合作者当时的想法。

4．风水墙的诉说

按清朝早期丧葬制度，皇后无论死在皇帝之前还是之后，都要与皇帝同葬陵穴。而孝庄太后竟葬在了遵化的清东陵风水墙外，未与太宗皇太极合葬于沈阳昭陵。于是"太后下嫁"说认为，这是她因改嫁而无颜到阴间再见皇太极。

关于孝庄的丧葬，还有这样一则野史传说：75岁的孝庄死后，接祖制要运到关外昭陵入葬。当装有孝庄遗体的棺材途经东陵地段时，突然沉重异常，128名杠夫被压得眼冒金星、寸步难行，只好就地停放。当夜，时任皇帝康熙梦见祖母孝庄，老太后说："我决不与太宗合葬。如今梓宫停放之地，就是上吉佳壤，可即地建陵安葬，切记吾言，休得违误。"于是，孝庄便安葬在东陵了。

与之相佐证的则是正史记载：孝庄生前曾叮嘱康熙，"我身后之事特以嘱汝，太宗文皇帝梓宫安奉已久，卑不动尊，此时未便合葬。况我心恋汝父子，当于孝陵附近安，我心始无遗。"

由此可推断，孝庄太后当时下嫁，虽出于政治目的，但随着汉化的加深，不论是她本人，还是她的孙子康熙，均难免有慊于心。这应当是康熙未将祖母与祖父合葬的一个重要原因，也正是孝庄最终留下遗嘱，死后不再走近皇太极的根本原因。

至于遗嘱中所说"卑不动尊"则是托词。因为就在1649年夏天，皇太极的孝端文皇后死去，第二年仍葬入昭陵。同样是先帝后妃，别人死后能合葬，孝庄有什么不能的？

康熙则对祖母的想法心有灵犀，但又觉得将她单独下葬实在没有先例，于是把这个难题就留给了儿子雍正皇帝。结果孝庄太后的棺材在东陵地面上一直停放了38年之久，直到雍正三年（公元1725年）才建陵安葬。

还需说明的是，清东陵安葬的5位皇帝、14位皇后、136位嫔妃都在风水墙内，唯独孝庄在风水墙外。有人说，太后下嫁对爱新觉罗皇家来说是一件丢尽脸面的丑事，所以把她葬在陵区大门之外，罚她永远为子孙后代看守陵门。这当然是野史上的解释。据考证，风水墙内是清东陵陵区，形成一个独立的体系；而风水墙外的孝庄昭西陵，名义上与皇太极昭陵是一个体系，但被一道风水墙分割为两个陵区。这也是别具匠心了！

5．野史上记载的太后下嫁盛况

相传孝庄太后与多尔衮的婚礼盛况空前，当时京师除了一两个自命清流者外，多传为佳话，同瞻盛典。

为此皇帝也下诏："太后盛年寡居，春花秋月，悄然不怡。朕贵为天子，以天下养，乃独能养口体而不能养志，使圣母以丧偶之故，日在愁烦抑郁之中，其何以教天下之孝？皇叔摄政王，现方鳏居，周室懿亲，元勋贵胄，其身份容貌，皆为国中第一人，太后颇愿纡尊下嫁。朕体慈怀，敬谨遵行。一应典礼，着所司预办。"

孝庄太后下嫁给多尔衮后，包括顺治小皇帝在内的整个爱新觉罗家族都受到了巨大影响。多尔衮、孝庄和小皇帝之间，特别是继父子之间将如何相处？

事实上，多尔衮与小皇帝很快就结怨了。

二、多尔衮与顺治小皇帝的关系谜案

在中国历史上所有的摄政王中，西周的周公最受推崇。但即使是周公，也有"恐惧流言日"，更别提别人了。

所以多尔衮和顺治小皇帝之间

■ 顺治帝像

产生矛盾是必然的，只是时间、缘由、程度和后果（是否被人利用）问题。

至于缘由，还要从多尔衮的子嗣说起。

1. 多尔衮与顺治小皇帝之间矛盾的产生

多尔衮有妻妾10余人，膝下却只有一女，名唤东莪。

因此，睿亲王多尔衮在对待顺治小皇帝的问题上，采取了两个方面措施：

第一，规定从孝庄皇太后开始，严格执行后宫不得干政的制度；

第二，在小皇帝的教育问题上，采取顺其自然的方法。

这个"顺其自然"又包括三个方面。

一是在教育上，先学满人骑射传统，还是先学汉人先进文化呢？多尔衮在入关前就给小皇帝选择了三汉两满五位师傅；入关后又专门安排汉官为其授课。结果顺治的满语和骑射学得非常扎实，而汉语言文字则稍差。

二是在治国方针上，多尔衮要求小皇帝随他临朝听政，在不知不觉、边玩边学中，自然而然掌握驾驭百官的手段和处理国家大事的方法。

三是在处理君臣和长幼关系上，多尔衮从来没有把顺治看成是皇帝，而是只将其看成自己的亲侄子。加上自己没有儿子，所以更多以长辈身份善意规劝、管教和约束。

而这些对顺治皇帝来说，则是万不能接受的。尤其他的身边汉文师傅们深受"天无二日"理论影响，强调顺治皇帝才是一国之尊，多尔衮虽贵为叔父（后称"皇父"），但也是臣子，应该完全听命于他。

于是二人之间矛盾丛生，甚至到了"欲加之罪，何患无辞"的程度！这里仅举一例：有一年天花流行，多尔衮便带着顺治小皇帝匆匆离宫避痘。但后来顺治亲政后，认为当时多尔衮为自己配备的侍从不足百人，所经过的地方又流寇猖獗，这就是对皇帝安全草率行事。

双方不仅有矛盾，还日益扩大。

2. 多尔衮与顺治小皇帝之间矛盾的扩大

矛盾扩大，多尔衮和小皇帝都有责任。一些旁观者也有"拱火"之嫌。

第一，从多尔衮方面来说，他居功自傲、独擅威权，最为典型的就是处死豪格。

第二，从顺治小皇帝方面来说，多尔衮与自己母亲孝庄皇太后的关系让其很不满意。这不仅源于母亲下嫁后分走了精力和关爱，更因逐渐受汉文化影响，认定此事很丑恶。

第三，从旁观者的角度讲，由于多尔衮靠两白旗起家，所以从土地分配到官员任免都处处照顾，这就损害了其他几个旗的利益，导致他们迅速联合起来，在暗中形成了一个强大的反对派。

在这种状态下，多尔衮再度受到了考验。

3．多尔衮的选择

聪明如多尔衮，对此心知肚明。他知道自己身体状况江河日下，早晚有一天会离开人世，到时应该把权力交给谁呢？

一种选择是踢掉顺治小皇帝，交权给自己更加信任的人！比如——

一是弟弟多铎。二人感情深厚，只可惜老天不作美，多铎比多尔衮先走一步。

二是哥哥阿济格。可惜阿济格脾气暴躁，成事不足、败事有余，当个将军还行，君临天下则差得太远。

三是养子多尔博。多尔博本来是多铎的第五个儿子，因多尔衮无嗣才被过继。可惜他比顺治小皇帝还要小，即便传位也无人能够辅佐。

所以除了小皇帝之外，多尔衮别无选择。他的野心也就逐渐凉了下来，有了及早归政的想法。

为此早在1649年初，多尔衮就已经作出了归政决定。做出这个抉择痛苦且危险——没了"皇父摄政王"的称号和权力，他在北京的处境将十分尴尬。因此，多尔衮决定远离北京，回到满洲镶白旗驻地永平。

然而就在此时，他竟一病不起。

三、多尔衮之死

1．多尔衮之死

公元1649年秋，多尔衮患病。据说是因膝盖受伤，错用石膏敷治，导致病情加剧。随后，他为了调治疾病，也为了改善心情，于十一月中旬率领诸王贝勒及大批八旗官兵到塞外打猎行乐，却因此受了风寒和劳累，渐渐病重。

重病的多尔衮越来越思念包括顺治小皇帝在内的远在北京的亲人，并开始流露出对于小皇帝不来看望他的怨言。他说："顷予罹此莫大之忧，体复不快，上虽人主，念此大故，亦宜循家人之礼，一为临幸。"

但话刚刚出口，多尔衮立即就后悔了。他还是想要全力以赴维护顺治小皇帝的名声，于是严令身边的人不得将他的话报告给皇帝。

当然最终的结果是，顺治小皇帝还是来了。这让多尔衮一时手足无措，十分恼怒，严厉谴责手下人帮倒忙。在这种情况下，为避免新的误会发生，多尔衮迅速决定提前移交权力给顺治。

公元 1650 年春，13 岁的顺治皇帝亲政。与此同时，多尔衮率两白旗离开北京，移驻永平府。

1650 年 12 月 31 日（农历十二月初九）戌时，一代枭雄多尔衮病死在边外喀喇城，时年 38 岁。

2．多尔衮的结局

多尔衮死后，他生前摄政时强压下去的各种矛盾一股脑儿地爆发了。

其中包括皇帝本人与摄政王的矛盾；以济尔哈朗为首的一批受打压的诸王与多尔衮的矛盾；以及多尔衮亲信大臣内部的矛盾。

公元 1651 年 2 月 1 日（农历正月十二日），福临亲政。一些多尔衮原来的亲信审时度势，投靠了济尔哈朗。此时两白旗群龙无首，济尔哈朗等人认为时机成熟，便上疏皇帝，指控多尔衮"显有悖逆之心。臣等从前俱畏威吞声，不敢出言。是以此等情形未曾入告。今谨冒死奏闻，伏愿皇上速加乾断"。

济尔哈朗等人为多尔衮拟了如下主要罪名：

一、"背誓肆行，妄自尊大"，剥夺了济尔哈朗的摄政权，反立多铎为"辅政叔王"。

二、所用仪仗、音乐、侍从，与皇帝无异；所盖王府形同皇宫；私用皇帝御用八补黄袍、大东珠素珠及黑貂褂等殉葬。

三、散布流言，妄称皇太极称帝违背太祖本意。

四、逼死肃亲王豪格，迎纳豪格之妃。

顺治皇帝接到奏疏后喜出望外。他终于等到了报复多尔衮的良机，于是不顾自己一个月前曾亲自追封多尔衮"义皇帝"，断然下令将多尔衮"削爵、撤庙享、罢谥号、黜宗室、籍财产入宫"。

■ 顺治帝为"皇父摄政王"之死颁发的哀诏

专权多年、功勋赫赫的多尔衮，在死后不到两个月就从天上跌入地狱，成了千古罪人！

这时，白旗大臣苏克萨哈等见势头不对也纷纷倒戈，告发多尔衮曾"谋篡大位"。没有倒戈的亲信先后被处死或被贬革。多尔衮多年培植的势力顷刻瓦解。

直到公元 1778 年，乾隆皇帝当政时，才正式为多尔衮平反，下诏为其修复坟茔，复其封号，"追谥曰忠，补入玉牒"。清朝一代对多尔衮的评价至此才算有了定论。

第九讲

鳌拜专权（上）

一代枭雄多尔衮病死后，清王朝进入鳌拜专权时期。

鳌拜，是清朝开国元勋之一，满洲镶黄旗人。他曾侍奉大清王朝三代帝王（太宗皇太极、世祖福临、圣祖玄烨），可谓功高盖主，是影响清初、特别是康熙初年政局的一个重要人物。

他的前半生军功赫赫、忠心事主，后半生操握权柄、结局悲惨。读懂他的人生经历，对每个人都有好处。

一、鳌拜的姓名和家庭之谜

说起鳌拜，更为后人所熟知的是"鳌少保"。但他其实并不姓鳌。

1. 鳌拜的姓名

鳌拜，瓜尔佳氏，属于其中的苏完部族，满洲镶黄旗人。

在满语中，"瓜尔佳氏"的原意有以下几种说法：一是"馆""阁"，

■ 鳌拜

也可以翻译为"住所";二是"捣乱"或"懦弱";三是"围绕菜园的水沟"。

瓜尔佳氏是清初辽东地区一个人口众多、历史地位十分显赫的氏族。当代很多"关"姓满族同胞的祖先,就来源于瓜尔佳氏。

■ 记载满洲八旗姓氏源流的《八旗满洲氏族通谱》

2. 鳌拜的家庭成员

据《清太祖实录》记载,公元 1588 年春,苏完部首领索尔果带领麾下五百余户归顺努尔哈赤。努尔哈赤见索尔果的儿子费英东英气逼人,十分喜爱,于是把他带在身边。1616 年,努尔哈赤在赫图阿拉建立后金政权,任命费英东、额亦都、扈尔汉、何和礼和安费扬古为五大臣,并将自己的孙女下嫁费英东为妻。

1619 年，萨尔浒之战爆发。费英东率镶黄旗本部兵马击溃开原总兵马林所部。在率部攻打抚顺时，明守军火炮竞发，费英东力战不退，最终破城。观敌掠阵的努尔哈赤目睹了一切，脱口赞叹："此真万人敌也！"

更值得一提的是灭叶赫一仗，费英东在叶赫城下一马当先率军攻城，但遇到顽强抵抗，城池久攻不下。努尔哈赤见伤亡太大，便命人传令费英东撤退。费英东听后急了，说："我们的人已经攻到城下了！这个时候怎能退兵？要继续攻城！"努尔哈赤不见退兵，便又派人传令，费英东又说："我们的人已经爬上城墙了！继续攻城！有罪我一人担着！"还没等努尔哈赤下达第三次撤退命令，费英东已经占领了叶赫城，还和皇太极一起活捉了叶赫部的首领！于是努尔哈赤再度感叹说："费英东真乃万人敌！"

■《满洲实录》之"太祖灭叶赫"图

1620 年春，自少年时便追随努尔哈赤征战 30 余年的费英东去世，享年 57 岁。努尔哈赤亲自守灵，痛哭不止，直至深夜。之后只要路过费英东墓前，努尔哈赤均要亲自奠酒。

1629 年，皇太极建太祖陵毕，特迁费英东灵柩前来陪伴努尔哈赤，还追封费英东为直义公，配享太庙。之后，顺治皇帝又追封他三等公爵位；康熙皇帝亲自为他撰写碑文，立碑纪勋；雍正皇帝追加封号信勇公；乾隆皇帝晋费英东世为一等公，子孙世袭罔替。

鳌拜的父亲伟齐，就是费英东的九弟。鳌拜则是伟齐的第三个儿子。他出生年月不详，但应该在公元 1610 年前后。

由此可见，鳌拜出身名门。这使他接受了更优质的教育，接触到更优秀的人，也得到了更多机会。他崛起的第一步是成为一名"巴图鲁"。

二、鳌拜的崛起之谜

"巴图鲁"源于蒙古语"拔都"，原意是"勇将"或"英雄"。从公元 1616 年到 1861 年的 245 年中，获赐"巴图鲁"名号者只有 33 人。由此可见鳌拜的厉害。

1. 历史舞台的小角色——鳌拜政治生涯的开始

鳌拜的名字首次见于官修史书，是在《清太宗实录》中。皇太极天聪六年（公元 1632 年），鳌拜等人"自明界捉生还。获蒙古人五、汉人三十、牲畜三十二。上命即以所获赏之"。

1634 年，鳌拜成为皇太极所领镶黄旗的巴牙喇甲喇章京。

1636 年 12 月，皇太极亲率大军二征朝鲜，八旗军队迅速攻占了平壤和汉城。次年 1 月，朝鲜国王李倧在内外援绝的情况下出降。据《清太宗实录》记载，在攻下朝鲜京城后，皇太极派硕讬、孔有德、耿仲明、尚可喜等率军攻打皮岛。正是这次战役，促成了鳌拜崛起。

2. 血战皮岛——鳌拜的崛起

皮岛地处鸭绿江口外，距朝鲜本土和中国大陆都很近，乃战略要地。明天启年间，后金攻取辽东，明将毛文龙即率军退守此岛，与关外宁锦一线友军互为犄角，使后金腹背受敌。此后，后金便一直视皮岛为心腹大患，努尔哈赤和皇太极两代人都在日夜筹划如何拔掉这颗钉子。

再说这次战役。由于硕讬久攻不下，皇太极便命阿济格接手，鳌拜当时从征。阿济格与众将反复商议，制订了兵分两路、声东击西的进攻方案：一路从海上以巨舰摆出正面进攻的态势，吸引守军注意；另一路则以轻舟精锐快速推进，直插该岛西北角要害阵地。鳌拜主动请缨随后一路出战，并向阿济格立下军令状："我等若不得此岛，必不来见王。誓必克岛而回。"

随后，鳌拜率部渡海发动进攻，不料明军早已严阵以待，一时炮矢齐发，清军进攻受挫，形势紧急。鳌拜见状奋起大呼，第一个冲向明军阵地，冒着炮火与敌人展开近身肉搏，然后举火为号，指引后续部队进攻。清军一举跟进，终于攻克皮岛。

捷报传至盛京，皇太极大喜过望，亲自撰文祭告努尔哈赤，以慰其父在天之灵，并下令从优奖励参战将士。

3. "巴图鲁"——战神的诞生

皇太极对鳌拜非常满意，提升他为三等梅勒章京，赐号"巴图鲁"，加世袭 6 次，准再袭 12 次。此后，即便鳌拜偶有独断专横、蛮不讲理，皇太极也依然对他信任有加。

鳌拜也对皇太极忠心耿耿、勤勉履职。1637 年，代善的儿子岳讬为了拍皇太极的马屁，派人连夜向皇太极的驻地进献好马，结果被鳌拜以"此暮夜就寝时，非献马时""上已安寝，欲令惊动，秉烛观马耶？"为理由阻拦。皇太极听说后赞赏了鳌拜，将献马一事列为"违法妄行"，"命法司分别议罪"。

1642 年夏，鳌拜升为护军统领，成为八旗将领中具有较高地位的人物。

由此可见，鳌拜早年虽出身名门，但也只是个小角色，后来凭借历次战役中的杰出表现得到了皇太极的信任，从而迅速升迁。但他是如何一步步爬上权力顶峰的呢？这要从鳌拜与多尔衮的矛盾谈起。

三、鳌拜与多尔衮的矛盾之谜

1. 顺治继位前后的鳌拜——从赳赳武夫到杰出的政治家

就在鳌拜升为护军统领后的第二年（1643 年），皇太极带着"储嗣未定"

的遗憾猝死。鳌拜坚决支持肃亲王豪格，成为拥立皇子派的骨干。后来豪格虽没能即位，但福临作为皇子上位，鳌拜在其中还是起了十分关键的作用。

2．靠镇压农民起义军而不断升迁

公元 1644 年，多尔衮率清军入关。次年，鳌拜一跃而成为一等昂邦章京。

此后，鳌拜先是跟随阿济格直下湖广讨伐李自成，后又跟随豪格进攻张献忠大西农民军。在西充一带追击张献忠时，鳌拜担任先锋，在两军遭遇时"奋击大破之，斩献忠于阵"，大破大西军主力。随后，他又继续深入四川、贵州等地，杀农民军将士 1000 多人，彻底剿灭了张献忠政权。

但战功赫赫的鳌拜并未因此继续升迁。

3．成为多尔衮全力打击的对象

当时，清朝内部矛盾激化。福临继位称帝，多尔衮称摄政王，两黄旗和两白旗依然矛盾重重。鳌拜因为当初拥立豪格，而被多尔衮列为全力打击对象。

多尔衮着手分化正黄旗大臣集团。在当初订立盟约的 8 个人中，拜音图、何洛会、谭泰和冷僧机先后归顺，鳌拜、索尼、图赖和图尔格 4 人则仍拒绝投靠。后来豪格被囚禁而死，鳌拜等人便遭遇各种明枪暗箭。

入关以后的鳌拜，虽然战功赫赫，但却经常因为一些鸡毛蒜皮的小事被多尔衮暗算！这期间，主要的打击，鳌拜经历过三次。

第一次发生在 1645 年。鳌拜随阿济格征讨李自成时，阿济格私下里称呼皇帝为"孺子"。多尔衮得知后，谕令鳌拜等人召集将士揭发阿济格。鳌拜为了长官的面子没有照做，结果在后来论军功时他非但没有升迁，反被罚银 100 两。后来，鳌拜又因庇护索尼再次获罪，几乎被革职。

第二次是 1648 年。当年春，鳌拜跟随豪格征讨张献忠凯旋回京。豪格属下一个参领冒功邀赏遭到处罚，鳌拜竟也因勘察不实而连坐，被革职，罚银 100 两。一个月后，多尔衮为打击济尔哈朗再次兴起大狱，鳌拜被人揭发当初与人盟誓拥立豪格，论罪应当处死，后被小皇帝下旨"罚锾自赎"。再过一个月，有人告发鳌拜在皇太极驾崩时"擅发兵丁守门"，又获死罪，后来又被小皇帝网开一面，革职为民。

战场上九死一生、战功赫赫的鳌拜，在短短数月间却在鬼门关走了两次，可见他所受打击之严酷，遭遇境遇之窘迫！

第三次是1650年夏。鳌拜重新被起用。当时多尔衮生病在家，向亲信抱怨顺治小皇帝不来看望他，但后来改了主意，不许亲信奏报。最后小皇帝还是来了，多尔衮埋怨亲信们多嘴，却又舍不得处罚，竟借口鳌拜"目睹罪状，不即执鞫"，把他降职。

这叫什么事啊！

然而，鳌拜虽然屡次遭到打击，却仍拒绝向多尔衮屈服。多尔衮最后也没有办法，只能再度把他从官场上驱逐了事。

这个时候的鳌拜，忠于故主、坚守臣节，称得上是一个难得的忠义之臣。

四、顺治皇帝亲政时期的鳌拜——最为赏识的四大臣之一

1. 鳌拜的转机

公元1650年12月31日，多尔衮去世，顺治皇帝亲政。曾遭到压制的两黄旗和两蓝旗贵族与大臣们重掌要职。

这时，顺治皇帝已经将多尔衮的所有亲信或处死、或监禁、或驱逐，因此身边极为缺乏忠于自己的得力干将。于是皇帝想到了即便身处困境也拒不向多尔衮屈服的鳌拜、索尼等人，在他亲政以后不久就将他们视为心腹，不断提拔。

1651年春，鳌拜成为议政大臣，又以军功升为一等侯；1652年春，再升为二等公，即将迎来他一生中最为辉煌的时刻。

■ 顺治帝朝服像

2．顺治皇帝最为赏识的四大臣之一

此后，鳌拜随侍顺治皇帝，直接参与商讨本章批复、联络蒙古科尔沁部、主持祭奠过世王公妃嫔、协助会审案狱、倡议"大阅以讲武"、教导武进士骑射等各类国政。

其间，鳌拜表现非常出色。顺治也因此对他更加关心和信任。1656年，鳌拜旧伤复发、卧床不起，顺治亲临府邸看望慰问。

1657年冬，孝庄皇太后病重，顺治皇帝朝夕侍疾。鳌拜也陪同皇帝在宫中昼夜侍候，顾不上休息吃饭，深获皇帝赞赏。后来孝庄皇太后病愈，顺治皇帝加鳌拜"太傅兼太子太傅"衔。

3．顺治皇帝之死

可惜就在鳌拜日益得到皇帝信任、地位不断上升之时，顺治皇帝于公元1661年2月5日夜病死于养心殿。

从1657年开始，顺治皇帝对于佛教产生了浓厚的兴趣。时年19岁的他先后召见高僧进京，在宫中论经说法，并逐渐产生了出家的念头。

就在这个时候，顺治的爱妃董鄂妃死了。皇帝痛不欲生，辍朝五日，将宫中太监与宫女30人赐死，还在景山建水陆道场大办丧事。

随后，万念俱灰的皇帝命当时著名的得道高僧茆溪森为他净发出家。此时孝庄皇太后火速命人把茆溪森的师父玉林通琇召至京城。玉林通琇到北京后非常恼火，当即命人架起柴堆，要烧死茆溪森。最后顺治皇帝无奈，只好让步，勉强答应重新蓄发留俗。

结果屋漏偏逢连夜雨，顺治皇帝又出了天花，只是几天工夫就因病驾崩！

4．四大臣辅政的开始

顺治皇帝死前委任心腹为辅政大臣，并在遗

■ 顺治帝绘《墨竹图》

诏中着重强调："特命内大臣索尼、苏克萨哈、遏必隆、鳌拜为辅臣。伊等皆勋旧重臣，朕以腹心寄托，其勉矢忠荩，保翊冲主，佐理政务，布告中外，咸使闻知。"

在孝庄太皇太后亲自主持下，玄烨宣读了上述遗诏，即皇帝位，年号康熙。四大臣深感受命辅政，责任重大，担心诸王不服，便以"国家政务从来由宗室协理"为由，向皇上请求与诸王、贝勒共同辅政。

但遗诏写得明明白白，诸王由此不敢干预。于是四大臣奏明太后，祭告皇天上帝及顺治皇帝之灵，宣读了如下誓词："兹者先皇帝不以索尼、苏克萨哈、遏必隆、鳌拜等为庸劣，遗诏寄托，保翊冲主。索尼等誓协忠诚，共生死，辅佐政务。不私亲戚，不计怨仇，不听旁人及兄弟子侄教唆之言，不求无义之富贵，不私往来诸王、贝勒等府受其馈遗，不结党羽，不受贿赂，惟以忠心仰报先皇帝大恩。若复为身谋，有违斯誓，上天殛罚，夺算凶诛。"

上述誓词，表达了辅政四大臣不私自与诸王、贝勒往来，不结党羽，不受贿赂，忠心辅佐幼主、维护皇权的决心。

几天以后，朝中所有亲王、大臣和官员在西安门内南侧大光明殿，向皇天上帝及先帝灵位起誓，表示要同心协力，辅佐幼主。

鳌拜终于迎来了他一生中的巅峰时刻。

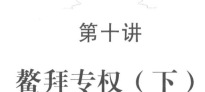

第十讲

鳌拜专权（下）

福临去世后，他的儿子爱新觉罗·玄烨即位，即日后鼎鼎有名的康熙大帝。而鳌拜则成为康熙皇帝的辅政大臣。

俗话说：事从两来，莫怪一人；冰冻三尺，非一日之寒。鳌拜在担任辅政大臣时，与康熙皇帝之间发生了矛盾，而双方其实都有责任。

这要先从当时的四位辅政大臣说起。

一、四辅臣小史

1．索尼其人

索尼，生于公元1601年，一生经历太祖、太宗、世祖三朝，是大清王朝的开国勋臣。

索尼在努尔哈赤时期一直担任其手下的一等侍卫，战功卓著，还娶了努尔哈赤的侄女。

皇太极即位后，时年31岁的索尼升任吏部"启心郎"。"启心"即如见管部贝勒所行不善，应启迪其心忠勤国事，对其有所约束。用现在的话说，是从政治思想方面约束各部最高长官的。

皇太极去世前，索尼又因功被晋升为三等甲喇章京。皇太极病逝后，他拥立皇子福临继位，成为维护八旗内部稳定局面的重要人物。据《清世祖实录》记载，此时的索尼足智多谋，"商议大事，无出索尼者"。

1651年，在多尔衮死后，索尼晋升为世袭一等伯，擢内大臣，兼议政大臣，总管内务府。顺治帝曾褒奖他"克尽忠义，以定国乱，诚为荩臣"。

此时鳌拜则以军功升为世袭一等侯，第二年春又升为世袭二等公，在升官速度上比索尼强不少。

1661年，康熙皇帝继位后，索尼与苏克萨哈、遏必隆、鳌拜同为辅政大臣，又授世袭一等公。

当时，索尼之所以能够成为四位辅政大臣之首，不是因为他的功劳大，而是因为他足智多谋，能够应付日后出现的各种现象；但他的年纪已经很大了，而且体弱多病；此外索尼十分厌恶另外一个辅政大臣——苏克萨哈的为人，认为其卖主求荣，因此遇事多支持鳌拜。

2. 苏克萨哈

苏克萨哈的生母是努尔哈赤的第六女。也就是说，他是顺治皇帝的姑父、康熙皇帝的姑爷。苏克萨哈还一直隶属于正白旗，是多尔衮的部下。

苏克萨哈深受多尔衮信任，但多尔衮去世后，他看到形势不好，就立即揭发检举多尔衮，由此逐渐得到顺治皇帝的信任，升至议政大臣。

但此举令以索尼为代表的正直大臣不屑一顾。因为多尔衮厚待苏克萨哈是人所共知的，而苏克萨哈的落井下石实在令人嗤之以鼻。于是他在四位辅政大臣中是最被人看不起的一个，在当时没什么地位可言。

正因如此，尽管鳌拜与苏克萨哈有姻亲关系，但在很多行动上，鳌拜还是主动与他拉开距离。

3. 遏必隆

遏必隆则不能小瞧。他姓钮祜禄氏，是满洲镶黄旗人，父亲是后金（大清）五大开国元勋之一的额亦都，母亲则是努尔哈赤的四女儿。算起来，遏必隆就是努尔哈赤的外孙、皇太极的外甥。

不过，遏必隆虽然是名将之后，但在政界上，他可完全没有其父遗风。

他是在皇太极晚年才初露头角的，能力非常有限，常常追随同是名门之后的鳌拜。

4．鳌拜辅政时期的开始

正是在这种情况下，鳌拜的作用日益增大。从另一个角度说，这四位辅臣都是上三旗的大臣，他们除了旗与旗之间的内部争斗之外，在辅政期间实行的政策基本上是一致的，也就是说，鳌拜的主张基本上也同样代表其他辅臣的意见。于是从公元1661年到1669年的四大臣辅政历史，实际也就是鳌拜辅政的历史。

然而当时的局面，无论是对于辅政四大臣来讲，还是对于康熙皇帝和他的祖母孝庄太皇太后来说，乃至是对于整个大清王朝而言，都是很令人悲观的。

二、康熙初年的艰难

顺治皇帝留给他的儿子康熙皇帝的是一副烂摊子，有很多急需处理的问题在等待着年幼的康熙皇帝和他的辅政大臣鳌拜拿主意。主要有如下几个方面。

1．残存的抵抗力量

当时残余的抗清势力主要有三股：一是中国云南贵州地区和缅甸地区的南明永历政权和张献忠的大西军余部；二是长江三峡地区的李自成大顺军余部——夔东十三家；三是割据福建金门和厦门地区、正准备从荷兰殖民者手中收复台湾的郑成功。

而上述几支抗清力量，居然形成了联合的局面：南明永历皇帝给了大西军余部首领孙可望以足够的权力和尊重；李自成的大顺军余部——夔东十三家也完全奉孙可望的命令；远在福建金、厦地区的郑成功也服从永历政

■ 康熙帝像

权指挥。于是细算下来，他们实际上控制着中国的整个西南方。

此外，还有诸如以明末清初三大思想家黄宗羲、顾炎武、王夫之为代表的部分汉族知识分子，他们仍然怀念故国，拒绝与清廷合作。这些人的影响丝毫不亚于上述军事抵抗力量。

2．沙皇俄国在我国东北地区的侵略扩张

东北地区自古以来就是中国领土。中国历代中央政权都在这里设置了管理机构。公元1644年，清军入关夺取全国政权后，在这里设置了"盛京总管"管辖整个东北地区；1653年，又在除今天的辽宁、吉林以外的其他地区单独设置了宁古塔昂邦章京辖区，以管辖松花江、黑龙江、乌苏里江流域，包括库页岛和尼布楚等地。

然而，沙俄侵略者却趁中原地区明清改朝换代的混乱时刻，前来侵略。

早在公元1632年，沙俄就建立了雅库茨克，开始与中国接壤；1643年，他们趁明清交战、中原动荡之机，逐步蚕食我国境内的黑龙江流域土地，但被英勇的达斡尔族人民赶走了；1650年，沙俄再度入侵黑龙江流域，当地军民在进行了两年多的顽强抵抗后失败；1654年，沙俄变本加厉，出兵侵入我国贝加尔湖以东地区，占领了尼布楚；此后双方在这一地区展开了多次厮杀，互有胜负。

在康熙皇帝即位后，沙俄侵略者继续扩大了战果，在黑龙江流域建立了一系列殖民据点。

3．财政的严重困难

明末清初长达几十年的战乱，令社会经济严重凋敝、人民生活困苦不堪、财政状况十分窘迫。因此如何保证财政收入、恢复发展生产，同时又要继续进行征服和统一战争，就成为当时清廷面临的重大课题。

4．腐败的官场吏治

当初清军大举入关时，大量明朝大臣来降。当时的摄政王睿亲王多尔衮为了能够迅速夺取江山并稳定长期战乱的局面，对于这些降官降将基本上采取了全盘接收、官复原职的策略。

然而此举不仅没能清除明朝官场中的弊端，反而把弊端传染给了关外来的满洲官员。这些满汉官员不但不尽心尽职，反而贪污受贿、中饱私囊，更

有甚者还爆发了党争。

5．蔓延的不满情绪

由于多尔衮摄政时期采取的六大错误决策，给广大汉族人民带来了极大的苦痛，引起了百姓广泛不满。如果不能妥善处理，这种不满势必将给朝廷统治带来动荡，甚至随时有可能颠覆大清政权。

由此可见，历史交给康熙皇帝和辅政大臣鳌拜等人的任务是多么艰巨，于是他们采取了一些正确决策以扭转局面。

三、三大正确的决策

1．积极整顿吏治

针对日益加剧的吏治腐败，鳌拜等辅政大臣开始重拳整顿官场恶习，提高官府办事效率和官员办事能力。

据《清圣祖实录》记载，鳌拜等人在辅政仅半月后，就以皇帝名义诏谕百官："朕以冲龄践阼，初理万几，所赖尔大小臣工，同心协力，矢效赞襄。"次日还命都察院左都御史就巡按工作提出了十项要求。

公元1665年春，鳌拜下令严查督抚在地方的劣政，次年春又下令对公然受贿的地方督抚大员"从重治罪"。鳌拜是这么说的，也是这么做的。仅1667年一年，他就将贪酷、不谨、罢软、年老、有疾、才力不及、浮躁等官员共563人革职，还裁撤了各省大小衙门官吏3849名。

此外，据《清圣祖实录》记载，为了提高效率，鳌拜在1660年春就要求所有官员"进奉本章，关系政务，应切实陈奏……事情正理，明白敷陈，不得用泛泛文词"，还在参考明朝规定奏事本章1000字数限制的基础上，再减少到不得超过300字。与此同时，还规定了办结事务的时限。

同年，鳌拜还一举革除了清朝原本强大的宦官势力——内官十三衙门，彻底断绝了宦官干政的可能。

2．努力发展经济

鳌拜还采取一系列措施努力发展经济。其中，最为重要的措施有两个。

一是奖励垦荒。这项措施实际上是中国古代每个王朝在建立之初、较有作为时通用的办法，鳌拜辅政时也不例外。但在具体办法上，鳌拜有了很多创新。最典型的就是下令"湖广填四川"。

清朝初年，由于连年战乱，四川地区人烟稀少、经济凋敝。在这种情况下，鳌拜提出"无论本省、外省文武官员，有能招民三十家入川、安插成都各州县者，量与纪录一次；有能招民六十家者，量与纪录二次；或至百家者，不论俸满，即准升转"。由此逐步重振四川地区经济民生。

二是实行"更名田"。1669 年春，鳌拜借鉴明末农民起义的进步方面，下令清查前明废藩的田地房屋，分发给农户耕种，并将无人继承的田土公开招募开垦，即"更名田"。当时在直隶、山东、山西、陕西、甘肃、河南、湖广等省份发给农民田地多达 20 余万顷，占到全国耕地总数的 1/20。

后世普遍认为此举是一项德政。然而也是鳌拜辅政大臣生涯的最后辉煌——在这件事情完成之后仅仅两个月，他就被康熙皇帝拿下了。

在鳌拜辅政的八年间，全国人丁的平均年增长率为 1.7‰；平均土地年增长率为 3.6‰；平均税银年增长率为 0.62‰。土地增长幅度超过税收增长4 倍多，为人民休养生息、经济民生恢复提供了有力保障。

3．减少军事行动

鳌拜以军功起家，号称"万人敌"，赐号"巴图鲁"，但在他辅政时期却懂得节制军事。鳌拜很清楚，军费开支是个无底洞，如若一味进攻，清朝很可能步前明后尘，迅速衰落下去。

因此，公元 1662 年，在清军消灭南明永历政权后，鳌拜就迅速宣布："从此大兵得以休息，粮饷不致糜费。宣诏中外，咸使闻知。"

由此外患渐息，不幸的是内患难平。

四、八旗内部矛盾——两黄旗和两白旗之争

1．黄白两旗矛盾缘起

说到八旗内部黄白两旗的矛盾，其源头要一直追溯到皇太极时的改旗。

皇太极即位后，便将自己掌握的两白旗改为两黄旗，分居左、右翼之首，大大提高了原两白旗的地位；而将努尔哈赤留给阿济格、多铎、多尔衮三人的两黄旗改为两白旗，居左翼之中，地位下降。由此埋下两旗矛盾的种子。

顺治初年，八旗贵族在京师附近大规模地圈地，在分配圈占土地时，摄政王多尔衮利用权势，将原本分给镶黄旗的土地给了自己的正白旗；而于右翼之末——保定府、河间府、涿州等处，另拨土地给镶黄旗。这引起镶黄旗的不满，加大了两旗间的旧有矛盾。

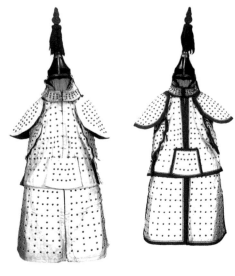

■ 正白旗、镶白旗甲胄

2. 鳌拜重新挑起换地之争

结果鳌拜为打击正白旗大臣苏克萨哈，重提换地一事，要求镶黄旗与正白旗互换土地，再次挑起二者矛盾。

公元1666年，鳌拜唆使八旗以土地不堪耕种为由，提出更换的要求，送交户部。户部则认为土地分配已久，且朝廷在1664年已有民间土地不许再圈的旨意，遂反对圈换土地。

鳌拜则假借世祖章皇帝有旨，凡事俱尊太祖、太宗例执行，于当年夏天命镶黄旗从右翼之末移回左翼之首，并为镶黄旗在北京东北部的顺义、怀柔、密云、平谷四县圈拨土地，造成既成事实。

3. 康熙皇帝亲政

圈地事件打破了辅政四大臣协调一致的原则。朝内百官惴惴不安，纷纷上书要求皇帝亲政。

公元1667年夏，索尼病死。索尼虽然在生前倾向鳌拜，却在临死前上书康熙皇帝玄烨，请他亲政。此举为皇帝日后除去鳌拜势力提供了转机。

而此时的鳌拜，却打算趁机提高自己的地位与职权，代替已故的索尼，获取启奏与批理奏疏之权。康熙皇帝见鳌拜愈加跋扈、四大臣辅政体制名存实亡，遂以辅臣履行陈奏为由，奏请太皇太后允许，并私下里拟好了诏旨，于8月25日（农历七月初七）那天昭告天下，举行了亲政大典。

此后，康熙仍命鳌拜等辅臣佐理政务。

■ "大清嗣天子宝"金印

4．苏克萨哈之死

这时的苏克萨哈认为皇帝已经亲政，自己又无法应对鳌拜的威胁，唯恐遭其暗算，遂产生引退之念，于8月30日（农历七月十二日）向康熙帝乞请辞职，愿意去守护先帝陵寝。

鳌拜见状乘机诬陷，以苏克萨哈心怀不满、不愿归政皇上为由，罗织大逆等罪状24款，拟将苏克萨哈及其长子处以磔刑，包括余子6人、孙1人、兄弟之子2人等家族14人皆处斩，家产籍没。

康熙以为处分太过，"坚执不允所请"。鳌拜则不顾人臣礼节，"攘臂上前，强奏累日"。皇帝无奈，仅将苏克萨哈改判绞刑，余均从鳌拜所请。

康熙刚刚亲政，鳌拜就将苏克萨哈灭族，此时的他蛮横专权已到了肆无忌惮的地步。

5．完全不把皇帝放在眼里的鳌拜

苏克萨哈一死，辅政四大臣便去其二，剩下的遏必隆唯鳌拜之鳌拜命是从，于是鳌拜更加为所欲为。

而康熙皇帝亲政后，决定收回大权，并准备取消辅政大臣制度。这使鳌拜受到了极大的限制，二人早已存在的矛盾就更趋于激化。

这一局面，连出入宫廷的法国传教士白晋也看得十分清楚，他记录道："四位摄政王中最有势力的宰相（指鳌拜）把持了议政大臣会议和六部实权，任意行使康熙皇帝的权威。因此，任何人都没有勇气对他提出疑议。"

凡朝中大事，鳌拜都召集亲信"在家中议定，然后施行"，即使皇帝不同意，他也强行贯彻。于是他的党羽亦敢怠慢皇上，皇权受到严重威胁。

五、康熙皇帝智擒鳌拜

公元1669年夏，康熙皇帝宣召鳌拜入武英殿觐见议事。

当时鳌拜带刀上朝，索尼的儿子索额图见状，就让鳌拜把刀交给自己保管。鳌拜丝毫没有在意，解下了武器。

入殿后，鳌拜被安排入座，但他不知道椅子被锯折了一条腿。随后，康熙皇帝跟鳌拜说话，一个训练有素的"布库少年"不知不觉站到了鳌拜身后。接着，又有一个"布库少年"假扮太监来给鳌拜端茶倒水。

鳌拜一接茶碗，发现里面的茶刚被沸水煮过，非常烫手，就失手把茶杯摔到了地上。于是他自然而然俯身去捡。那张被锯了一条腿的椅子因此吃不住力，"啪"的一声断裂，将鳌拜摔在地上。

说时迟那时快，两个"布库少年"立刻扑向鳌拜，嘴里大喊"鳌中堂栽倒了，赶紧来抢救！"

结果又上来十几个少年。鳌拜本以为他们当真是来救他的，没想到少年们一拥而上，一下子就把他给摁在地上了！

然后，康熙皇帝宣布了鳌拜的30大罪状，判他死罪，命令少年们把他拉下去。但就在这个时候，鳌拜竟挣脱了擒拿他的少年们，脱下自己的上衣，让皇帝看了他那满身的伤痕。

康熙皇帝见后也不禁潸然泪下。于是他念在鳌拜屡立功勋的分上，改判他终身监禁。

最终，鳌拜在被监禁之后没几个月就死了。

第十一讲

康熙平定三藩之乱（上）

如果说智擒鳌拜是康熙皇帝一生中的第一个"伟大业绩"的话，那么"平定三藩"就是第二个当之无愧的"伟大业绩"。

这就要首先了解"三藩之乱"的关键人物吴三桂。

说起来，吴三桂是一个很耐琢磨的人：他先是吃着大明王朝的，喝着大明王朝的，结果居然在大明王朝最需要他的时候背叛，投靠了大顺政权；然后，他拿着大顺政权的，用着大顺政权的，结果又在大顺政权最需要他的时候背叛，投靠了大清王朝；再后来，他居然又背叛了大清王朝。结果替人家打下了江山，自己却弄得个身败名裂！

但正因如此，吴三桂才是明清之际最重要的人物。人们都说，吴三桂之所以降清又叛清，最终落得惨淡收场，是为了陈圆圆。

在同时代诗人吴伟业的《圆圆曲》中，曾有名句："鼎湖当日弃人间，破敌收京下玉关。恸哭六军俱缟素，冲冠一怒为红颜。"似乎已为吴三桂盖棺论定。在中国人的心目中，能与其并驾齐驱的人物，恐怕只有汪精卫。

然而历史真的如此吗？

一、吴三桂的家庭

1．吴三桂的家乡

吴三桂出生在中后所城。虽然是一座"斗大"的小城，但所处位置却很重要。它西距山海关、东距辽西重镇宁远的距离均在百里左右。

但关于吴三桂的祖籍，历史学家们却一直争论不休：有的说他是安徽徽州人，有的说他是江苏高邮人。本书采信的是前者。吴三桂祖籍徽州，后来迁居到高邮，大约在吴三桂祖父那一代（或者更加靠前一些）时，因经商而举家迁到辽东。

2．吴三桂的家庭：由商而武

吴三桂祖父的名字不详，只知道是个以贩马为业的商人，长期奔走于北方各地，家境逐渐富裕起来，成为当地有名的士绅。

吴三桂的父亲吴襄，在吴家的发家史上非常重要。他一手使吴家由一个被当时社会所看不起的商人家庭，一跃而成为人见人敬的高级军官家庭。

吴襄小时候不爱读书，生得膀大腰圆。努尔哈赤崛起后，在东北地区实行严酷的民族歧视政策，这引起了吴襄的反感。于是他毅然卖掉自己的家产，招募团练，保境安民，受到当地百姓的拥护，也得到明朝政府的嘉奖。明廷委之以辽东团练总兵的职务，归属于镇武将军李成梁节制。

所以从某种角度说，李成梁是吴家的恩人。

3．吴家的恩人李成梁

李成梁出生于武将世家。公元1574年，他击败建州女真酋长王杲，升为镇守辽东总兵，总辖辽东军队。1583年，李成梁再度发兵攻打王杲之子，努尔哈赤的父亲塔克世即死于这次战斗。这就是后来努尔哈赤所谓的"七大恨"之首。

李成梁镇守辽东20多年，转战各地，多次打败外敌进犯，使辽东安定多年，巩固了明朝的东北边防。1591年，李成梁被弹劾卸任回朝，此后辽东"十年之间更易八帅，边备松弛"。1601年，75岁的李成梁被重新起用镇守辽东又达8年之久，威名不减当年。所以《明史》评价他"然边帅武功之盛，（明）两百年来所未有"。

那么当时名满天下的李成梁怎么会看上吴襄这个小小的团练总兵呢？

4. 吴襄崛起的诀窍

吴襄善于相马和驯马，因此得到了同样爱马的李成梁赏识。

公元 1618 年，努尔哈赤以"七大恨"为借口发兵攻明，双方大战于萨尔浒，结果明军战败。之后参战将领都因败获罪，只有吴襄因"勇夺胡马 300 匹"受到奖励。

1622 年（明天启二年），吴襄中了武进士。此后在抵抗后金的长期征战中，他先后任都指挥使、都督同知、总兵、中军府都督等军事要职；同时与东北的一些明朝武将结下了深厚友谊。

其中，吴襄把自己妹妹嫁给了锦州总兵、挂"讨虏先锋印"的辽东名将祖大寿；而祖大寿也把自己妹妹嫁给了吴襄作填房。此后，吴氏和祖氏两个家族联姻，形成了一个庞大的军事集团。

■ 李成梁像

这样论起来，祖大寿既是吴三桂的姑父，也是他的舅父。他是何许人？

5. 吴三桂的姑父和舅父祖大寿

祖大寿（公元 1579—1656 年）家族世居辽东、守备宁远，到他时已历五世。祖大寿和他的兄弟子侄都是袁崇焕手下大将，在历次战役中立有殊勋，曾打败过努尔哈赤和皇太极。为表彰祖氏世代镇辽的功勋，明朝崇祯皇帝即位后，特命在宁远城内建立祖氏四世镇辽的功德牌坊。

后来袁崇焕被崇祯皇帝诱捕，祖大寿居然愿以全家性命去保，足见他信义双全。袁崇焕被杀后，祖大寿奉命驻守大凌河城。

皇太极亲自领兵攻大凌河城时，祖大寿坚决守城，下令粮尽后先吃马、再吃平民、再吃老弱残兵，但最后还是失败，只能投降。

据《明史·丘禾嘉传》记载，祖大寿之后玩了个"无间道"，向皇太极请命去锦州当内应，助清兵攻城。皇太极信而放归，结果祖大寿一回到锦州就继续抗清。皇太极不便发作，只好忍了下来。不过他降清的事很快被时任辽东巡抚丘禾嘉侦知，密奏朝廷。崇祯皇帝知道后竟也佯装不知，忍了下来。

结果十年后，皇太极又兵临锦州城。祖大寿再度困守孤城，吃没了粮食又吃人，最后无奈再次投降。不过这次他对皇太极服到底了，选择老老实实卖命。

少年吴三桂正是被这位祖大寿带出来的。

■ 辽宁兴城祖氏石坊，崇祯皇帝为表彰祖大寿兄弟抗清军功而建

二、吴三桂的少年时代

1. 吴三桂的出生和相貌

公元 1612 年，吴三桂出生。他的生母不见于记载，继母是祖大寿的妹妹。

吴三桂，字长白，哥哥名"三凤"，弟弟名"三辅"，还有两个妹妹。

关于吴三桂的长相，按照《圆圆曲》描写，"白皙通侯最少年"。

据《庭闻录》记载："三桂巨耳、隆准，无须。瞻视顾盼，尊严若神。鸡鸣即兴，夜分始就枕，终日无惰容。鼻梁伤痕，右高左低，中有黑纹如丝，非谛视不见。忤意，即自扪其鼻。与人语，如疾言，则意无他；或中变，则闭唇微咳，声出鼻中。以此两者测，百不失一。"

而清代另一不知名作者所著《吴逆始末记·附〈觚剩〉一则》则记载："延陵将军美丰姿，善骑射，躯干不甚伟硕而勇力绝人。沉鸷有谋，颇以风流自赏。"

2. 少年时代的吴三桂：弃文从武

吴三桂少年时就酷爱武术。但父亲吴襄希望儿子好好读书，将来取个正经功名，于是让他弃武从文，还花重金让他拜入当时明朝美术界的宗师董其昌门下。

吴三桂却不认同父亲的安排。他认为国家正处在多事之秋，是武人建功立业的好时代。于是他在练武场上刻苦练功，从不偷懒，还养成了争强好胜、从不服输的性格。

结果祖大寿发现了外甥的素质，对他极为宠爱，悉心栽培。吴三桂十几岁时，就凭借一身骑射技艺校场夺魁，在关外军中闯出了名声。

公元 1627 年，崇祯皇帝登基后决定开武科取士，主持者正是吴三桂的老师董其昌。董其昌为此召见了吴襄，吴襄也顺势推荐了儿子吴三桂。最后吴三桂不负众望夺得武举，不久又以父荫升为都督指挥，开始了从军从政生涯。

三、青年吴三桂的崛起

吴三桂青年时代的辽东，正如他自己所料，明清在此年年激战，是武人建功立业的舞台。

关于他从军后的表现，《庭闻录》和《吴三桂纪略》上面都记载了一个故事。

公元 1630 年春，吴襄带领数百人外出侦察敌情，突然遭遇了上万名后金士兵。敌人仗势欺人，想要迫使吴襄投降，于是围而不攻。城内守将祖大寿见敌军势大，不敢轻易救援。

青年吴三桂眼看父亲被困，万分焦急，于是向祖大寿请战。祖大寿不允，吴三桂便带着 20 来个家丁，偷偷溜出城去救父。

出城后，吴三桂带头冲锋，杀入后金军阵，一箭射中了敌方将领。敌军遂大乱。吴三桂见状，打算割下敌将首级回去领功，于是下马，不料那个将领突然跳起，用短刀一下子刺中了吴三桂的鼻梁。吴三桂赶快反击，手起刀落砍下敌人首级，随后与父亲会合，趁乱杀出了重围。事后，后金军恐怕中了诱敌深入之计，竟然没有追赶。

再说吴三桂，他一个帅小伙儿鼻子受创，留下了疤痕。虽然后来恢复得不错，不仔细看不出来，但吴三桂还是觉得是个缺陷，于是每次与人话不投机时，就下意识用手摸自己的鼻子。后来他的老部下们都知道了这个小动作，用心揣摩，百不失一。

回头说吴三桂得胜回城，祖大寿大喜过望，亲自出来迎接，并替吴三桂向朝廷请功。于是吴三桂"孤胆救父"的事迹传为佳话，他被提升为游击将军。这时他还不到 20 岁，在当时明军里可谓出类拔萃！

此后，吴三桂逐渐"孝闻九边，勇冠三军"，直至"忠孝之名，夷夏震慑"。

四、17 世纪 30 年代：痛苦与欢乐接踵而至的吴三桂

俗话说胜败乃兵家常事。吴三桂也不例外。随着明清两军战事越发胶

着，他也同时尝到了胜利的快乐和失败的痛苦。其中第一次是大凌河之战。

1. 大凌河之战：吴襄、吴三桂父子阵前逃跑，祖大寿率军投降

公元 1631 年 9 月，皇太极发动了大凌河战役，亲率数万八旗军围城。祖大寿率三万军民固守。

此战中，皇太极采取围点打援的战术，一边围困大凌河城、断其粮道，一边围而不攻，专截援兵。而明朝也识破了清军的意图，派辽东巡抚丘禾嘉与总兵吴襄等四万余兵马来援。两军在离松山约 30 里之处遭遇，大战后互有死伤。

1631 年 10 月 22 日，皇太极率八旗骑兵，分两翼直扑明兵大营，吴襄、吴三桂父子的部队未战先溃，各自逃离战场。后金军队趁势从后面追赶了三四十里才收兵。

最后，大凌河城弹尽粮绝，祖大寿不得已投降。吴襄因罪被削职为

■ 吴三桂像

民，吴三桂则免于处分。

2. 关宁援山东之役：吴襄、吴三桂父子平叛立功

吴襄被削职后，朝廷允许他留在军中戴罪立功。就在这时，山东爆发了孔有德兵变。

这个孔有德本是山东登州参将，在皇太极兵围大凌河时，受命率 800 骑兵出关增援。结果走到河北时，孔有德率军哗变，宣布起义叛明，随即回师山东，迅速攻占登州，自称"都元帅"。

山东地区临近京师，朝廷得知后急令围剿。但官军连遭败绩。

1632 年 7 月 25 日，朝廷已被叛军逼得万分危急。于是崇祯皇帝特许吴襄戴罪立功，临时复职为总兵官，随军镇压孔有德。吴三桂也随父出征。

当年 10 月，吴家父子与孔有德激战于沙河后大胜，随后迅速包围登州

城。据《庭闻录》记载，此战中吴襄带头冲杀，表现出色，朝廷当即正式恢复了他总兵官职务。

1633年元旦，孔有德先后两次组织突围失败；10天后被迫从海上突围，投降后金。战斗就此结束。

之后，吴襄再次因功升为都督同知，荫一子世袭锦衣百户。吴三桂在当时队伍的上百员战将中，是资望最浅、年龄最小的一个。

3．吴三桂的迅速升迁

此后吴三桂越战越勇，官也越做越大。

公元1635年，23岁的吴三桂擢升前锋右营副将。1639年，27岁的他升任团练总兵，驻守宁远，成为独当一面的高级将领。这个年纪在同时代可谓平步青云。

五、吴三桂崛起原因的分析

吴三桂的成功不是偶然。

他志向远大。少年时就立志成大名、居高位，封妻荫子，光宗耀祖。

他仗义疏财。年纪轻轻就有"轻财好士"的美誉。

他待人和蔼。虽年纪轻轻就身居高位，又是名门之后，但浑身上下没有一丝纨绔之气，与任何人交往都是一派和颜悦色、彬彬有礼。尤其是在与下位者相处时和蔼可亲，一脸坦诚，每每让人受宠若惊。

他沉稳镇定。在战场上进退自如，深得军心；在社交场合风度翩翩，鹤立鸡群。

他观察力强。特别善于查知别人的情绪反应，因此很会待人接物。

他文武双全。虽然早年弃文从武，但后来行军打仗时恶补大量兵书，有了较高的文化水平。

他深受家族支持。据《清太宗实录》记载，吴三桂的父亲吴襄、舅父祖大寿和其余平辈兄弟们，经常在上级面前夸赞他"聪俊绝人""必定大成""纯忠极孝""夷夏震慑"。正是家族全力相助，吴三桂才逐渐得到了驻守辽东的明朝高级官员们的赏识。

他还善于攀附。竭尽全力结识军政高官。例如明天启年间，太监高起潜总监辽东兵马，初出茅庐的吴三桂就认其做了义父；大学士方一藻出任辽东巡抚，吴三桂就很快和其子结拜为兄弟；洪承畴经略辽东后，他又马上和其亲信幕僚结为至交。于是历任边关大吏无不对他宠眷有加。

由此可见，吴三桂称得上当世人杰。那他后来为何降清、叛清呢？

第十二讲

康熙平定三藩之乱（中）

吴三桂升任总兵之后，用了两年的时间练成 3 万劲旅，还与父亲吴襄一起苦心经营吴家亲兵 3000 多人。此时，东北地区战局胜利的天平逐渐向清朝倾斜。

一、宁锦之战前后的吴三桂

公元 1640 年至 1642 年，明清在宁远、锦州爆发大战。吴三桂多次迎击清军，取得了不错的战绩。

1. 夹马山遭遇战

1640 年 7 月 6 日，两军在夹马山发生一场遭遇战。

战役起因是当地居住的 30 家、60 余名蒙古多罗特部民秘密投降清朝，请求清兵前来接应，保护他们免遭杏山、松山和锦州等处明兵的堵击。正巧皇太极亲临锦州一带巡视，当即指令济尔哈朗、阿达礼、多铎等一批骁将率护军 1500 人前去迎接这批蒙古人。

清兵于 7 月 5 日夜偷过锦州城，7 月 6 日黎明接到了蒙古人，结果在急速回返的过程中被明兵发现。

驻防杏山的辽东分练总兵刘肇基闻警，即从所部 5000 人中抽调 3000 人马，会同原驻守此城的 300 明兵一起投入战斗。在离杏山北 10 余里的松山附近驻防的吴三桂得到警报，也立即出动 3000 人马，"长驱直过杏山"。锦州总兵祖大寿也派 700 人马赶来助战。明兵集结了 7000 余人马，进逼清军。

■ 明杏山驿城遗址

　　关于此役清军方面的兵力，清官方明确记载是 1500 人。但是根据吴三桂给明朝政府的报告，则是 15000 余人，是清朝记载的 10 倍。

　　再说济尔哈朗为引诱明朝骑兵出战，便将所部撤退到离城九里的夹马山，又迅速采取击其一点、不打其余的方针，全力包围吴三桂。吴三桂拼命冲杀，"与贼血战"，在刘肇基的及时援救下突出重围。随后双方伤亡相当，均不敢恋战，各自班师回营。

　　8 月 2 日，皇太极从沈阳发来一万兵马增援，4 日和 5 日又"发披甲

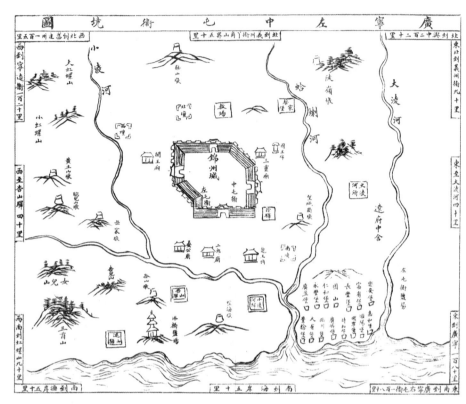

■ 以锦州城为中心的明代《广宁左中屯卫境图》

兵"，可见清兵为迎护蒙古多罗特部民付出了非常大的代价。

2. 奇袭清兵镶蓝旗营地

这时，皇太极正在积极谋划攻取锦州。此前他已经派遣济尔哈朗与多铎率部进驻锦州北 90 里的义州作为战略基地，同时不断向锦州地区出击，袭扰明宁远、锦州驻兵。锦州地区形势日益紧张。

明朝方面，蓟辽总督洪承畴提出"多种方式、守战兼顾"的总方针，并由新任辽东巡抚丘民仰会同吴三桂、祖大寿、刘肇基等具体谋划。

1640 年 8 月 24 日夜，明军主动出击，由吴三桂指挥 500 马步兵自松山奇袭锦州附近的清兵镶蓝旗营地。清军仓促迎战。双方在黑暗中展开混战。

吴三桂本意是骚扰清军，所以见好就收，未等敌军来援便快速引兵撤退。清军不知其底细，害怕中埋伏，不敢追赶，旋即被迫移营。

3．五道岭伏击战

8月26日，洪承畴与吴三桂等共同组织一轮新的进攻。明军出动马步兵四万至杏山城外10里处埋伏。

8月27日晨，吴三桂率属下将官50余员、士兵四五千人"齐出杏山城，整列队伍"，安排骑兵靠前冲锋，步兵和火器兵在后堵击。

这时，多尔衮和豪格率清兵两万余骑来袭。吴三桂闻讯后率部赶到五道岭，与事先埋伏的友军会合。随后清军也发现敌人，如潮水般冲来。

吴三桂所部以逸待劳迎战清军。他们士气高涨，又有火炮助威，杀伤许多敌人。将士们为了争功，纷纷下马去割清军首级。此时吴三桂发现山头还有大量敌人接应，为安全起见下令将士不许下马，只以"恶砍"为功。

最后，清兵战败，向北遁逃。此役明军阵亡仅11人，受伤65人，损失马56匹。清兵失利，退守义州。

■ 洪承畴像

4．安全运粮到锦州

公元1641年前后，明朝在关外仅剩八城：锦州、宁远、松山、杏山、塔山、中前、中后、前屯。其中锦州正被皇太极重重包围。

1641年初，明军担心锦州缺粮无法坚守，决定紧急运粮前往。但负责运粮的将官"惊心奴儆"，不敢向前。最后，处在后方的宁远各城储粮猛增至一万石，但前方锦州、松山、杏山三城只存米二千石。

于是洪承畴与丘民仰、吴三桂等人再三商酌，决定冒险向锦、松、杏三城运米。当时正好赶上春节，他们便"以新年过节，出其不意"。任务交由吴三桂执行。

正月初二、初三两天（1641年2月11日、12日），吴三桂以牛骡驴车3400辆运米15000石。初六（2月15日），他亲自督车出发，躲过清军监视，于次日中午顺利到达锦州，初八（2月17日）安全返回宁远。

此次运米，全程"并未遇警，绝无疏失"。

5. 松山大战仓皇逃跑的吴三桂

为解锦州之围，明朝以洪承畴为主帅，率兵十三万，自宁远北上驰援锦州。皇太极得知后迅速调动兵力围城打援，将洪承畴包围在松山。

随后，洪承畴决定孤注一掷、率军突围。但命令刚刚下达，手下爱将吴三桂竟尾随一支友军提前遁逃，慌忙间甚至连印信都弃之不顾。其余几路人马见吴三桂带头逃跑，也一哄而散。于是清军乘势追杀，明军损失惨重。

松山一战，明军全军覆没，五万多人马被歼，松山、杏山、塔山、锦州四城失陷，统帅洪承畴被俘，名将祖大寿投降。明朝经营数十年的宁锦防线土崩瓦解，从此再无能力抵抗，只剩苟延残喘。

问题在于：松山战役中，一向作战勇猛的吴三桂为什么置洪承畴于不顾，仓皇逃跑呢？

其实，吴三桂知道"胜败乃兵家常事"的道理，也知道"留得青山在，不怕没柴烧"。因此面对战场上瞬息万变的形势，作为前线指挥员的他明白，既然决战时机还不成熟，及时放弃未必不是最好的抉择。

正因如此，吴三桂在逃至宁远后，积极收留残兵败将，前后仅仅半年多的时间便重新集聚了三万人马，继续坚守宁远孤城。这个时候，明朝在东北地区除了吴三桂，已无兵将可用！

6. 拒绝降清的吴三桂

在这个时候，清朝开始想尽各种办法劝吴三桂投降。

吴三桂的舅父祖大寿、哥哥吴三凤，还有姨父、表兄、挚友等都先后降清，并写信劝吴三桂也投降。皇太极也在1642年夏天和冬天两次亲笔致信吴三桂，劝他早降。

面对这种形势，吴三桂却拒不降清。

1643 年，皇太极去世后仅一个月，济尔哈朗和阿济格便率大军迅速占领了宁远以西至山海关的中后所、中前所、前屯卫三小城。于是宁远成为真正的孤城，守城军民人心惶惶。但吴三桂仍然秉承忠君和报恩的思想，拒不投降。

■ 山海关城楼

二、甲申年的到来

公元 1644 年，是中国农历甲申年，也是中国历史上值得大书特书的一年。这一年，大明、大清、大顺三方，竞相向吴三桂发出了"邀请函"！

1. 吴三桂接到大明的"邀请函"

公元 1644 年 2 月 15 日（农历正月初八），李自成农民军分两批东渡黄河，向明朝首都北京进发，准备一举夺取天下。

此时明朝崇祯皇帝在万般无奈下，于正月初召见已闲居在家的吴襄，命他提督御营，以拉拢吴三桂。皇帝还打算调吴三桂来北京抵御农民军，为此他问计于吴襄。吴襄则把儿子吴三桂猛夸一通，说李自成根本不是对手。但后来崇祯皇帝害怕承担丢弃宁远的骂名，迟迟下不了决心。

4月7日，农民军进至宣府城，离北京只有三百来里。这时，崇祯皇帝才下决心放弃宁远，招吴三桂、蓟辽总督王永吉、蓟镇总兵唐通和山东总兵刘泽清四将入京勤王。四将均封伯，吴三桂被封"平西伯"。

结果，刘泽清借口坠马伤脚，拒不奉诏。吴三桂与王永吉远水解不了近渴。只有唐通带了八千人马赶到北京。于是崇祯皇帝封唐通为定西伯，命他把守居庸关。不想唐通投降了农民军，居庸关不攻自破，农民军直逼北京。

再看吴三桂，他33岁就受封伯爵，兴奋之情不言而喻。更重要的是朝廷让他平定农民军，就可以借此脱离宁远。为此他迫不及待率精兵四万和辽东民众数十万入关。4月12日受命，16日便已离开宁远，直奔山海关，而清兵直到4月22日才得到吴三桂撤离的消息，结果吴三桂已到达了山海关。

此时，李自成军也已攻至北京郊外。吴三桂得知后有些犹豫，但君命难违，还是继续向北京进发。他率部于4月26日（农历三月二十日）到达丰润，击败了已投降李自成军的唐通等部，收降八千余人。

遗憾的是，北京已于4月25日（农历三月十九日）被农民军攻破。崇祯皇帝吊死于煤山寿皇亭下。明朝宣告灭亡。

2．吴三桂接到大顺的邀请函

当时李自成也知道，吴三桂及其所属的军队是当时的一支非常重要的力量，他的去向在某种程度上决定了哪一方能最终夺得天下。

因此，李自成在进驻北京的第三天，就把吴三桂的好朋友、明朝原职方郎中张若麒从狱中放了出来，命其担任山海关防御使，主要负责劝降吴三桂。

李自成开出了不菲的价码：赏辽东兵士白银四万两；封吴三桂为侯，赏白银一万两、黄金千两、锦千端。与此同时，让身在北京的吴襄写信给儿子，力求早日促成此事。

3．1644年4月的中国

当时的形势是这样的：

■ 崇祯皇帝自缢处

大明方面，崇祯皇帝已经吊死煤山，宣告灭亡。

大顺方面，李自成占领北京，原来明朝的许多官员将士已归顺。李自成重金显爵招降吴三桂。而吴三桂的父亲和全家人也在李自成掌控之下。

大清方面，早在公元1641年至1642年，清朝就曾多次派人招降吴三桂，皇太极还为此亲自写信给他，足见重视。然而到了1644年，清朝摄政王多尔衮却没有了后续动作，不知道他葫芦里面卖的什么药。

在这个最为关键的时刻，吴三桂会做出怎样的抉择？

三、决意归顺大顺政权的吴三桂

1. 吴三桂决意归顺大顺政权

关于吴三桂的抉择，《流寇志》里做了如下记载："有客平西（指平西王吴三桂）幕者云，世传吴襄作书招平西，平西告绝于父，起兵勤王，非也。都城既陷，三桂屯山海，自成遣使招三桂。三桂秘之，大集将士。告之曰：'都城失守，先帝宾天，三桂受国恩，宜以死报国，然非藉将士力，不能以破敌，今将若之何？'将士皆默然。三问不敢应。三桂曰：'闯王势大，唐通、姜瓖皆降，我孤军不能自立。今闯王使至，其斩之乎，抑迎之乎？'诸将同声应曰：'今日死生唯将军命。'三桂乃报使于自成，卷甲入朝。"

由此可见，吴三桂在一开始是打算以死报国的，但他手下将士们都不想这样做。于是投降就成了大势所趋。吴三桂也在下了决定后当即采取了行动。

但问题是，吴三桂为什么宁可归顺大顺，也不归顺大清呢？

2．吴三桂归顺大顺政权原因分析

揣摩吴三桂的心理，应该一直有以下两种想法。

第一是"华夷之辨"。吴三桂长期以来一直接受的是中国传统儒家思想，把汉族以外的少数民族都看成"夷蛮戎狄"，认为他们没有资格统一中国。所以他觉得李自成好歹也是汉人，总比满洲人要强。

第二是形势所迫。吴三桂此前一直站在大明与大清对峙的最前线。现在大明灭亡，他担心一直以来的死对头大清不肯放过他。加上他之前不了解、迅速占领中原大部分领土、现在正在极力招降他的大顺诚意满满，允诺赏赐给辽兵的白银四万两，

■ 大顺政权的"工政府屯田清吏司契"

以及赏给自己的白银万两、黄金千两、锦千端正在送往山海关前线的路上。

四、由归顺到背叛的吴三桂

1．决意背叛大顺政权

公元 1644 年 4 月 29 日（农历三月二十三日），吴三桂正式归顺李自成的大顺政权，并亲自率部进京朝见。5 月 3 日（农历三月二十七日），抵达永平西沙河驿站。

但就在这个时候，吴三桂却突然背叛了李自成，不久后又正式投降了大清。

2．背叛大顺政权始末

关于吴三桂背叛大顺的始末是这样的：

在西沙河驿站，吴三桂相继见到了逃出京的家人以及父亲派来联络的亲信傅海山。他们向吴三桂讲了吴襄和爱妾陈圆圆等人的近况。

当听到父亲被捕时，吴三桂一开始并不在意，认为这是李自成为逼他投降所采取的措施。他一投降，父亲必被释放。然而当听到父亲被拷打将死，且交了5000两银子还没能换回性命时，吴三桂的头发便不禁竖了起来。

及至听到爱妾陈圆圆被李自成手下大将刘宗敏抢走时，吴三桂十分愤怒，他说："大丈夫不能保一女子，何面见人耶？"遂马上下令部队停止前进、掉头返回，并在一反常态纵兵掠夺后，直接杀回山海关。

这就是尽人皆知的"冲冠一怒为红颜"了。

由此带来的问题是：这位"红颜"陈圆圆是什么人？

五、陈圆圆何许人也？

1. 良家妇女陈圆圆

陈圆圆，江苏武进县金牛里人。她原本不姓陈，而姓邢，父亲叫邢三，是个贫苦农民，以耕种为生。圆圆幼年丧母，邢三就把她送给姨母抚养，姨母的丈夫姓陈，因而圆圆就改姓了陈。

圆圆的养父是个小生意人，初时家境尚可，尤好听人唱歌，还不惜倾全部资财请善于唱歌的人到家里居住，有时竟请来数十位，日夜讴歌不止。因此陈圆圆从小便练就了一副好嗓子。后来陈氏家道中落，陈圆圆就在18岁那年卖身为妓，进了烟花场。

2. 走红歌妓陈圆圆

在明朝末年的江南，做不了出色的女演员，也就成不了名妓，所以勾栏中人对串戏之类是很看重的。

■ 陈圆圆像

陈圆圆从小读书识字、唱歌学戏，也能写得一手好词。为了学唱弋腔俗调，她还经常向民间老艺人请教。她18岁时在苏州登台演出，曾经扮饰过《长生殿》的杨贵妃、《霸王别姬》的虞姬和《西厢记》的崔莺莺，一下子爆红，获得了"声甲天下之声，色甲天下之色"的美名。

当时，陈圆圆也很想像其他的走红歌妓一样，借广泛交际的机会，结识一些社会名流，从而出籍从良。

3．成为冒辟疆的心上人

明末乱世，士大夫纷纷征歌逐妓、迷恋声色，追求浪漫生活。其中就有冒辟疆。

冒辟疆乃江南名士，与陈定生、侯方域、方以智并称"江南四公子"，他们在政治上反对阉党、针砭时弊，作品中不乏激扬文字。但在生活上却和一些妓女日相唱和，流连风月。

公元1641年春，冒辟疆与陈圆圆初逢。少年倜傥的冒辟疆第一次见到陈圆圆就为其所迷。而陈圆圆也把自己完全托付给了冒辟疆。1642年，冒辟疆本来定下日期，去苏州接陈圆圆成亲，谁知家中出事耽搁了10天，待赶到苏州时，陈圆圆已经被国丈田弘遇霸占了。

4．落到田弘遇的手里

田弘遇，陕西人，曾任扬州千总。女儿被崇祯皇帝选封为贵妃后，田弘遇官封左都督，在皇亲国戚中飞扬跋扈、不可一世。

公元1642年，他的女儿、崇祯皇帝的宠妃田妃死了，田弘遇担心自己的地位受到损害，于是便前往江南，计划选送美女千人入京，陈圆圆就是其中之一。

凑巧的是，此时崇祯皇帝正深陷国家内忧外患之中无心女色，便将田弘遇送来的女子一一退回。陈圆圆被退回到田府后，就成为田弘遇的歌妓。

问题在于：陈圆圆是如何结识并影响了吴三桂呢？

第十三讲

康熙平定三藩之乱（下）

一、"冲冠一怒为红颜"的考证和分析

1. 终于结识了吴三桂

公元 1643 年秋天，农民起义如火如荼，起义军攻下洛阳、震动京师。京中豪门权贵和富家巨室万分惶恐，害怕起义军一旦攻下北京，将自身难保。

而田弘遇这时已经不是很受崇祯皇帝宠信了。他必须为自己寻找退路。正巧吴三桂就在京师，于是田弘遇觉得只有强大的吴三桂，才能庇护自己，就把陈圆圆送给了他。

问题在于：陈圆圆作为一个当红歌妓，她与吴三桂的感情能够深厚到"冲冠一怒为红颜"的程度吗？

2. "冲冠一怒为红颜"考证

第一，有关"冲冠一怒为红颜"的史料出处。主要出自《庭闻录》和《小腆纪年附考》等著，但它们成书时间都在清朝中晚期甚至更晚，距离吴三桂叛大顺、降大清至少八九十年了。

第二，有更早期的史料否定"冲冠一怒为红颜"的说法。这类书籍很

多，但都没有记载"冲冠一怒为红颜"。其中一部有代表性的《明季北略》成书于公元 1670 年，那时吴三桂还尚未叛清。里面记载："自成入京，刘宗敏系吴襄、索沅（沅，指陈圆圆）不得，拷掠酷甚。三桂闻之，益募兵至七千。三月二十七日，将自成守边兵二万尽行砍杀，止余三十二人，贼将负重伤逃归，三桂遂据山海关。"

按此说法，"冲冠一怒为红颜"是假的。真实情况是吴襄被严刑拷打，吴三桂为父报仇！

但真相也不那么简单。

3. 吴三桂背叛大顺政权的原因分析

戏剧性的是，几乎就在吴三桂得知其父被拷问的同时，李自成也认识到了吴三桂的重要性，当即命令刘宗敏释放吴襄，并让吴襄写信劝儿子投降。与此同时，李自成又派降将唐通等人带着吴襄的亲笔信和大批银两来到吴三桂军中。

从时间上来说，唐通到达的时间仅比吴襄之前写信向儿子求救的时间晚了一两日（约在 5 月 5 日），而两封信的内容却截然相反。这使吴三桂认定李自成的招降不过是一场骗局，是想引诱自己进北京后再行消灭！

吴三桂长期守卫边关，和大顺政权没有什么接触。所以他势必要派人进北京了解情况。结果居然是大批官员被拷掠追赃，连自己的父亲也被拷打到快要死了。事实证明投靠大顺根本不可能保护自己的利益，前往北京城无疑是自投罗网。

吴三桂的许多部下在关外也都是有很多财产的大地主，如果投降大顺，他们的主帅连自己的父亲都保不住，那就更谈不上保护他们了。所以之后吴三桂振臂一呼降清，就得到了群起响应。

4. "冲冠一怒为红颜"的史料价值

既然这样，那"冲冠一怒为红颜"就真的完全不可相信吗？这也算得上一个历史之谜。

后来吴三桂成为大清王朝的重臣，还与当时的皇族结为儿女亲家。那么在当时来说，没人敢公然宣称其当年的行为是"冲冠一怒为红颜"。反而如果说吴三桂降清是为了报父亲被严刑拷打之仇的话，那他就是个奉行孝道、值得歌颂的英雄了。

反倒是如果一定要认定"冲冠一怒为红颜"的话，吴三桂的行为则让人笑掉大牙。

不管怎么说，吴三桂还是背叛了大顺。但背叛大顺与归顺大清还是两个完全不同的概念。

■ 吴三桂颁发的信票

二、吴三桂归顺大清王朝始末

1. 与父亲决裂的吴三桂

公元 1644 年 5 月 3 日（农历三月二十七日），吴三桂从永平西沙河驿站出发，迅速杀回山海关。5 月 9 日，吴部从大顺军队手中夺回了山海关。大顺军被杀得仅剩 8 骑，狼狈逃回北京。

■ 山海关上的明代铁炮

此时的吴三桂拥兵已达五万余，对外号称十五万。他还把李自成派来的两个使者一个斩首、一个割掉双耳，羞辱一番后放回。最后，他亲自给父亲吴襄回信，表明自己与李自成彻底决裂的态度，强调"父既不能为忠臣，儿亦安能为孝子乎？儿与父诀，请自今日"。

吴三桂这封信，表面是针对父亲，实则是针对大顺政权。他直斥父亲隐忍偷生投降，对他训以非义，断然表示拒降，还与父亲断绝关系。这表明吴三桂与李自成农民军彻底决裂。当然，此举也有变相保护父亲的意思。

与此同时，吴三桂还下令收拢关外各地汉民速转移到山海关内各州县驻扎，准备抵抗大顺军队。李自成这才发觉大事不妙。

2．后悔已晚的李自成

1644 年 5 月 11 日，李自成得知自己的使者被处死；14 日，又看到了吴三桂给父亲的回信。他感到了问题的严重，非常愤怒，责备刘宗敏误事，将吴襄释放并亲自设宴招待以示笼络。

然而为时已晚。吴三桂铁了心抵抗。李自成只好亲自领兵前往讨伐。

5 月 18 日，李自成带领刘宗敏等大将，率马步兵十万向山海关进发。他将崇祯帝的太子朱慈烺等三个儿子带在军中，希望吴三桂能念故主恩遇；还将吴襄也押在军中，希望他顾虑父子亲情。

山海关距北京仅 300 多公里，农民军却走了九天。一路上，李自成几次写信给吴三桂，希望他能不战而降。吴三桂则为了迷惑敌人、争取时间，先后派手下 6 个将领前往大顺军诈降。李自成虽对六将心存戒备，但仍对吴三桂抱有侥幸心理。

5 月 26 日，李自成终于率大军抵达山海关。

3．借兵不成的吴三桂

吴三桂自知不敌，必须再找后路。但此时他也决不想降清。

理由很简单：他与清军交战十数年，不想违背对明朝尽忠的初衷；何况投降异族很可能背上千古骂名。

因此，吴三桂决定向大清摄政王多尔衮借兵。吴三桂给多尔衮写了封信说："乞念亡国孤臣忠义之言，速选精兵，直入中协、西协，三桂自率所部，合兵以抵都门，灭流寇于宫廷，示大义于中国，则我朝之报北朝者，岂惟财帛？将裂地以酬，不敢食言。"

吴三桂在信里反复强调自己是"亡国孤臣"，"借兵"是为了给故主报仇、中兴大明；清是"北朝"，自己是"中国"之臣，双方是平等关系；还画了个"割地"酬谢的大饼。

其中核心关隘则是约定的进兵路线："中协"和"西协"这两条路线是清兵多年来屡次征明的旧路，吴三桂却牢牢地控制着"东协"山海关等重要关隘。且从山海关到北京很便捷，是正路；从西协、中协走，则是侧翼迂回。

由此可见，吴三桂非但没把清军当成自己人，还想让他们跟李自成鹬蚌相争，自己坐山观虎斗，来个渔翁得利。所以他咬死了是"借兵"不是"降清"。

然而，吴三桂精，多尔衮也不傻。

据《清世祖实录》记载，此时多尔衮已倾全国之兵，于5月14日从沈阳誓师出发，准备逐鹿中原。5月19日，他在行军途中接到了吴三桂的信后未敢轻信，立刻派人到山海关探看虚实，并改变行军路线，日行百里直逼山海关，还一并调去了攻城用的红衣大炮！

多尔衮给吴三桂回信说："期必灭贼，出民水火……今伯若率众来归，必封以故土，晋为藩王。"

很显然，多尔衮宣布清军入关也是为了讨伐李自成、救百姓于水火，这与吴三桂的调子不谋而合。但他不"借兵"，只接受吴三桂来降，为此甚至开出了"裂土封王"的最高奖赏。

4．吴三桂最终归顺大清

吴三桂得到多尔衮的回信后，心里特别不是滋味：前面是来剿灭自己的大顺二十万大军，后面是跟自己打了十多年的十数万八旗精兵。现在已经跟李自成决裂，多尔衮又不答应借兵，如之奈何？

据《清世祖实录》记载，吴三桂又给多尔衮写了第二封信，强调"三桂承王谕，即发精锐于山海以西要处，诱贼速来……以图相机剿灭，幸王速整虎旅，直入山海，首尾夹攻，逆贼可擒，京东西可传檄而定也。又仁义之师，首重民安，所发檄文最为严切，更祈令大军秋毫无犯，则民心服而财土亦得，何事不成哉！"

由此可见，吴三桂已经有了"来归"之意，调门变成了"三桂承王谕""何事不成哉"。但他仍闪烁其词，自始至终没有明确给出"来归"的具体时间。

5月26日，李自成率大军抵达山海关。双方大战一天，吴三桂损失惨重，多尔衮却迟迟不发兵援助，显然是在作壁上观。

于是吴三桂亲自突围，面见多尔衮，提出了自己的条件："毋伤百姓，毋犯陵寝。访东宫及二王所在，立之南京，黄河为界，通南北好。"

多尔衮则提出：大顺军队与吴三桂军队装束甲仗相似，无法辨认，恐致误伤，"令三桂与其将士剃发以相区别"。

吴三桂听后，即行剃发！

5月28日，山海关大战以大顺政权和吴三桂两败俱伤，大清坐收渔人之利而告结束。吴三桂从此归顺大清，继而为消灭南明和镇压农民军东征西讨。

5. 清王朝的开国元勋吴三桂

吴三桂降清后，多尔衮以顺治帝的名义封他为平西王，命其为先锋，率马步军一万追击李自成。吴三桂于5月28日领兵出发。

这时，李自成十分痛恨吴三桂，便将吴三桂的父亲吴襄斩首，用竹竿挑着首级示众。随后于6月1日在北京将吴三桂的继母、弟弟、妹妹及其族人34口一并处死。

1645年6月，吴三桂攻下榆林和延安。与此同时，李自成在湖北通山县九宫山下李家铺河滩被当地乡勇头目程九百等杀死！

1659年4月14日，顺治皇帝命吴三桂在昆明开藩设府，镇守云南。

1662年6月11日，吴三桂在云南昆明篦子坡杀死了南明永历皇帝。十几年间，他率部从中国西北打到西南边陲，为清朝一统天下立下了殊勋。

1662年6月26日，康熙皇帝亲自晋封吴三桂为亲王。有清200余年，汉人封亲王的，只有吴三桂和后来的降将尚可喜，再无第三人。

1662年12月，吴三桂兼辖贵州。其子吴应熊娶公主为妻，称"和硕额

■ 湖北通山县九宫山李自成墓

■ 顺治帝给吴三桂部将的告敕

驸"，加少保兼太子太保。

从此，吴三桂攀上了一生中权势的顶峰。

那他最后又为什么会走上与大清王朝为敌的道路呢？

三、"三藩之乱"的发生

1. 根本原因：中央与地方的矛盾——"天下之赋，三藩耗其二"

就在吴三桂开藩设府、坐镇云南，权力和声势都达到顶点的时候，他与清朝中央政府的矛盾却迅速激化起来。

起因就是一个"钱"字。当时朝廷的财政压力实在太大了。这里仅举一例：公元1660年，清朝政府全年正赋收入银875万两，而云南一省支出就达900万两——竭全国之财力，尚不足一省之需求！

康熙皇帝即位后情况稍有好转，但也是"天下之赋，三藩耗其二"。

当时的"三藩"是指：平西王吴三桂，驻防云南，兼管贵州，主要对付南明政权；平南王尚可喜（后其子尚之信袭爵），驻防广东，对付张献忠余部；靖南王耿仲明（其子耿继茂、孙耿精忠先后袭爵），先驻防四川对付张献忠余部，后驻防福建，对付郑成功。

■ 尚可喜像

■ 尚之信像

为了应对三藩，朝廷采取了两方面措施：一是向包括吴三桂实际统治的云贵地区在内的诸地方派出官员，加强中央集权；二是裁减包括吴三桂实际统治的云贵地区在内的满洲八旗兵和汉人绿营兵。这无疑符合当时整个社会休养生息的迫切需求。

也就是说，康熙皇帝"撤藩"的想法是很有道理的。但他的具体做法出现了错误。

2．直接原因：康熙皇帝错误的"撤藩"决定

对吴三桂来说，无论朝廷的决策如何正确，撤藩对自己都不是好消息。不论吴三桂出于什么目的，他都为清朝耗费了近三十年的心血，奔波半生却换来撤藩的结局，这对他实际上是不公平的！

因此撤藩是可以的，关键在于撤藩之后如何安抚和善后。没有配套政策出台，任谁都会怀疑朝廷是卸磨杀驴、过河拆桥。

更何况此时的吴三桂不想急流勇退。他需要享受长期征战、来之不易的胜利果实。他的属下也更加需要享受这些胜利果实！

3．导火线：平南王尚可喜急流勇退

公元 1673 年 4 月 28 日，平南王尚可喜接受手下谋士建议，决定急流勇退，回辽东养老。康熙皇帝求之不得，立刻表示同意，让尚可喜自己带着部分兵丁和家眷回辽东老家，其长子尚之信继承平南王爵位，继续镇守广东。

尚可喜这么一带头，给平西王吴三桂和靖南王耿精忠出了个难题。于是在 8 月 14 日和 8 月 20 日，吴三桂和耿精忠怀着试探的心情，先后给康熙皇帝上了自请撤藩的奏疏。

最后康熙皇帝力排众议，毅然决定三藩同撤，一次性解决问题。他说："撤亦反，不撤亦反。不若及今先发，犹可制也。"随

■ "（耿）精忠"印

后还派专使至云南，雷厉风行地督办撤藩事宜。

"撤藩"虽只有两个字，却决定了吴三桂和他属下数万人的命运。吴三桂割舍不下云南的宫殿、财产、美人、权势；他的部下也难以舍弃在云南得到的一切；他们不愿离开四季如春的云南，更害怕回到辽东后生活受到影响。随着利益驱动，复杂的民族情感也被激发，吴三桂军中上下逐渐喊出同一个声音：用武力反对撤藩、反抗清廷！

此时，吴三桂还有一个顾虑：长子吴应熊还在北京。于是他派心腹赴京去接吴应熊。吴应熊却不赞成父亲轻举妄动。心腹无奈，只得偷偷带了吴应熊的庶子吴世璠返回云南。

吴三桂见到孙子后，坚定了起兵决心。他认为皇帝年幼，自己实力又天下无敌，可以为自己和属下奋力一搏。

4. "三藩之乱"的开始：公元 1673 年 12 月 28 日

吴三桂决定反抗后，一边暗中指使死党向朝廷派来监督撤藩的使臣请愿，要求停止撤藩；一边拖延时日，与心腹将领密谋动兵。

在经过短暂准备后，公元 1673 年 12 月 28 日，吴三桂召集四镇十营总兵，正式下令起兵。1674 年 1 月 7 日，吴三桂自云南出兵北伐，兵不血刃，便拿下了贵州全境！

四、"三藩之乱"的过程

1. "三藩之乱"的高潮：公元 1676 年春夏之交

公元 1674 年 4 月，吴三桂的军队又迅速占领了湖南、湖北、四川、广西全境。与此同时，靖南王耿精忠在福建宣布与清朝脱离关系。平南王尚之信于 1676 年 4 月也在广东发动兵变，炮击清兵大营。

至此，叛乱的三藩已经占领了云、贵、川、陕、甘、湘、粤、桂、闽、浙、赣南方和西南方十一省的地盘！

2. 吴三桂的称帝和 "三藩之乱" 的结束

在这样大好形势下，吴三桂却犯了战略性的错误。他在饮马长江后，本该直捣京师，却在松滋一带一停就是三个多月，白白失去大好时机。

与此同时，康熙皇帝迅速调动全国力量围剿吴三桂。他先是削去吴三桂亲王爵位，然后处死了吴应熊。1675年夏，朝廷发动10路大军，共二十万人马进剿吴三桂。其间，康熙采取各个击破的方针，在1676年底先后收降耿精忠和尚之信。

随着局面逐渐恶化，1678年3月23日，吴三桂在湖南衡州仓促即帝位，定国号大周，改元昭武。但他的不利处境并没有因为登基获得丝毫改善，清军加紧进攻湖南岳州和长沙。

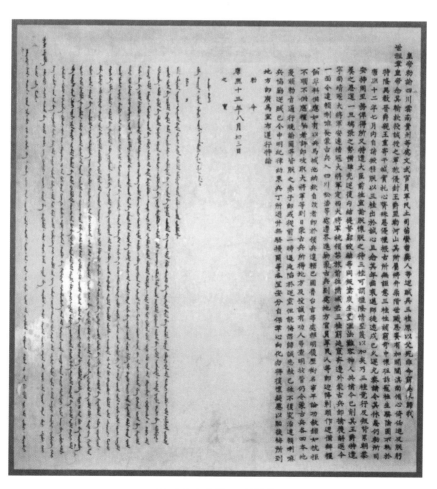

■ 康熙帝进剿吴三桂敕谕

吴三桂的志气和身体一天天衰败,再也无法重现当年的神勇。1678 年 10 月 2 日,时年 67 岁的吴三桂突然中风、噎嗝、下痢,第二天便病逝了。

吴三桂死后,他的部下拥立其孙吴世璠在贵阳即位,改元洪化。但叛军控制的地盘越来越小,内部也开始分崩离析。

于是朝廷趁机加快平叛步伐。1679 年,清朝军队克复湖南、广西;1680 年,又下四川、贵州,并进兵云南;1681 年 12 月 7 日,昆明城内粮尽援绝,吴世璠自杀,余部投降。清军夷吴三桂满门,并到处寻找吴三桂的尸骨,大肆纵兵抢掠。陈圆圆于城破之前逃离昆明,隐居在贵州山区。

至此,一场由吴三桂掀起的、持续 8 年之久的大规模内战全部平定。

第十四讲

康熙收复台湾（上）

康熙皇帝完成了智擒鳌拜、平定三藩两项功绩后，强化了专制王权，巩固和发展了一个更加统一的中国。而收复台湾，更是他一生中不可不表的又一丰功伟绩。

一、康熙皇帝生平当中的第三项丰功伟绩

当时，郑成功已经从荷兰殖民者手中夺回了台湾，他的后人据守台湾20多年，不肯向清廷俯首称臣；而清廷刚刚结束8年之久的三藩之乱，也迫切需要休养生息。

那么，康熙皇帝是如何凭借着起步非常薄弱的水师力量，完成收复台湾、统一中国大业的呢？

之前智擒鳌拜集团，既体现出少年康熙的机智勇敢，也体现了其幼稚不成熟；平定三藩，既体现出青年康熙考虑事情不周到，又体现了其坚韧顽强。而任用施琅武力收复台湾，则完全体现出他日益走向成熟。

这个时候的康熙既能够坚持一定要收复台湾的原则不动摇，又能够根据不同形势及时制定、调整对台政策和策略。他定下剿抚并用的总战略：大致

说来，公元1681年平定"三藩之乱"前是以抚为主，之后则是以剿为主。

要讲清楚收复台湾，还是要先说说郑成功，以及他的父亲郑芝龙。

二、郑成功和他的家庭

1.郑成功是个中日混血儿

郑成功的父亲郑芝龙，初名一官，字飞黄，福建南安人，出生于公元1604年。1621年，郑芝龙前往广东香山澳投奔舅父黄程。1623年，他为黄程押送白糖、奇楠、麝香、麂皮等物资到日本平户，结识了侨居日本的华商头目、海盗巨魁李旦，从此开始了海上贸易生涯。

在平户，郑芝龙与日本女子田川氏结婚，次年，也就是1624年生下了儿子郑成功。

郑成功小名"福松"。也就是说，他其实是个中日混血儿。

■ 郑成功像

2.郑成功的父亲郑芝龙：从海盗到官军

公元1624年初，郑芝龙被荷兰东印度公司招录为通事，乘船离开日本前往台湾。次年他脱离东印度公司，加入李旦海盗集团。同年8月，李旦病死，郑芝龙继承其财产和地位，做了海盗首领，并以"一官"之名不雅为由改名芝龙，号称"飞黄将军"。

1626年，郑芝龙率船队进入金门、厦门一带，屡败明朝官军，横行海上凡两年半，至1628年秋受朝廷招抚，授予海防游击之职。

当时中国东南沿海活跃着很多海盗集团。他们与郑芝龙时合时离，彼此存在激烈竞争。郑芝龙降明后，便以官军身份对海上诸"盗"大加讨伐，从1629年至1635年先后消灭了很多老对手，大大发展了自己的势力。从此"八闽以郑氏为长城"。

3．郑成功回到祖国

公元 1630 年秋，郑芝龙在开始发迹后就派人把遗留在日本的 6 岁的儿子福松接回南安县安平镇家中。

郑芝龙见儿子福松仪容雄伟、声音洪亮，于是满心喜悦，为之延师肄业，取名"森"。

幼年郑森非常聪明，最喜欢看《春秋》和《孙子兵法》；除了看书之外，还很喜欢舞剑驰射；尤其不喜欢写八股文。孩子的一位长辈一见如此，便对郑芝龙说："是儿英雄，非若所及也！"郑森的四叔郑鸿逵也非常器重他，常常抚摸着孩子的头说："此吾家千里驹也！"

郑森 10 岁时，塾师以《洒扫应对》出题，郑森在作文中写道："汤、武之征诛，一洒扫也；尧、舜之揖让，一应对进退也。"先生对其用意之新奇大为惊讶。

1638 年，郑森进南安县学；1642 年秋，至省参加乡试，未中；1643 年，19 岁的郑森娶妻，当年生子，取名郑经。

就在此时，明清易代。明朝灭亡，清军入关。

三、郑成功抗清探秘

1．郑成功的名和字的由来

公元 1644 年，崇祯皇帝上吊自杀，大明王朝灭亡。同年，福王朱由崧在南京称帝，改元弘光，史称福王弘光政权。

朱由崧加封郑森的父亲郑芝龙为南安伯，由郑森的四叔郑鸿逵统领卫宿。郑森随郑鸿逵来到南京，入国子监读书。

郑森当时很羡慕钱谦益的名声，拜其

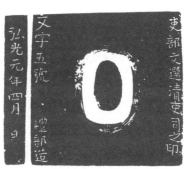

■ 弘光政权的"吏部文选清吏司之印"

为师。钱谦益见郑森丰采掩映、意志不凡，于是为郑森取字"大木"，认为自己的弟子"少年得此，诚天才也"。当时的另一位名士瞿式耜更是称赞郑森"瞻瞩极高，他日必为伟器"。

1645 年，弘光政权灭亡后，名士黄道周与郑芝龙、郑鸿逵在福州拥立唐王朱聿键即位，改元隆武，史称唐王隆武政权。朱聿键晋封郑芝龙为平虏侯，郑鸿逵为靖虏侯，郑森的五叔郑芝豹为澄济伯，郑森的族兄郑彩为永胜伯。不久又晋封郑芝龙为平国公、郑鸿逵为定国公，俱加太师衔。于是郑氏一门勋望，声焰赫然，"族戚、部将封侯伯者十余人，其挂印腰金、侍御卿校，盈列朝内，内外大权，尽归芝龙"。

■ 钱谦益像

1645 年秋，郑芝龙将儿子郑森引见给隆武帝朱聿键。朱聿键见到郑森后，抚着他的后背说："惜无一女配卿，卿当尽忠吾家，无相忘也！"于是赐郑森姓朱，名成功，封御营中军都督，仪同驸马、宗人府宗正。

从此，郑森又称"朱成功"。中外皆称其为"国姓""国姓爷"。

1645 年冬，郑芝龙又派人到日本，把郑成功的生母田川氏接到了安平。

2. 郑成功离开抗清前线

当时大江以南各地抗清斗争频现。明朝遗臣都希望隆武帝朱聿键能够出来振臂一呼，打出光复大明的旗帜。隆武帝因此逐渐想离开福建，摆脱郑氏控制。

但郑芝龙已在闽广购置大量仓庄田产，更有巨大的海上利益。所以尽管隆武帝屡次想要动身，郑芝龙都以缺饷为名按兵不动；或佯作行军，不过数里而还。于是黄道周自请到江西募兵以图恢复江山，"芝龙仅给羸卒千人，甫出关而溃"，不久在婺源被俘而死。最后郑鸿逵陈兵仙霞关，严禁儒生入闽，不让他们去向隆武帝献恢复之策。

1646 年春，隆武帝还是决意离开福建去江西。郑成功随侍，提出"据险控扼、拣将进取、航船合攻、通洋裕国"等措施。隆武帝封郑成功为忠孝伯，挂招讨大将军印。

然而郑芝龙暗地煽动福建军民数万人遮道号呼，极力阻止隆武帝离开福建。郑成功看到隆武政权内部的种种矛盾并非一时能够解决，于是以母病为由告假回到安平老家。

3．郑成功的父亲郑芝龙投降清朝

就在此时，清朝派出了郑芝龙的同乡、泉州南安人洪承畴为招抚南方总督军务大学士，还派出他另一个同乡黄熙胤为招抚福建御史。二人向朝廷献策："隆武帝兵马钱粮都掌握在郑芝龙手中，若许以王爵，福建可不劳一矢而定。"

于是朝廷命洪承畴和黄熙胤修书给郑芝龙。郑芝龙接到书信后立即决定投诚。

1646 年夏，在郑芝龙的配合下，清军攻占浙江。郑芝龙诡称征讨清军，迅速离开延平，并密谕守关将士尽数撤离。

1646 年秋，清军在没有遭到任何抵抗的情况下占领福建，杀死隆武帝及其皇后。

随后，郑芝龙拒绝了郑成功的规劝，亲自挑选了 500 名盔甲鲜明的勇士随从，前往福州向清军投降。

4．郑成功抗清探秘

郑芝龙既降，郑氏旧部大多各行其是。郑鸿逵率部入海，郑彩、郑联兄弟转奉前明鲁王。

公元 1646 年冬，时年 22 岁的郑成功在泉州文庙孔子像前烧掉了儒巾蓝衫，会同部下路振飞、曾缨、万年英等，设高皇帝神位，誓师恢复，称"忠孝伯招讨大军罪臣朱成功"。

1647 年春，郑成功率追随者 90 余人，乘两艘大船往南澳募兵，又取从日本归来的郑氏商船资金十万佐军，队伍很快发展到数千人。于是他在厦门鼓浪屿设演兵场，建镇命将，训练部队，继续使用唐王年号。

■ 金门鲁王墓

就在这个时候，清军突袭安平、大肆淫掠，郑成功的生母不愿受辱，剖腹而死。母亲的惨死，更加激起郑成功对清朝的满腔仇恨。

此后不久，郑成功与郑彩等合兵，入海澄、破九都，攻漳平、龙岩等县；明朝浙江原巡抚卢若腾、进士叶翼云、举人陈鼎等人，俱至安平拜谒郑成功；此外，还有五短身材、勇猛绝伦的海澄人甘辉，武艺精熟的漳浦人蓝登，机略畅晓的施琅等人先后投奔郑成功，成为其手下得力将领。

1648年夏，郑成功的部下林察自广东逃回福建，向郑成功报告说瞿式耜等人已在广东肇庆拥立桂王朱由榔为帝，改元永历（史称桂王永历政权），郑成功遂尊其朔号，遣使称贺。1649年，永历帝晋封郑成功为广平公。

此后，郑成功迅速挥师西进，于1650年夏大举进攻潮州，欲把福建与广东连成一片，扩大抗清阵地。

5．郑成功有了可靠的抗清根据地

然而，这时抗清形势急转直下。清军迅速占领江西、湖南、广东等地。公元1650年秋，郑成功的叔叔郑芝莞力劝郑成功回师取厦门为根据地。郑成功遂带领部分兵马秘密赴厦门。

■ 厦门郑成功屯兵山寨

厦门是郑成功的族兄郑彩和郑联的地盘。郑成功当时暂驻鼓浪屿一隅，密谋吞并整个厦门。

1650年中秋节夜，郑成功选精兵五百，令甘辉、施琅、洪政、杜辉四将统领配船4只，奇袭郑联驻地万石岩，并于第二天夜里刺杀了郑联。

郑联死后，郑成功率兵进入厦门。从此，他有了稳固的根据地，兵力也增至四万余人。

1650年冬，清军攻破舟山，鲁王被迫漂泊金门。郑成功乘机吸纳浙海水师名将张名振、周鹤芝、阮骏等部。至此，闽、浙、粤沿海抗清武装悉归其麾下，号称大军数十万。

于是郑成功建立五军，以林察为左军，周瑞为右军，张名振为前军，周鹤芝为后军。郑成功自为中军元帅。每军有大小战船一百号。

这时，清朝派平南王尚可喜和靖南王耿继茂统率数万大军进攻两广。广西危急，永历帝召郑成功从虎门入援。郑成功遂决定统兵南下勤王。

1651年春，就在郑成功兵至南澳的时候，左先锋施琅提出反对南征。由此引发的二人的恩恩怨怨，竟最终决定了台湾岛的未来！

四、郑成功与施琅的恩恩怨怨

1. 施琅：从郑芝龙的部下到郑成功的部下

施琅，字尊侯，号琢公，福建晋江人。出生于1621年，比郑成功大三岁。自幼生长在海边，少年时代从师学剑，武艺超群。历载他"少有识度，膂力过人"。公元1637年，16岁的施琅入海为盗，投入郑芝龙麾下。

1646年秋，郑芝龙归顺清朝后，立即挑选了包括施琅在内的500名兵士护送他前往福州。随后，郑芝龙被挟制单独北上，施琅等随行者被强制分配到各军营，随清军南下征战。

此后，郑成功举起"杀父报国"大旗，聚师90余人起义，走上武装抗清的道路，不多时军队便发展到十万余人、战船500艘。

1649年春，施琅与弟弟施显趁机脱离清军，投奔郑成功。由于施琅才干超群，没过多久就成为其最为得力的将领，授左先锋。郑成功待施琅如兄弟一般，"军储卒伍及机密大事，悉与谋"。

■ 施琅石像

2．郑成功与施琅关系破裂之源

二人关系之所以破裂，源于各自的性格缺点。郑成功心胸狭窄、刑法严酷；施琅则恃才傲物、目中无人。

就在他们关系非常密切的时候，有人就告诉郑成功，说施琅曾声称梦见自己是北斗第七星，于是郑成功开始心生忌恨。随后施琅兄弟俱握兵权，每有跋扈之状，郑成功更加不满。

公元1651年，郑成功决定南征清朝平南王尚可喜、靖南王耿继茂。施琅则认为此举以卵击石，引起了郑成功的不满与恼怒。但郑成功此时因军情紧急，无暇顾及私人矛盾，便命令施琅回防厦门。

但随后一件小事最终引发了双方的决裂。

3．郑成功与施琅关系的最终决裂

事情是一个叫曾德的人引起的。

这个人原来是一个清兵，后来被施琅俘获后投降，成为其亲兵。随后曾德又逃跑了，这次是郑成功收留了他，提拔其为自己的亲随。结果有一天曾德外出办事，被施琅擒拿治罪。郑成功得知后急令勿杀，然施琅已将其斩首。郑成功因此大怒。从此两人成为你死我活的死对头。

公元1652年春夏之交，郑成功下令逮捕施琅及其父施大宣和弟弟施显。当时施琅被监禁在船上，由副将吴芳看守。施琅家人派人假称郑成功调回其审问，当走到僻静处的时候，施琅及其家人打倒了吴芳和押解兵士逃脱。郑成功大怒，命令全岛戒严，严密搜索。

施琅在山穴中藏匿了几天几夜，后密投部属苏茂家中。当时苏茂顶替了施琅左先锋之职，施琅激他说："闻藩主千金高爵购我，细思贤弟与我最厚，特来相寻，免被他人邀功。"苏茂说："茂虽不肖，岂肯卖镇主以求荣乎？且公投生非投死也。茂虽死，亦不可为。公幸勿疑！"遂藏起施琅。次夜令心腹备小船送其前往安平，投靠郑成功的叔父郑芝豹。

之后，施琅求郑芝豹从中调解，不料却遭到郑成功严词拒绝。

郑成功得知施琅逃入安平后，又派人去刺杀。结果行刺失败，郑成功一怒之下竟将施琅的父亲施大宣和弟弟施显一并杀掉，并杀了吴芳的妻、子5人。

4．施琅二度归顺大清王朝

至此，施琅被逼无奈，再度降清。

施琅在投降清廷后，始终以郑成功为对手。公元1655年，他率军与郑成功激战于晋江白沙，结果惨败。1656年，击败郑成功军于福州，以功授副将，后来升任总兵。

施琅的投降对于郑成功的抗清事业、子孙后代和台湾前途都将产生重大影响。

五、郑成功兵败大陆

1．抗清形势的再度高涨

就在这个时候，郑成功决定避开与清军的正面作战，转而去收服摇摆不定的地方中间势力。

但清军随即偷袭厦门，将郑芝龙父子毕生聚敛、多年经营的财富席卷一空，激起了郑成功的无比愤恨。于是郑成功又开始全力对付清军。

公元1652年春，郑成功扬帆直入海澄港，接着进军江东，攻击长泰，声威大震；清浙闽总督陈锦亲督大军对郑成功包抄合围；郑成功五路设伏，大败清军于江东桥，陈锦被家丁刺死。同年秋，清军增援，郑成功退守海澄。1653年夏，郑成功赢得海澄战役的胜利。

至此，郑成功开辟和巩固了以金门、厦门两岛为中心，以漳州、泉州两府为主要活动范围的根据地。永历帝也于1653年秋晋封郑成功为漳国公，封延平王。

此时，中国南方出现了第二次抗清高潮：张煌言饮马长江，李定国猛攻两广，他们还多次遣使联络郑成功，约期会师恢复中原！

2．清朝一波三折的和平攻势

再说郑芝龙被挟持进北京后，清廷为了招降郑氏余部，授予他一等精奇尼哈番世职。对郑成功则在很长时间内并不重视。后来郑成功逐渐威震天下，清廷便开始对其开展积极的和平攻势。

公元 1652 年冬，清廷令郑芝龙写信给郑成功，告之以朝廷招抚之意；1653 年夏，主动册封郑成功为海澄公；1653 年秋，遣使臣来厦门议和，郑成功则表示"必须切实给予三省地方，方可实现和议"；1653 年冬，决定予郑成功"靖海将军"敕印，答应给予泉、漳、惠、潮四府安置其兵马，但郑成功仍然坚持非三省地方不可，并且必须依照朝鲜惯例处理双方关系；1654 年秋冬之际，再派重臣偕同之后随父降清的郑成功的几个弟弟来到福建议和，郑成功提出"先议受诏、后议剃发"，清使则要求"先剃发、后受诏"。至此，双方谈判破裂。

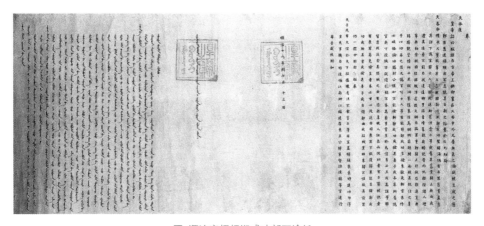

■ 顺治帝招抚郑成功部下谕旨

招抚不成，清廷决定诉诸武力。1654 年冬，派三万大军征剿。郑成功也知大战在即，一方面在海上大整舟师、增设炮台；一方面主动收缩战线，全师退守厦门。1656 年夏，清军分三路进攻，结果被郑成功大败。但就在这时，驻守海澄的守将和知县献城投降清朝。

就在这种情况下，清廷企图再度与郑成功议和。结果，郑成功亲自写信给父亲，仍然坚持"不剃发、予三省"的条件。清朝终于对招抚丧失了信心。顺治皇帝一方面降谕全力剿捕，另一方面命人将郑芝龙加铁链三条、手足杻镣，严加看守。

1658 年初，永历帝晋封郑成功为潮王。1658 年夏，郑成功率领所属全部人马北征，结果赶上台风，没有成功。

1659年夏，郑成功再次率领全军十五万人马大举北征。结果再度失利。他所率部队的取粮范围也日益缩小，最后只剩下金、厦两岛，实难养活数万大军。

1661年，清顺治皇帝驾崩。郑成功于是决定利用清朝"国丧"间隙，向台湾进军，建立新的抗清基地。

第十五讲

康熙收复台湾（下）

一、郑成功收复台湾

1．台湾问题的产生

台湾位于我国东南海中，与福建一衣带水。三国时代称"夷洲"，隋唐宋元称"流求"。明清之际，台湾的原住民约有十万，散布生活在全岛36000平方公里的土地上，过着原始部落的生活。

从很早的时候起，大陆就不断有渔民移居台湾。随着海上贸易发展，以及南宋遣兵屯戍澎湖，元代设立澎湖巡检司，台湾移民日益增多。明代实行海禁，这里就成了郑芝龙等武装走私集团的基地。

16世纪中叶，西方殖民主义者东来，发现了台湾。公元1543年，葡萄牙人经过台湾海峡，见岛上风光美丽，称之为"福摩萨"，即"美丽之岛"。荷兰人在1624年侵入台湾，筑热兰遮堡，次年又在对面赤嵌山上筑普罗文查堡，开始建立殖民统治。

1652年，台湾爆发郭怀一起义，荷兰殖民者怀疑是郑成功策动，便对他的船只严加检查，并在海上截捕其商舶。郑成功大怒，"遂刻示传令各港

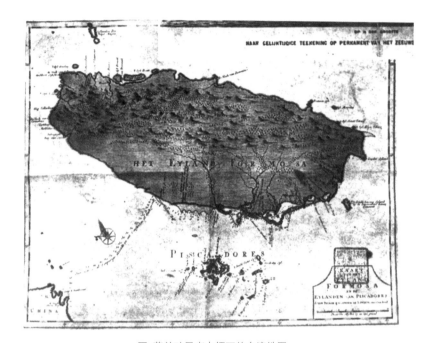

澳并东西夷国、州、府，不准到台湾通商。由是禁绝两年，船只不通"。

1657年夏，荷兰驻台长官揆一遣通事何斌到厦门见郑成功，表示愿意"年输银五千两，箭杆十万支，硫磺千担"，请求恢复通商。郑成功当时忙于北伐，遂应允，但暗地委托何斌替他在台湾向一切进口船只货物征收商税，允其从中提取佣金。后来何斌每年向郑成功缴纳税银18000两。

1659年，何斌所为被荷兰人发觉，他在东印度公司的职务被解除，并被判处二十万两白银的罚金。何斌遂与小通事郭平密谋，由郭平密驾小船，将鹿耳门至赤嵌城的水道探测清楚，连同荷兰人在台湾的布防情形，绘成一图，飞舟至厦门献与郑成功，极言台湾的富庶和可取之处。

当时郑成功正值南京大败之后，观其图、闻其言，满心豁然。只因当时和谈尚无回音，同时清朝大兵压境，故没有行动。

2. 郑成功收复台湾

公元1661年春，郑成功召集诸将商议，决定进兵台湾。安排郑泰、洪旭、黄廷等辅佐世子郑经留守金、厦及闽粤沿海诸岛。

1661 年 4 月 21 日，郑成功亲率 25000 名将士，100 多艘战船离开金门、经过澎湖，在台湾同胞的协助下，冒着敌人猛烈的炮火，在台湾强行登陆。经过激烈战斗，打败了荷兰殖民者。

这时，荷兰殖民者为继续盘踞台湾，以每年送给郑成功几万两饷银和土产为条件，要求他退兵。郑成功断然拒绝，并严正指出："台湾者，中国之土地也，今余既来索，则地当归我！"

郑成功对台湾城（热兰遮堡）进行了前后长达 9 个多月的包围。1662 年 1 月 27 日，焦头烂额的荷兰东印度公司台湾评议会进行秘议后，批准长官揆一与郑成功谈判。

■ 荷兰殖民者投降图

经过几天协商，1662 年 2 月 1 日，双方正式订立条约并举行签字仪式。条约共十八条，其中规定：荷兰人交出城堡和所有武器、物资，包括大炮 150 尊，小铳 4000 支，足够 5 个月食用的粮食和价值 471500 荷兰盾的金、珠、琥珀与现金；荷兰人可以携带返回巴达维亚途中所需要的米、面、酒、醋、绳索、帆布、火药、枪弹等物，以及他们的私人动产、荷兰政府的档案文件。此外，28 名评议员每人准予随身携带 200 银元，另 20 名特别公民准予一共携带 1000 银元；郑方释还俘虏和捕获的 4 艘小艇及其附属物品；检查以后，荷兰士兵在长官的指挥下，扬旗、鸣炮、荷枪、击鼓，列队登船。

几天后，荷兰驻台湾的最后一任长官揆一搬其辎重货物上船，率余部五百余众，驾舟远去。从此，台湾结束了荷兰殖民者 38 年的统治，回到了祖国的怀抱。

郑成功收复台湾后，将军队分到各地去屯田垦荒。他还派农师向台湾少数民族传授汉族先进的农业技术。郑成功及其后代在台湾发展农商、提倡文教、保境安民，为台湾的开发和建设做出了卓越贡献。

二、清朝政府改变与郑成功的策略

1."剿灭郑逆五策"

公元 1661 年，康熙皇帝继位，面对据守台湾的郑成功，他会做出哪些对策？而此时完成收复台湾的郑成功却落到众叛亲离的境地，最终抑郁而死。

这里就不得不提到黄梧。他原来是郑成功的部下，向康熙皇帝提出了一个计策，叫"剿灭郑逆五策"。迫使山东、江苏、浙江、福建、广东五省沿海数千里地沿海的居民，一律从海岸后撤数十里。沿海船只悉行烧毁，凡立界之处，陆地则筑墩台，溪河则竖椿栅，官兵时刻巡查瞭望，寸板不许下水，粒货不许越疆。

■ 康熙帝《整饬海疆朱谕》

清朝政府实行的这一系列政策很快见效，使台湾、厦诸岛的郑氏官兵陷入极度的困境和不安中，近海各岛的将士也开始动摇，迅速分化郑成功努力，加强政治瓦解攻势。

当时郑成功进攻台湾时，下属的所有将领都很不赞成，尤其是吴豪坚决反对，只有一个人同意，那就是杨朝栋。当大军准备向台湾进发之际，"官兵多以过洋为难"，有很多人中途逃跑。南明遗老们也纷纷谴责郑成功渡海是对大明王朝的不忠。郑成功的好友张煌言听说大军出发，立刻派门客往澎湖军前劝阻，认为郑成功"是纵偷安一时，必贻讥千古"。

郑成功占领台湾以后，形势也是危机四伏。第一，台湾粮食缺乏，全军只能一日两餐。第二，荷兰的武器比较先进，双方经过激烈的作战以后伤亡很大，所以在这种情况之下，郑成功属下的部队常有逃亡。第三，严令留守沿海各岛将领迁眷入台，但郑泰等将领均贪恋大陆这边的舒适生活，一再不响应迁移政策，后来甚至不发一船至台湾，致使海上信息隔绝。

郑成功面对所有这些，变得更加焦躁和恼怒，于是开始实行严刑峻法。当初坚决反对他的吴豪，在进入台湾不久后首先被杀。当初唯一支持他的承天府首任知府杨朝栋，也因以小斗散粮，全家被杀。甚至在台湾光复过程中起着重要作用的何斌也被杀。"于是人心惶惧，诸将解体。"很快，台湾岛61员各级将官和兵士1300余人纷纷投降清廷。接着，留守铜山的100余名官员、4400名军士及其家眷万余渡海降清。最后甚至连跟随郑成功父子镇守南澳20余年的大将都投降了。

公元1661年冬，清廷将郑成功的父亲及其兄弟世恩、世荫等在京亲属11人斩于菜市口，后来又将福建郑氏祖坟全部挖毁。

2．郑成功去世，郑经割据台湾自立

公元1662年6月，38岁的郑成功在台湾病逝。死因是与儿子郑经怄气。

郑成功的长子郑经平日待人谦恭，好学善射，但果敢不如父亲。当初郑成功入台时，命20岁的郑经在郑泰等人辅佐下坚守金、厦诸岛。

郑经的妻子是唐王尚书唐显悦的孙女，夫妻感情不和。他与其四弟的乳

■ 郑经像

母陈氏私通，于1661年生下一子，向父亲谎报是侍妾所生。郑成功闻讯非常高兴，下令大赏台湾及留守金、厦诸将士。后来还是唐显悦写信给郑成功揭穿谎言。郑成功气得当即差人到金门，命郑泰将郑经、陈氏、小儿等一并处死。郑泰认为郑经是宗室血脉不能杀，只杀了陈氏及小儿复命。郑成功知道后，又将佩剑交使者再至金门。可郑泰仍不执行，而且把使者送交给郑经予以监禁。郑成功看手下将士完全不听诏令，气得暴跳如雷。这时有部下对他说，世子（指郑经）与乳母之事也许是清朝阴谋，买通唐显悦写信激怒主公，使父子反目成仇，他人坐收渔翁之利。郑成功觉得似乎也有可能，于是悔恨交加，追悔莫及。

1662年初夏，永历政权的兵部司务林英从云南逃至台湾，面见郑成功说永历帝已被吴三桂杀害。明朝最后一个皇帝被杀，一切希望全部破灭，再加上父亲被害，儿子拥兵背叛，在这一切内忧外患袭扰下，郑成功承受不住打击，终于病倒了。1662年6月23日，郑成功去世，时年38岁。

郑成功去世以后，他的五弟郑袭想继承郑成功的王位。而此时郑经远在大陆，便急急忙忙从大陆派兵迅速到达台湾，与他的叔叔打了一仗，将他的叔叔郑袭打败。至此，郑经割据台湾的时代到来。

三、收复台湾

郑成功的去世，给了康熙皇帝一个很好的收复台湾的时机。但是当时清兵入关后，鳌拜专权，三藩势力也日益强大，可以说自顾不暇。而且清兵是马背上取得的天下，水军短期内无法快速建立。

康熙皇帝是一个有耐心的人，从 1662 年到 1683 年这前后 22 年的时间中，他三次动武，先后九次派信使，与郑经及其儿子郑克塽进行谈判却都没有成功。郑氏归顺清朝，提出要求想"效仿琉球、高丽之例，不剃发，世守台湾，称臣纳贡，尊事大之意，则可矣"。康熙不愿意台湾成为独立于中国之外的国家，郑氏必须成为清朝臣民。此原则性问题双方各不愿退让，谈判多次破裂。特别是三藩之乱时，郑经趁机联合吴三桂和耿精忠，战火弥漫中原，占领了厦门与漳州、泉州、潮州、惠州等地。直到三藩平定，郑经才又退回台湾。

之后康熙帝只能下定决心，建造战船，重建福建水师，以战逼和、以战促统，攻澎湖，收台湾。此时，康熙已经完成擒鳌拜、平三藩，祖国大陆得到了统一。1681 年，郑经病死于台湾，冯锡范发动政变，立

■ 郑克塽像

郑克塽为延平郡王。

这个时期康熙皇帝可以全力以赴解决台湾问题，但武力收复台湾问题，必须要有一个合适的将领。在李光地、姚启圣等大臣的举荐下，施琅得以复职福建水师提督，并加太子少保衔，沉寂多年的施琅，终于迎来了一展抱负的机会。

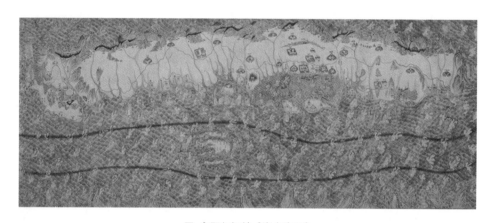

■ 康熙年间绘《澎台海图》

施琅早年曾在郑成功军中效力，是郑成功的得力干将。后因为私人恩怨杀了郑成功的手下曾德，因此得罪了郑成功，导致全家被杀，施琅悲愤中投降清朝。随后他两次征战台湾，却都以失败告终。在群臣弹劾之下，康熙皇帝免去施琅的福建水师提督，改任命为内大臣，被清廷雪藏了13年之久。

两次失败后，康熙帝已经不太信任施琅。按理说，施琅能够再次得到重用，姚启圣是功不可没的。但后来两人因为攻台时间和风向等方面意见不同相持不下。施琅认为夏季六月是西南季风，利于舰船实施作战行动，此时又是台风多发季节，能起到"出其不意，攻其不备"之奇效，而且为避开台风，他又将具体登陆作战时间选在夏至前后20天。计划先取澎湖主岛一带，占据上风上流的有利地形。最后康熙帝全力支持了施琅的意见，将平台的军政权交给施琅，姚启圣则留在福建负责后勤。

1683年7月8日，施琅率水军两万余人，大型战船300余艘，中小战船230余艘。从今天福建的东山岛扬帆起航，正式开始了收复台湾的战斗。

双方在澎湖列岛进行决战，不到一个月，施琅就将盘踞台湾的郑氏主力一举歼灭。

1683年9月17日，郑克塽递送了正式降书。10月3日，施琅前往台湾，接受郑氏归降。

1684年4月，清朝政府在台湾设置台湾府，下辖诸罗、台湾、凤山三县，隶属福建省，澎湖归台湾府管辖。并于台湾设总兵一员、副将二员，驻兵8000；于澎湖设副将一员，驻兵2000。至此，自古属于中国的台湾又重新回到祖国的怀抱。

第十六讲

康熙平定噶尔丹叛乱

康熙皇帝一生中的第四大功绩是平定准噶尔部噶尔丹的叛乱。

之前无论平定三藩也好，收复台湾也罢，他都没有亲自出马。可为什么一个小小的噶尔丹却惊动圣驾，引发康熙三次亲征呢？

可见噶尔丹绝不是个普通的叛乱者。更可见噶尔丹叛乱，是大清王朝建国以来遇到的最大麻烦。

一、清朝初年蒙古族的分布情况

明末清初时，蒙古族分为漠南蒙古、漠北喀尔喀蒙古和漠西厄鲁特蒙古三个部分。

漠西厄鲁特蒙古又有四大部落：和硕特、准噶尔、土尔扈特和杜尔伯特。四部中准噶尔实力最强，先后兼并了厄鲁特蒙古各部，逐步控制整个天山南北地区。

蒙古族三大部曾先后臣服清朝。所以准噶尔部在收服整个厄鲁特蒙古后，仍然向清朝遣使"朝贡"。清朝也赐给他们大量财物。

■ 清人绘《厄鲁特蒙古图》

二、不是凡人的噶尔丹

1. 噶尔丹的出生——温萨活佛转世

局面从噶尔丹上台后发生了变化。说起他，可不是个凡人。

"不是凡人"指他在喇嘛教僧众当中，是一位活佛，而且是在西藏长大的活佛。

噶尔丹生于公元 1644 年，父亲叫巴图尔珲，哥哥叫僧格。

在他出生前一年，西藏格鲁派高僧温萨活佛罗卜藏丹津札木措，曾向噶尔丹的母亲许诺，死后将在她的胎里转世。

结果第二年噶尔丹便降生，被指认为温萨活佛转世。

因此，他从很小的时候就被西藏格鲁派僧众接往西藏。1652年，年仅8岁的噶尔丹开始以温萨活佛名义朝觐清朝皇帝。

2．达赖和班禅共同的学生噶尔丹

公元1656年春，12岁的噶尔丹先赴拉萨谒见达赖喇嘛，后赴扎什伦布寺拜四世班禅博克多罗卜藏确吉坚赞为师，接受佛学教育。1662年，四世班禅圆寂，噶尔丹又到达赖喇嘛门下学习。

达赖喇嘛对他精心培养、礼遇有加，还为他在拉萨建了温萨寺。噶尔丹也表现出色、学有所成，颇受达赖赏识。

1666年冬，在西藏生活了整整10年的噶尔丹回到准噶尔，成为整个漠西厄鲁特蒙古宗教里地位最高、学识最渊博的活佛。

问题在于：噶尔丹在西藏生活学习得好好的，为什么要回去呢？他是否肩负着什么秘密使命？

3．回到准噶尔的噶尔丹

根据五世达赖喇嘛的记载："临动身时，我又亲手交给他一串珍珠念珠，并详尽地吩咐了如何为佛法服务等眼前与长远的利害得失等事。我以赐座、派人护送等方式对温萨活佛表示嘉奖，他把在扎什伦布新建的一座住宅赠给了我，我高兴地接受了。"

由此可见，噶尔丹回家是一次长期离别，所以达赖喇嘛才对他嘱咐"长远的利害得失"，他也把当地住宅赠给了达赖喇嘛。

可噶尔丹又如何成为了准噶尔部的首领呢？

4．成为准噶尔部首领的噶尔丹

事情要从公元1670年秋天说起。

此前，准噶尔部的首领是噶尔丹的哥哥僧格。结果1670年发生了军事政变，僧格被其同父异母的哥哥车臣汗暗杀。准噶尔内部陷入大乱，形势非常危急。

在这种情况下，僧格的胞弟、温萨活佛噶尔丹迅速采取应对措施，扛起责任。他登高一呼，平息了内乱。

当时在阿尔泰发生了一场战役，噶尔丹仅带领20个人，被敌军7个大汗及其手下几万人围攻。他站到阵前，带领部下杀向敌阵，结果数万敌军一见到活佛，竟然不战而降。

随后，噶尔丹招集僧格的逃散部众千余骑，击败叛乱者获得胜利，建立了在准噶尔部的领袖地位。

5. 噶尔丹转败为胜的原因分析

噶尔丹既无领地又无军队，为何能打败强大的敌人呢？

首先，他是温萨活佛转世，曾在西藏学佛法十年，有达赖喇嘛作为强大后盾。在准噶尔人心目中，噶尔丹是"神"。所以当僧格遇害后，噶尔丹一出面，其部众便"审视惊喜，下马罗拜为神"。阿尔泰之战中，噶尔丹"身率二十骑先登，呼声震天地。遇七清汗，入其军，手缚之，左右皆走散，莫敢当，皆大惊以为神，弃弓矢，下马趋拜降"。

其次，噶尔丹是僧格的胞弟，一直坚定支持自己的哥哥，在准噶尔部众中有很高的地位和威信。这是他能够迅速召集僧格旧部为己所用的原因。

再次，噶尔丹超人的胆略和卓越的军事才华也发挥了至关重要的作用。

但他又为什么与大清王朝发生了尖锐冲突呢？

三、与大清王朝发生冲突的噶尔丹

1. 噶尔丹企图统一蒙古各部

公元 1672 年上半年，噶尔丹正式放弃温萨活佛身份，还俗成为准噶尔部首领，号珲台吉，专心统一蒙古三大部落。

1678 年，噶尔丹统一了整个漠西厄鲁特蒙古，并出兵南疆，收服了回部。五世达赖派特使赐他"丹津博硕克图汗"称号和印敕。

1686 年，漠北喀尔喀蒙古札萨克图和土谢图两大部内讧不断，清朝和西藏五世达赖喇嘛派出使者共同调解。噶尔丹认为这是插手喀尔喀、进而一统全蒙古的机会，便一方面拉拢较弱的札萨克图汗与自己结盟，破坏清朝的调解；另一方面指责哲布尊丹巴呼图克图把自己的地位居于达赖喇嘛之上，是"大为非礼"，为自己的东征创造借口。

■ 康熙帝给噶尔丹的敕谕

1688 年，沙俄入侵，蒙古军民奋起抵抗。噶尔丹却突然趁机大举进攻土谢图汗，迫使喀尔喀蒙古诸部南迁。

1690 年 6 月，噶尔丹获得沙俄支持，更加有恃无恐，以追击喀尔喀为名，向漠南蒙古进攻，俘掠人口、抢劫牲畜。他还公然向康熙皇帝提出"圣上君南方，我长北方"的分裂主义要求，妄图把整个中国北部置于他的统治之下。

2. 噶尔丹的支持者——沙皇俄国

此时，沙俄也在侵略中国领土，令康熙皇帝无暇顾及噶尔丹。时间正好是从康熙平定三藩之乱前，直到平定噶尔丹叛乱后。

清军入关后，东北守备空虚，只有三五万人，实在捉襟见肘。直到康熙皇帝解决台湾问题后，才腾出手来，组织了两次雅克萨自卫反击战，获得了胜利。

之后，清朝和沙俄进行谈判。俄国人战场上吃了亏，就把兵马借给了噶尔丹。于是噶尔丹扬言从俄国借到 6 万鸟枪兵，公然向康熙叫板。

3. 异常强大的噶尔丹

当时噶尔丹的地盘到底有多大？

他占有新疆地区 200 多万平方公里土地；加上整个蒙古 260 万平方公里；更有甚者，当时西藏达赖喇嘛岁数很大了，已经不管政事、下放权力，结果其手下也与噶尔丹勾结在一起。这就是说，噶尔丹还变相控制着西藏、青海和四川西部 240 万平方公里的广大地区。上述共计约 700 万平方公里的领土，占当时中国领土的整整一半！

所以说，康熙皇帝面对这样一个经济、军事实力异常雄厚，精神上又是活佛转世的强大对手，不亲征根本不行！

4．噶尔丹失败的一个伏笔

然而，正当噶尔丹大踏步向东进军之时，他的后院起火，这导致了他的最终失败。

噶尔丹本来把后方基地交给哥哥僧格的儿子策妄阿拉布坦管理，并十分信任他。但有人造谣说策妄阿拉布坦想在噶尔丹出兵时趁机当准噶尔王。结果噶尔丹回师杀掉了策妄阿拉布坦的亲哥哥；此外，虽然没有杀掉策妄阿拉布坦本人，却抢了其未婚妻做了自己老婆。

结果，策妄阿拉布坦带着自己父亲留下的 7 位旧臣和 5000 名部众逃到博尔塔拉。噶尔丹仓促之间率 2000 人追击失败。

从此，策妄阿拉布坦在博尔塔拉另立政权，与噶尔丹分庭抗礼。一旦噶尔丹进攻清朝，他就从后面袭击。

于是不可一世的噶尔丹面临两面夹击。这也就为后来康熙皇帝亲征噶尔丹留下了胜利的种子。

四、康熙皇帝第一次亲征噶尔丹

1．康熙皇帝第一次亲征噶尔丹的背景

公元 1689 年，清朝与沙俄签订了《尼布楚条约》。清朝稳固了东北地区，沙俄则不甘失败，唆使噶尔丹进攻漠北蒙古。

康熙皇帝派使者令噶尔丹归还侵占的土地。噶尔丹有沙俄撑腰，十分骄横，不但不肯退兵，还以追击敌人为名大举进犯漠南蒙古，并公然向康熙提出"圣上君南方，我长北方"的要求。

于是康熙皇帝决定率军亲征，迎头痛击噶尔丹。

■ 康熙帝亲征时御用甲胄

2. 乌兰布通战役

公元 1690 年，康熙帝分兵两路组织进攻。左路军由自己二哥、抚远大将军福全率领，出古北口；右路由自己五弟、安北大将军常宁率领，出喜峰口；康熙帝亲自带兵在后面指挥。

左路军在福全率领下率先接敌，但打了败仗。噶尔丹趁机长驱直入，一直打到离北京只有 400 公里的乌兰布通。

康熙帝立刻命福全反击，双方进行了决战。噶尔丹把数万骑兵集中在树林与河流的中间地带；将上万只骆驼缚住四脚躺在地上，背上加上箱子，用湿毡毯裹住，摆成长长的"驼城"；将士躲在箱垛中间射箭放枪。

清军则用火炮火枪对准"驼城"的一段集中轰击。"驼城"很快被打开了缺口，清军的步兵、骑兵一齐冲杀过去。福全又派兵迂回到噶尔丹后方进行夹击。噶尔丹大败，手下纷纷丢弃营寨逃走。

噶尔丹见形势不利，赶快派人到清营求和。福全一面停止追击，一面派人向康熙帝请示。康熙帝下令说："快进军追击！别中了贼人的诡计。"

可惜还是中了噶尔丹的缓兵之计。此时噶尔丹已经趁机带着残兵逃到漠北去了。

■ 康熙帝《命裕亲王帅师征厄鲁特锡之以诗》

康熙帝的第一次亲征功亏一篑。

3. 康熙皇帝第一次亲征噶尔丹的收获

不过，康熙此次亲征，也有重要收获，成功促成了漠北喀尔喀蒙古四部的团结。

1691 年夏，康熙在击败噶尔丹后亲赴塞外，在多伦诺尔主持会盟。漠北喀尔喀蒙古四部的首领土谢图汗、哲布尊丹巴呼图克图、札萨克图汗沙喇之弟策妄扎布和车臣汗都参加了这次会盟。

会上，康熙申斥了土谢图汗，认为正是他擅杀友邻部落首领，引起喀尔喀蒙古内乱，才给了噶尔丹可乘之机。土谢图汗惭愧认罪。康熙便当众宣布赦免了他。

随后，喀尔喀 700 余名贵族和哲布尊丹巴辖下 600 余名喇嘛向康熙皇帝行三跪九叩大礼。康熙帝在大蒙古包正式接受了全体喀尔喀蒙古贵族臣服，编喀尔喀蒙古为 49 旗，册封亲王、郡王、贝勒、公若干。

最后，康熙举行了盛大的阅兵典礼，列阵十里、声动草原。康熙还亲自骑射，令蒙古部众心悦诚服。

经过 7 天的多伦诺尔会盟，漠北喀尔喀蒙古完全臣服了清朝。此时大清王朝、漠南蒙古和漠北蒙古达成了新的团结和统一。

问题是：噶尔丹还敢再度来犯吗？

五、康熙皇帝第二次亲征噶尔丹

1. 不知道天高地厚的噶尔丹

还别说，噶尔丹真敢。

他在败逃回漠北以后，表面上向清朝屈服，暗地里却重新招兵买马。公元 1694 年，康熙帝约噶尔丹订立盟约。噶尔丹不但不来，还暗地派人到漠南蒙古煽动叛乱。

随后，噶尔丹扬言已向沙俄借到鸟枪兵六万，将大举来犯。

2. 康熙皇帝第二次亲征噶尔丹

公元 1696 年，康熙决定第二次亲征噶尔丹。这次他兵分三路：命黑龙江将军萨布素从东路进兵；大将军费扬古率陕甘兵士，从西路出兵，截击噶尔丹后路；康熙亲自率中路军，从独石口出发。三路大军约好日期，进行夹攻。

■ 康熙帝亲征时使用的龙纹腰刀

结果康熙的中路军刚到科图一带，就遇到了敌军前锋。此时东西两路还没有到达。随行的一些大臣就害怕起来，劝皇帝班师回北京。

康熙皇帝听后气愤地说："我这次出征，没有见到叛贼就退兵，怎么向天下人交代？再说，我中路一退，叛军全力对付西路，西路不是危险了吗？"当即决定继续进兵克鲁伦河，并派使者去见噶尔丹，告诉他皇帝亲征的消息。噶尔丹登高远望，见康熙大军黄旗飘扬、军容整齐，就连夜拔营撤退了。

康熙一面派兵追击，一面通知西路军费扬古赶快截击。

3. 昭莫多战役

噶尔丹带兵奔走五天五夜，到了昭莫多，正好遇到费扬古军。

昭莫多原是一座大树林，前面有片开阔地，历来是漠北的重要战场。费扬古按照康熙的部署，率军在树林里设下埋伏，派先锋 400 人诱敌来战。

待噶尔丹大军到达后，清军先是下马进行步战，后上马占据山顶高处放箭放枪，并分出一支人马在山下袭击噶尔丹的辎重，进行前后夹击。

最后，噶尔丹军队死伤惨重。噶尔丹只带了几十名骑兵逃脱。

康熙亲征又功亏一篑。

■ 反映清军后勤保障的《北征督运图》

六、康熙皇帝第三次亲征噶尔丹

1. 康熙皇帝第三次亲征噶尔丹

经过两次大战，噶尔丹集团土崩瓦解。康熙要噶尔丹投降，但他继续顽抗。

公元 1697 年，康熙皇帝率军过黄河，开始第三次亲征。此时，噶尔丹的根据地已被他侄儿策妄阿拉布坦占领；他的左右亲信听说清

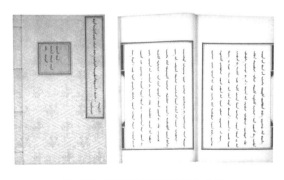

■ 满文《亲征平定朔漠方略》书影

军杀来，也纷纷投降，转做向导。噶尔丹走投无路，服毒自杀。

此后，清朝收复了自阿尔泰山以东的漠北蒙古，册封当地贵族，在乌里雅苏台设立将军统一管辖。

但准噶尔的叛乱并未停止。

2．战争还在继续

噶尔丹死后，策妄阿拉布坦即位，准噶尔部又逐渐强大起来。

公元1715年，策妄阿拉布坦在沙俄支持下再次发动叛乱，率2000兵力窜入哈密北境，侵掠五寨。后见哈密戒备森严，又改向西藏窜扰。

1718年，康熙皇帝命皇十四子胤禵为抚远大将军，驻节西宁，指挥进藏平叛。1720年，清军分两路从青海和四川出发，驱逐了策妄阿拉布坦，护送达赖喇嘛格桑嘉措进藏。以后，清廷在拉萨设置驻藏大臣，代表中央政府同达赖、班禅共同管理西藏。

可惜的是，康熙皇帝在1722年驾崩，没能看到彻底平定准噶尔的一天。但他的遗志和政策，被儿子雍正皇帝和孙子乾隆皇帝继承贯彻了。

第十七讲

雍正继位（上）

一、从康熙皇帝的好色说起

1. 好色的康熙皇帝

雍正皇帝能够即位，还要从康熙皇帝的后宫说起。

中国历代封建王朝皇帝都称"后宫三千"，这是个虚数。《礼记》规定："天子后立六宫，三夫人、九嫔、二十七世妇、八十一御妻"，共计120人。

大清康熙皇帝也不例外，而且大有超越历史的架势。

清朝皇帝后宫数量是康熙正式规定的：皇后1人、皇贵妃2人、贵妃2人、妃4人、嫔6人，但嫔以下的贵人、常在、答应等都没有具体名额限制。

从现有史料看，清廷入关后的10个皇帝中，康熙皇帝后妃最多，先后有4个皇后、3个皇贵妃、1个贵妃、11个妃子、8个嫔、10个贵人、8个常在、10个答应。再加上那难以确定名位的，实际上拥有妻妾200多名。

有如此多的妻妾，子女数量自然可观。康熙自13岁完婚至63岁的51

年中，先后生了 35 个儿子和 20 个
女儿。

2. 康熙皇帝的儿子们

康熙皇帝的 35 个儿子中，在大
清皇帝家谱《玉牒》中排序的儿子
有 24 位。他们是：

皇长子胤禔，1672 年由惠妃纳
喇氏所生，享年 63 岁；

皇次子胤礽，1674 年由孝诚仁
皇后赫舍里氏所生，享年 50 岁；

皇三子胤祉，1677 年由荣妃马
佳氏所生，享年 55 岁；

■ 康熙孝诚仁皇后赫舍里氏像

皇四子胤禛，1678 年由德妃乌雅氏所生，享年 57 岁；

皇五子胤祺，1679 年由宜妃郭络罗氏所生，享年 52 岁；

皇六子胤祚，1680 年由德妃乌雅氏所生，5 岁夭折；

皇七子胤祐，1680 年由成妃戴佳氏所生，享年 50 岁；

皇八子胤禩，1681 年由良妃卫氏所生，享年 45 岁；

皇九子胤禟，1683 年由宜妃郭络罗氏所生，享年 43 岁；

皇十子胤䄉，1683 年由温僖贵妃钮祜禄氏所生，享年 58 岁；

皇十一子胤禌，1685 年由宜妃郭络罗氏所生，11 岁夭折；

皇十二子胤祹，1685 年由定妃万琉哈氏所生，享年 78 岁；

皇十三子胤祥，1686 年由敬敏皇贵妃章佳氏所生，享年 44 岁；

皇十四子胤禵，1688 年由德妃乌雅氏所生，享年 67 岁；

皇十五子胤禑，1693 年由密妃王氏所生，享年 38 岁；

皇十六子胤禄，1695 年由密妃王氏所生，享年 72 岁；

皇十七子胤礼，1697 年由勤嫔陈氏所生，享年 41 岁；

皇十八子胤祄，1701 年由密妃王氏所生，7 岁夭折；

皇十九子胤禝，1702 年由襄嫔高氏所生，2 岁夭折；

皇二十子胤祎，1706 年由襄嫔高氏所生，享年 49 岁；

皇二十一子胤禧，1711 年由熙嫔陈氏所生，享年 47 岁；

皇二十二子胤祜，1711 年由谨嫔色赫图氏所生，享年 32 岁；

皇二十三子胤祁，1713 年由静嫔石氏所生，享年 72 岁；

皇二十四子胤祕，1716 年由穆嫔陈氏所生，享年 57 岁。

此外，孝诚仁皇后赫舍里氏所生承祜，荣妃马佳氏所生承瑞、赛音察浑、长华、长生，惠妃纳喇氏生承庆，通嫔纳喇氏所生万黼、胤禶，贵人郭络罗氏所生胤禑，平妃赫舍里氏生胤禨，贵人陈氏生胤禐皆殇，早夭不序齿。顺懿密妃王氏所生胤禄过继给和硕泽亲王硕塞，也不序齿。

按惯例，皇帝立储有规矩：立嫡不立庶，立长不立幼。即皇后有子（嫡子）则立为储君；皇后无子，再立皇贵妃所生的孩子；皇贵妃无子，再立普通妃子（庶妃）所生的孩子，以此类推。这就叫作立嫡不立庶。

在此基础上才考虑立长。即同时有 2 个及以上继承人的时候，以年龄大的为先。

■ 胤礽像

由此可见，不管从哪个方面说，皇四子胤禛都没可能继位。但事有天意。这要从皇太子胤礽的废立谈起。

二、索额图和明珠集团的崛起和覆灭

1. 康熙皇帝第一次确立胤礽为皇太子

公元 1674 年，康熙的皇后赫舍里氏在生下胤礽后难产而死。21 岁的皇帝在胤礽 1 岁的时候立其为太子。如此黄口小儿未来难料，此举显然欠妥。

但康熙想的是全力培养胤礽，希望他能快速担起太子重担。康熙对太子的生活极为关心。1678年，4岁的胤礽出痘，当时正是平三藩的关键时刻，康熙却亲自护理太子，竟连续12天没有理政。

此外，康熙在太子的教育上也倾注了大量心血，不仅亲自担任启蒙老师，还聘请当世名儒和自己的经筵讲官为其辅导功课。

渐渐地，其余皇子和大臣自然而然分成了三个旗帜鲜明的阵营：支持者、反对派和旁观者。

问题在于：这三大阵营的首领都是谁？他们如何采取下一步的行动？他们之间的厮杀，最终的结局会对什么人有利？

首先来看皇太子胤礽的支持者阵营，他们的首领是当时的权臣索额图。

2．索额图集团的崛起

胤礽是索额图哥哥的女儿的儿子。按辈分来讲，索额图就是胤礽的三姥爷。因此，他必然全力支持太子。

公元1665年，孝庄太皇太后为助孙儿康熙皇帝除掉权臣鳌拜，就出面将索尼的长子、索额图的哥哥噶布喇的二女儿立为皇后。1669年后，索额图因参与智擒鳌拜立下赫赫战功，逐步飞黄腾达：先授国史院大学士，次年改授保和殿大学士，又过一年加太子太保。

随后，索额图在撤藩的问题上与康熙意见相左。明珠则因力主撤藩而被皇帝赏识，开始崭露头角，于1677年授武英殿大学士。于是明珠和索额图因政见不合和争权夺利，开始各结党羽，相互倾轧。

索额图自恃出身尊贵，处事盛气凌人，公开大加排斥反对者，让很多人畏惧。反观明珠一方面待人谦和，轻财好义，很受新贵们的拥护；另一方面对异己者则阴谋除之。

3．逐渐变坏的皇太子胤礽

就在明珠和索额图党争的同时，皇太子胤礽也逐渐成年。他开始显露出种种恶习。

一是贪婪。康熙为显示太子胤礽的尊贵地位，赐给他皇帝专用的明黄服饰，日常用度也远高于其余皇子。但胤礽并不知足，大肆收受贿赂、私用大内库银，甚至公开向各省官员索贿，还私藏外国使臣的贡品。

二是越权。胤礽竟敢当着父皇的面辱骂大臣。康熙不在京城时，他受命留守，其间竟擅自修改皇帝给各部院衙门的旨意。

三是没有同情心。康熙有一次生病了，非常希望能从爱子身上得到温暖和安慰，不想胤礽来时，对父亲竟毫无体恤忧戚之情。

于是康熙很伤心地反思：太子为什么会变坏呢？是老师不称职吗？

当然不是。康熙给胤礽挑选的师傅们，大部分都曾经担任自己的老师。既然自己成长得没问题，师傅们就肯定是称职的。

那问题到底出在哪里？康熙认为冰冻三尺，非一日之寒。皇太子胤礽一定是受到身边侍从大臣的影响。皇帝对此深为忧虑。

4．索额图集团的覆灭

公元1694年，在讨论奉先殿祭祀仪式时，礼部认为皇太子的拜褥应与皇帝一样放置在殿门内。康熙则要求放在殿门外。结果礼部尚书沙穆哈为讨好胤礽，拐弯抹角地反对，还建议把这条谕旨记入档案。康熙大怒，认为沙穆哈居心叵测、另有图谋，立即将其革职。

1697年，内务府的一些低级官员私自到皇太子胤礽住处走动，被康熙怀疑为悖乱，将他们监禁或处死。

此后，有关太子不孝和所行不善的议论不胫而走。据《清圣祖实录》记载，当时康熙首先对索额图等人进行了严厉批评："温待、额库礼，俱犯重罪流徙之人，因其年老，令回京师。伊等应安静以养余年，伊乃与索额图结党，妄论国事，妄自犯尤。"然后又训斥皇太子胤礽说："朕出师宁夏后，皇太子听信匪人之言，素行遂变，自此朕心眷爱稍衰，置数人于法。因此外人窃议皇太子不孝，所行不善，遂自此始。"

1702年11月，康熙南巡，皇太子胤礽随驾。到了德州，胤礽病重。康熙皇帝因此留驻，召索额图来德州侍疾。后来胤礽久病不愈，康熙决定先回京，留胤礽在德州调养。结果胤礽在德州一月有余，与索额图朝夕相处、亲密无间，此后为恶日甚一日。

据《清圣祖实录》记载，康熙对索额图助太子为虐的所作所为早已留心，而事态之严重，使他不得不对索额图采取断然处置。

1703年6月，康熙皇帝传谕索额图："尔任大学士时，因贪恶革退，后朕复起用，尔并不思念朕恩。即若养犬，尚知主恩，若尔者，极力加恩亦属无益。朕差人搜与尔行走之江潢家，得书字甚多。朕亦欲差人到尔家搜看，但被尔牵连之人甚多，举国俱不得安，所以中止。朕若不先发，尔必发之，朕亦熟思之矣。朕将尔行事指出一端，就可在此正法。尚念尔原系大臣，朕不忍心，但若著尔闲住，又恐结党生事，背后怨尤议论，着交宗人府与根度一处拘禁，不可疏放。"

随后，康熙皇帝断然下令将索额图逮捕，交宗人府监禁。1703年8月，索额图于禁所被处死。

皇太子胤礽最重要的支持者、权臣索额图被处死了，但不代表反对者们从此得势。

5．明珠集团的覆灭之谜

在反对皇太子的阵营中，最重要的大臣是明珠。他很有些来头。

努尔哈赤未发迹时，曾娶叶赫部首领金台石的女儿孟古为妻。后来，孟古给努尔哈赤生下了皇太极。金台石死后，其长子德尔格尔和次子尼雅哈先后归顺后金，隶属满洲正黄旗。

德尔格尔有三个儿子，其中第二个儿子的女儿后来嫁给了康熙皇帝为妃，即惠妃纳喇氏。纳喇氏给康熙皇帝生了皇长子胤禔。明珠则是尼雅哈的三儿子。因此论起来，惠妃纳喇氏是明珠的堂侄女，胤禔是明珠的堂外孙。

1669年，康熙皇帝在除掉鳌拜集团后，明珠因善后有方，开始飞黄腾达。1672年初，明珠任兵部尚书，在随后平三藩和统一台湾的战争中，他一直是康熙的得力助手。此外，明珠不但参与筹划抗击沙俄侵略，而且亲自与沙俄使者交涉，为签订《尼布楚条约》奠定了基础。

然而就在此时风云突变，大学士明珠的末日到了！

原因是在皇室内部矛盾中，明珠逐渐辜负了康熙的信任，不但明显地站在了皇长子胤禔一方，而且开始结党营私：与刑部尚书佛伦、大学士余国柱等互相勾结，极力排斥和打击拥护皇太子的臣工，"朝中有侍皇太子者，皆阴斥去"。

康熙察觉到了明珠的阴谋之后，立即对其集团加以打击。1688年，皇帝下令革去明珠大学士职务；1708年6月3日，明珠病死。

至此，支持皇太子胤礽和皇长子胤禔的两位权臣索额图和明珠先后受到了康熙的严厉处置。

问题在于：在他们受到处置的时候，其手下党羽是怎么想的呢？

早在1688年时，明珠就已经受到了打击，皇太子胤礽的反对党成员也受到严厉惩罚。但在随后的1703年，索额图及其党羽受到的打击却更加严厉。那么这时，胤礽的反对党成员们必然会觉得，他们的春天来了，事业更加有希望了，于是便蠢蠢欲动。

要说这些，就要先了解反对党的组成。

三、反对党的四大金刚

1. 反对党的先锋皇长子胤禔

皇太子胤礽的反对党兵多将广，声势浩大。在皇十四子胤禵以上的11位年长皇子（胤礽本人和2位早卒皇子除外）中，反太子派有7人，约占63%，他们是皇长子胤禔、皇四子胤禛、皇八子胤禩、皇九子胤禟、皇十子胤䄉、皇十三子胤祥和皇十四子胤禵。

一开始时，他们的首领是皇长子胤禔。

胤禔生于公元1672年，比胤礽大2岁，生母为惠妃纳喇氏。他"英俊、聪明""因为是康熙皇帝的长子，所以很受器重"。胤禔22岁时已娶妻生子，按例应该离开皇宫单独居住，但康熙仍然让他住在宫内，留在自己身边。

1698年，胤禔封直郡王。康熙三征噶尔丹时，胤禔是唯一一位三次随军并参与理政的皇子。这时的胤禔已具备相当大的势力，不仅在下五旗王公子弟中颇有威信，且朝廷"各处俱有大阿哥之人"。

当然，与皇太子胤礽相比，胤禔的缺陷也很明显。

一是娘家地位不高。胤禔的生母惠妃进宫初期品级很低，生育皇子后才晋升妃位。

二是过于锋芒毕露。他性格急躁鲁莽，不善于与人相处。

三是做事随心所欲。例如有一次，胤禔竟当着父皇的面，拿西方传教士徐日升开玩笑，说要剃掉其胡须，令徐日升非常尴尬，后来多亏康熙在旁打了个圆场。

上述这些缺陷，都是导致胤禔在储位之争中最早被淘汰出局的原因。

2．反对党的灵魂皇八子胤禩

胤禩能成为反对党的精神领袖，要从他的生母说起。

胤禩生于公元1681年春，生母是"辛者库"贱婢出身的良妃卫氏。所以他自幼由惠妃纳喇氏抚养长大，因此自然站在胤禔阵营反对皇太子胤礽。

胤禩的优点非常多。

第一，办事能力超强。对此就连日后雍正皇帝胤禛也说："胤禩若肯实心办事，部务皆所优为。论其才具、操守，诸大臣无出其右者""胤禩较朕诸弟，颇有办事之才""胤禩为人聪明强干，谦洁自矢，才具优裕，朕深知其能办大事"。雍正皇帝自视甚高，对胤禩也恨之入骨，他能这么评价，已经很说明问题。

第二，善于团结人。胤禩很善于团结众皇子、广大宗室王公和满汉大臣。大概是因为其生母的卑贱出身，胤禩在与人交往中较少有其余皇子的骄横之气，显得平易而务实，因此在亲贵和大臣中的口碑始终是最好的。

第三，有强大的后援。胤禩的嫡福晋郭络罗氏是安亲王岳乐的外孙女，自幼受

■ 胤禩像

到外祖父的宠爱，性格泼辣，很能当家。

第四，颇受父皇喜爱。1705 年之前，胤禵无论是在受封爵位，还是随父出征的皇子中都是最年轻的一位。1701 年起，皇帝开始在离京时让部分年长皇子留守京师协理政务，胤禵多次担此重任。

3．反对党的经济支柱皇九子胤禟

胤禟生于公元 1683 年，是年长皇子中资质相对较差的一位，康熙也从未对他委以重要政务。于是胤禟自知夺位无望，便全力支持胤禵谋取储位。他不但和权臣明珠结为姻亲，还借助这个便利赚了大量钱财，成为一方巨富。

胤禟有两个特点：一是比较爽直，重朋友义气；二是平易近人，善于结交。他曾长期任用汉人俊杰做管家，还结交供职清廷的葡萄牙传教士，与地方官也多有来往，其交际面之广可见一斑。因此胤禛继位后曾斥其"外饰淳良，内藏奸狡"。

因此，胤禟虽然不是反对派领袖，却很有能量，作用不可小觑。

4．反对党的坚定支持者、出身最为高贵的皇十子胤䄉

胤䄉只比胤禟小两个月，生母是贵妃钮祜禄氏。他的外公是康熙初年四辅臣之一的遏必隆，亲姨是康熙的第二位皇后。所以除胤礽外，无论生母品级还是外家地位，胤䄉都是众皇子中最高的一位。他之所以能在 26 岁时越过哥哥胤禵和胤禟先受封郡王，就是这个原因。

然而在储位之争中，胤䄉是胤禵、胤禟等人的坚定追随者，其本人才智很一般。康熙对他只是授以高爵，并不器重。

介绍完反对党的骨干成员，就可以说康熙皇帝为什么要废掉太子，以及皇四子胤禛为什么会最终夺取帝位了。

第十八讲

雍正继位（中）

在讲胤礽被废的时候，我们先把反对党中另外几个重要人物：皇四子胤禛、皇十三子胤祥与皇十四子胤禵放一放。只需知道胤禛一开始是反对党成员，后来及时抽身；胤祥曾经一度非常活跃，后来突然不再参与；胤禵年纪尚小，此时没他什么事儿就可以了。

事情的关键还是要回到索额图身上。

一、康熙皇帝一废胤礽皇太子称号之谜

1．康熙皇帝一废胤礽皇太子称号

公元 1703 年，索额图先是被逮捕，随后被处死。

他曾是康熙手下的第一重臣，曾追随少年皇帝智除权臣鳌拜。如果没有当年的索额图，就不会有康熙今天的成就。

所以索额图被诛杀，绝不是仅仅因为他带坏了皇太子胤礽那么简单。

实际上，是因为有人告密说索额图谋刺皇帝！这当然是故意栽赃陷害。但情急之下的康熙没经过细致调查，就迅速下令杀掉了索额图。

问题的关键就在于，胤礽没能理解父皇的一片苦心；更没有想明白索额

图如果真的行刺皇帝，对自己意味着什么。非但不理解，他还把皇帝与皇太子之间的矛盾公开化，甚至怀着一种近乎报复的心理，探听、窥伺康熙的起居行动。

■ 毓庆宫——胤礽的太子宫

1708年9月，康熙率皇太子胤礽、皇长子胤禔、皇十三子胤祥、皇十四子胤禛、皇十五子胤禑、皇十六子胤禄、皇十七子胤礼和皇十八子胤祄出塞西巡。途中，年仅7岁的胤祄意外病亡。康熙痛失爱子，悲痛不已。众皇子骤失同胞，也都十分悲戚。然而唯有胤礽若无其事，依然谈笑风生。

胤礽身为皇太子，却没有仁爱之心；身为兄长，却不怀手足之情。康熙深为气恼，对他进行指责。不料胤礽竟愤然发怒，当面顶撞父皇。

此后，康熙发觉，每当夜幕降临，胤礽总是在行宫大帐篷外探头探脑，从缝隙向内窥视。这引起康熙的高度警觉，他感到自己处在"未卜今日被鸩、明日遇害，昼夜戒慎不宁"的状态中，因此"日夜提心吊胆，坐卧不安"。

伤心已极的康熙不禁勃然大怒，认定胤礽"所行不善，难托重器"，并决意先发制人！

1708 年 10 月 17 日（农历九月初四），正在西巡途中的康熙皇帝命皇长子胤禔严密护驾，并突然将诸王和副都统以上大臣召集到行宫前，哭着宣布：废黜皇太子，并将其拘禁。事发突然，亲王和大臣们惊得目瞪口呆。

2．各个方面矛盾的激化

一石激起千层浪。

这时的康熙皇帝连续 6 个夜晚合不上眼。他在考虑新太子人选，更在思考如何防止下一个接班人再度变坏。

这时的反对党们也在苦苦思索，应该推举谁作为新的接班人，才能得到皇帝的首肯呢？

而随着前任皇太子胤礽离开权力核心，之前的反对党也迅速跳了出来。他们以皇长子胤禔为先锋、皇八子胤禩为灵魂、皇九子胤禟为经济支柱、出身最为高贵的皇十子胤䄉为坚定支持者。

暂且把这个集团叫作"八爷党"吧。

这个"八爷党"的第一招棋是怎么走的？

二、皇八子胤禩集团的失败之谜

1．画虎不成反类其犬的皇长子胤禔

"八爷党"此时决定推举皇长子胤禔作为父皇的接班人。他们觉得按照汉族政权的老规矩，既然立嫡不成，那就立长嘛。但结果却是胤禔迅速失势。

因为康熙刚做出废黜皇太子的决定，胤禔就迫不及待地跳出来想取而

代之。他急不可耐地进奏："胤礽所行卑污、大失人心……今欲诛胤礽，不必出自皇父之手。"身为兄长，居然迫不及待地要杀死自己亲弟弟！康熙听罢，惊诧不已。胤禔这一散发着血腥味的计策，深深刺激着康熙已受伤的神经。

然而此时，康熙皇帝虽在心里风起云涌，表面却十分平静。他没有叱责胤禔，一面仍令他妥善护驾和看管废太子胤礽，一面派侍卫悄悄保护胤礽，防止胤禔背地里下黑手。

但康熙知道骨肉相残的皇帝在后人心目中是什么形象。他不想亲手杀掉胤礽，背上千古骂名，最后只好当着众皇子和大臣的面宣布："朕命直郡王胤禔护朕躬，并无欲立胤禔为皇太子之意。胤禔秉性躁急愚顽，岂可立为皇太子？"

胤禔听罢父皇的政治宣判，一瓢冰水从头浇到脚，这才发觉自己先前所为完全是头脑发热，当皇太子的美梦就这样幻灭了。

随后，胤禔见自己希望已经落空，于是在权衡一番后，赶紧倒向另一个被康熙看好的皇子——胤禩。

但这样的结果是：胤禔画虎不成反"累"其犬，耽误了胤禩的大好前程。

2. 算命术士张明德之谜

胤禔夺位失败后，"八爷党"的核心人物胤禩被推上前台。

当时胤禔找到康熙说："江湖奇人张明德曾相过面，皇八子胤禩后必大贵。"康熙马上命人审讯张明德。

结果张明德交代了如下经过：他经人介绍，认识了皇八子胤禩，见到胤禩后就说："八阿哥丰神清逸，仁谊敦厚，福寿绵长，诚贵相也！""皇太子暴戾，若遇我，当刺杀之。"同时自诩有 16 个功夫过人的江湖朋友，只需招来其中一二人，就可神不知鬼不觉地搬掉胤礽的脑袋。

胤禩对张明德一语道破玄机又惊又喜。但以他的城府，自然拉下脸来，将胆大妄为的张明德斥骂一通。随后又忍不住暗自高兴，很快就把张明德的话密告给交情很深的皇九子胤禟和皇十四子胤禵。

于是康熙再审老九和老十。他们也说江湖术士张明德是胤禩请来的。

这下子康熙气坏了。正当皇帝要采取措施时，废太子胤礽一边开始还击了。

3．皇三子胤祉反戈一击

就在"八爷党"大张旗鼓行动的时候，他们似乎忘记了废太子胤礽集团仍然存在，自然不会甘心失败、要伺机反击。

首先出手的是皇三子胤祉。他之所以站在废太子一边，还要从其生母谈起。

公元 1674 年，胤礽出生后，他的生母孝诚仁皇后赫舍里氏就因为难产死去了。正在此时，康熙的另外一个妃子荣妃马佳氏生下了皇三女固伦荣宪公主，于是康熙就让马佳氏代为抚养胤礽。三年后，马佳氏又生下了胤祉。就是说，胤祉与胤礽是真正一块长大的，二人的关系非常要好。

但胤祉之前并不是废太子胤礽一党。只是他为人一向正直，对"八爷党"的做法感到愤怒，才决定一定要救自己的兄长废太子胤礽一把。

于是，胤祉一方面协助废太子胤礽认真反思自己的错误，一方面精心查找胤禩集团的漏洞。终于皇天不负有心人，胤祉查出了胤禔设计放置的"魇废皇太子之物"。

胤祉便让服侍废皇太子的下人上奏康熙皇帝说："前两天，废皇太子忽然一阵一阵变得疯疯癫癫，每天的动作非常怪异，有时候我们甚至看出他是要自杀的样子，但过一阵子他自己又明白过来了。我们告诉废皇太子他疯疯癫癫的样子时，他却很惊奇地问我们：那个时候我都做了什么举动啊？结果，我们查出了镇魇之物。此后，废皇太子的病也逐渐地好起来了，现在胤礽的精神已经完全好了，他也知道了自己从前的罪过，说自己应该受到父皇的严厉惩罚。而且他认为这些惩罚是非常合适的。"

这个时候的康熙皇帝将信将疑，于是先后两次召见胤礽，问他之前都干了些什么？结果胤礽竟然对自己之前的行为一无所知。

于是康熙得出结论："朕从前将其诸恶，皆信为实，以今观之，实为魇魅而然，无疑也。"康熙还进一步认为，从前胤礽的所作所为都是索额图暗中煽动的结果。胤礽得知后也借坡下驴，将责任全部推到索额图身上，还说："皇父谕旨，至圣至明，凡事俱我不善，人始从而陷之、杀之。若念人之仇，不改诸恶，天亦不容。今予亦不复有希冀，尔等众人，若仍望予为皇太子，断断不可。"

至此，一切似乎又回到了原点。

4. 康熙皇帝的对策

随后，康熙做了如下动作。

第一步，把八阿哥叫来臭骂一顿："你背着我到处收买人心。我告诉你，我在一天你就别想当皇太子。你下次再背着我到处收买人心，我立马就杀掉你！"这话讲得很重。

第二步，把所有皇子都找来说："我知道你们结党的事，你们想拥立老八，我还活着呢！我告诉你们，谁当皇太子是我说了算。下次再有人结党营私，一律交宗人府处理。"这简直就是给这"八爷党"当头两棍子呀！

于是"八爷党"遭受到了沉重打击，损失惨重。

由此可见，康熙对于废太子胤礽还存有一丝希望，在胤祉精心点拨下，机会被胤礽牢牢抓住了。皇帝也对以胤禩为首的一批人拉帮结派的行为非常愤怒失望，这种情绪的火苗恰好也被胤祉给点着了。

三、康熙皇帝第二次立胤礽为皇太子之谜

1. 康熙皇帝组织"民主选举"

在经过上述一番变故后，康熙认为废太子胤礽是无辜的，其不端之行为乃是皇长子胤禔诅咒所致，于是产生了复立胤礽为皇太子的想法，并对手下众臣做出一系列暗示。

当然，这时的康熙头脑中仍然存在着深深的满洲"淳朴旧制"烙印。他决定采用入关前推举新汗的传统方式——开展"民主选举"，作为复立胤礽为皇太子的首要步骤。

公元 1708 年 12 月 25 日，即废除胤礽 70 天后，康熙皇帝在畅春园召集

群臣，商议立储大事。当时参加会议的一共9人，有满有汉，其中起重要作用的是如下几位：

第一位，领侍卫内大臣阿灵阿。来自满洲镶黄旗，是清朝开国五大名臣之一的额亦都的孙子、康熙初年辅政四大臣之一的遏必隆的儿子，他两个姐姐一位做了康熙皇帝的皇后，一位做了贵妃。

第二位，内大臣鄂伦岱。来自满洲镶黄旗，是康熙的大舅佟国纲的儿子。

第三位，翰林院掌院学士揆叙。来自满洲正黄旗，是直至去世前仍然深受康熙倚信的老臣明珠的儿子。

第四位，户部尚书王鸿绪。汉族大臣，在江南地主士大夫中很有名望。

■ 皇太子宝

但康熙没有想到，他精心准备的这场"民主选举"却吹响了"八爷党"大举反扑的号角。

2．皇八子胤禩集团大举反扑

"民主选举"的结果完全出乎康熙皇帝意料之外：全体大臣竟一致保举皇八子胤禩为皇太子。

于是康熙愤怒异常，当即食言，以"八阿哥未尝更事，近又罹罪，且其母家亦甚微贱"为由，断然对众位大臣们的意见予以彻底否定。

但这些理由其实站不住脚。康熙看不上，甚至讨厌胤禩另有原因。

第一，忌妒胤禩的威信。对于胤禩在众臣中威信过高的事实，康熙皇帝自己不但不避讳，反而非常地忌妒。他曾公开说道："凡朕所宽宥者及所施恩泽处，（胤禩）俱归功于己，人皆称之，朕何为者，是又出一皇太子矣。"康熙绝不能容忍一个威信几乎已经超过自己的皇位继承人存在。因此宁肯让人心尽失的废太子胤礽重获储位。

第二，维护皇帝的权威。从各个角度衡量，深孚众望的皇八子胤禩，是相对理想的皇位继承人选。但如果胤禩被立为皇储，他本人及其举朝拥护者，也许就会对皇帝的绝对权威构成威胁。康熙出于一己之私复立废太子胤礽，才真正是置国家的前途命运于不顾，暴露出他作为帝王十分自私与虚伪的另一面。

第三，稳定混乱的人心。康熙废黜太子及诸皇子的储位之争，本已引起朝中很大震动。此时在是否复立胤礽的问题上，皇帝与大多数朝臣之间出现分歧，于是群情哗然、议论纷纷，使康熙深感不安。复立胤礽为太子也是为了稳定众臣之心。否则朝中紊乱势态将会迅速蔓延到地方，出现严重后果。

不管怎么说，废立太子一事给了大清王朝一个非常深刻的教训。康熙知道事情该收场了。

3. 皇八子胤禩集团与废太子胤礽集团较量的结局

公元 1709 年 4 月，康熙复立胤礽为皇太子，同时晋封第三、四、五子为亲王，第七、十子为郡王，第九、十二、十四子为贝勒，皇八子胤禩仍被保留贝勒爵位。

值得引人注意的是，在晋升为亲王的三人中，皇三子胤祉是在废太子胤礽最危险的时刻拉了其一把，从而维护了皇帝权威的特大功臣；皇五子胤祺则一直在旁边观看，从未参与其中，作为局外人平白无故得到了许多好处；皇四子胤禛本来是"八爷党"的成员之一，只是因为自己隐藏得好，事后又及时抽出身来，也算是在某种程度上维护了康熙的权威。

而胤禛的所作所为肯定会引起从前的朋友的不满，而这种不满早晚有一天会爆发出来，搅得大清王朝天翻地覆。但这是后话了。

此时，康熙一手挑起的废立太子的好戏只是刚刚开始而已。在这之前，还是来看看对阵的几方人马：

第一方，康熙皇帝。皇子的总体权势进一步提高，其政治地位更为巩固。康熙通过进一步重用诸皇子以牵制皇太子的意图十分明显。

第二方，皇太子胤礽集团。皇太子胤礽势力犹在，但已大伤元气。胤礽在被复立后不思悔改，依然我行我素，甚至在饮食服装陈设方面超过了父皇，且继续结党营私、网罗党羽。

第三方，皇八子胤禩集团。随着太子废而复立，皇子中的反太子派阵营出现分化。胤禔被革爵圈禁，胤祥为康熙皇帝所厌恶，未得封爵。精神领袖胤禩虽然受到康熙的严厉打击，但威望犹高，势力仍存。

第四方，皇四子胤禛集团。胤禛在废太子事件中的表现耐人寻味。他根据康熙的好恶变化不断地转变立场，尽量与胤禩等人保持距离，并在察觉康熙欲复立胤礽的意图后，多次在父皇面前为废太子保奏。当康熙将胤禛屡次保奏废太子的情况明告众皇子与大臣并对此举予以嘉赞时，胤禛却又矢口否认，从而透露出他怕因此被指责为两面派并受到孤立的心态。至于他在父皇面前为诸皇子说好话，旨在借此缓和与后者的关系，亦不失为一种高明手腕。从更有利于谋取私利的角度看，胤禛前后的表现较之其他皇子略胜一筹。所以此后十余年内，他得到了康熙皇帝的较大信任。

第五方，朝中重臣。从整体看，朝臣中反太子派及支持胤禩派的力量并未受到实质性的削弱。康熙只是对其中个别者予以一定处罚，其他人概未受到惩处。

这时，胤礽的反对派们吸取了上次的失败教训，向着更为艰难的目标——再度废掉皇太子而努力。

问题在于：皇四子胤禛为什么会在最后夺取了皇位呢？

第十九讲

雍正继位（下）

在经历了与太子的第一次较量后，反对派的实力更加壮大。大量重臣贵戚与宗室成员加入。其中比较重要的人物如阿灵阿、鄂伦岱、揆叙、王鸿绪等都成了"八爷党"成员。

公元 1709 年 12 月，多罗安郡王马尔浑去世不久，镇国公景熙状告步军统领托合齐父子于马尔浑丧期内宴会及贪婪不法等罪行，揭开了二废太子的序幕。

一、康熙皇帝二废胤礽皇太子称号之谜

1. 二废太子序幕的拉开

有必要交代一下：前一任安郡王是岳乐。岳乐的女儿嫁给了胤禩。岳乐去世之后，其长子马尔浑承袭了安郡王爵位。景熙是马尔浑的弟弟。他们一直支持胤禩是毫无疑问的。

说回景熙状告托合齐父子的案件。他指控在安郡王马尔浑丧事期间，部分满洲官员多次聚集于都统鄂善家宴饮，参加者有一二十人，除去步军统领托合齐、刑部尚书齐世武、兵部尚书耿额外，多为八旗都统、副都统等武职

人员。康熙则认为"以酒食会友，有何妨碍，此不足言，伊等所行者，不在乎此"，而是通过这种方式为皇太子"援结朋党"。

于是皇帝对此案进行了深入细致的调查，其结果是不言而喻的——康熙日益感觉到皇太子胤礽对他的威胁。皇帝与皇太子的关系日趋破裂。

2．康熙皇帝二废太子之谜

1712年10月29日，康熙在畅春园召集诸皇子宣布：皇太子胤礽复立后狂疾未除、大失人心，断非可托付祖宗宏业之人，故予拘执看守。

康熙做出二废太子的决定后，很快以礼部咨文通告各省督抚，撤取销毁皇太子册宝，各省呈奏皇太子之笺文一并停止。同年，齐世武以"诪事"皇太子胤礽罪，"命以铁钉钉其五体于壁，号呼数日而后死"。1713年，托合齐病死狱中后，也因"罪恶重大"而被挫骨扬灰，不许收葬。

毕竟是四年之内第二次废黜皇太子，人们比较平静地接受了这一事实。反太子派在第二次较量中获得重大胜利，但并没能达到其最终目的，推举皇八子胤禩取而代之。

这还是因为胤禩的过度聪明害了自己！

康熙宣布二废太子之后，在此事中做出巨大贡献的胤禩似乎是为了避免众臣再次保奏自己，便自作聪明地在皇帝前密奏问询："我今如何行走？……情愿卧床不起。"真是此地无银三百两了。

极为敏感的康熙立即予以严斥："尔不过一贝勒，何得奏此越分之语，以此试探朕躬乎？……甚是狂妄，竟不自揣伊为何等人？……以贝勒存此越分之想，探试朕躬，妄行陈奏，岂非大奸大邪乎？"

胤禩这一自取其辱之举，进一步加重康熙对他本已相当恶劣的印象。不过康熙还是将此事压制两年之久，直到毙鹰事件发生。

3．离奇古怪的毙鹰事件

公元1714年，康熙皇帝去承德避暑山庄打猎。

本来皇八子胤禩也该随同，但当时正好赶上胤禩生母两周年忌日，所以胤禩跟康熙告假，没有去承德。

康熙一行离京后第六日，胤禩派人去给父皇请安，并称将在中途等候、扈从父皇回京。然而令康熙怒不可遏的是，来人带来的所谓胤禩进呈的礼物，竟是两只奄奄殆毙的鹰。

鹰是胤禩送的，这是事实。但他肯定是想借此博取父皇欢心，而绝不会故意送上殆毙之鹰，自招重罪。那么问题在于：是谁把鹰给偷换了？这有两种可能。

可能性之一：被人调包了。这又有三种情况。

一是废太子胤礽集团的人干的。但此时胤礽还被囚禁着，所以不能是他指使的——就算有心也无力。所以或许是早就打入"八爷党"内部的人为其报仇也未可知。

二是皇四子胤禛集团干的。如果是他，那这事儿做得可谓非常隐秘。

三是旁观者干的。诸如皇三子胤祉等人也未可知。

除了被人调包外，还有另外一种可能：即鹰自身的原因。这分成两种情况。

一是这鹰在中途吃了不干净的或者带毒的东西病了。

二是在关押过程中因空气不流通而病了。

总之不管怎么说，都不会是皇八子胤禩刻意安排的，这毫无疑问。

殆毙之鹰很容易被理解为人垂老多病、行将离世。康熙看到后异常愤怒，以致"心悸几危"。这时的他情感压倒了理智，没有进行细致调查，而是立刻怒骂胤禩并公开宣布"朕与胤禩父子之恩绝矣！"

当然，胤禩得知后精神上也受到很大刺激，很快病倒了。他不愿见人，仅带上数位随从人员，"于各处潜行，并设有哨兵，见人即行躲避"，对其属下也避而不见。

而这种"诡秘"行为又进一步加重了康熙的怀疑。于是皇帝特派皇十四子胤禵前去探询，并令其将胤禩解送御前。1715年春，胤禩被停止俸银、俸米。1715年冬，其老师也受到惩处。

毙鹰事件发生后，反太子派的核心人物皇八子胤禩永远失去了被立为储君的可能性。于是"八爷党"选出了皇十四子胤禵出来继续夺位。

4．皇十四子胤祯加入皇八子胤禩集团之谜

皇十四子胤祯与皇四子胤禛是一母同胞，两人是一个妈所生，却不是一个妈养大的。

■ 抚远大将军西征图

胤禛的生母德妃乌雅氏在公元 1678 年 12 月 13 日生下皇四子胤禛时，还只是个护军参领的女儿，直到 1679 年才被册封为德嫔。1680 年，乌雅氏又生下了皇六子胤祚，加封为德妃。1688 年，她生下了皇十四子胤祯。

所以在一开始，由于乌雅氏的地位太低，康熙不想让她亲自带大胤禛，就给孩子找了个养母——领侍卫内大臣佟国维的女儿、康熙生母孝康章皇后的亲侄女、康熙的嫡亲表姐佟佳氏。她在 1689 年 8 月 23 日被册封为皇后。

而皇十四子胤祯出生时，德妃乌雅氏已经非常受宠，康熙皇帝便开始让乌雅氏自己带大胤祯。这就是为什么皇四子胤禛与皇十四子胤祯两个人虽然是同母所生，但并不亲近，也不属于同一集团的原因。

至于胤禛为什么非得要加入"八爷党"，则是因为其极受父皇宠爱。

在大清朝，皇帝的儿女在未成年时可以住在宫里最西北边的漱芳斋。女儿成年后出嫁，儿子则搬出去单住。但胤禛成婚后，康熙却继续留他在漱芳斋住着——皇宫里能有两个成年男性，这可是独一无二的恩宠。

因此胤禛常年跟在康熙身边耳濡目染，逐渐锻炼出了非凡才干。正如在胤禛出任抚远大将军后康熙皇帝对青海蒙古王公所说的那样："大将军王是我皇子，确系良将，带领大军，深知有带兵才能，故令掌生杀重任。尔等军务及巨细事项，均应谨遵大将军王指示，如能诚意奋勉，即与我当面训示无异。"

这就是皇八子胤禩集团在遭遇失败后推举胤禛出来争位的原因。皇九子胤禟对此评论说："胤禛聪明绝世、才德双全，我弟兄们皆不如。"

而胤禛也不是被"八爷党"单方面拉下了水，他也在寻找力量为己所用，最终达到顺利登基的目的。于是双方一拍即合。所以从这个角度说，胤禛不是没有结党营私，而是行为更加隐秘。

但康熙皇帝知道：最有能力当抚远大将军王的人，不见得是最有能力当皇帝的人。1721年，胤禛率军取得西北战事胜利后，到北京来向康熙报捷。当时所有朝臣和皇子都觉得胤禛的皇位继承人位置是稳中又稳了。不料康熙却把胤禛撵回了西北！

显然，他不希望胤禛当皇帝。

这其实是因为康熙知道胤禛还有很多短处。比如喜怒形于色，这点跟其同胞哥哥皇四子胤禛形成了鲜明对比。太容易被人猜出心思的人，不适合当皇帝。

话到这里可以看出，皇八子胤禩集团实际上已经完全没有人选了。

5. 皇八子胤禩集团失败的原因

皇八子胤禩集团最终失败，主要有两个方面的原因。

第一，过早暴露目标和实力。今天的故宫博物院内保留着一幅不伦不类的《胤禛行乐图册·刺虎》，不知他是不是在效法"卞庄刺虎"的故事。讲的是两只老虎在吃一头牛，春秋时鲁国大夫卞庄见了想去杀老虎，却被童仆拦住了，童仆劝他说："两只老虎分食一头牛，一定会争斗起来，你大可以等它们两败俱伤的时候再动手嘛！"卞庄觉得有理，便耐心等着。果不其然，两只老虎一死一伤，他不费吹灰之力就得到了两只老虎。

这幅画的寓意很明显：你们打啊，你们给我好好地打。等你们打完了之后，我再收拾你们！

第二，不知道真正的对手是谁。常言道"知己知彼，百战不殆"，"八爷党"斗了半天，都不知道对手到底是谁。直到最后才看出原来皇四子胤禛才是真正的劲敌。这要赢得了才怪呢。

所以持续了20年的皇八子胤禩集团，最终走向了灭亡。

二、康熙皇帝的去世和雍正皇帝的继位

1. 康熙皇帝的去世

公元1722年冬，康熙皇帝在畅春园病重，隆科多奉命于御榻前侍疾。康熙临死前正在静养斋戒，王公大臣一律不见。1722年12月20日（农历十一月十三日），康熙在寝宫里突然驾崩。

这个时候，大清王朝的权力落到了隆科多手里。

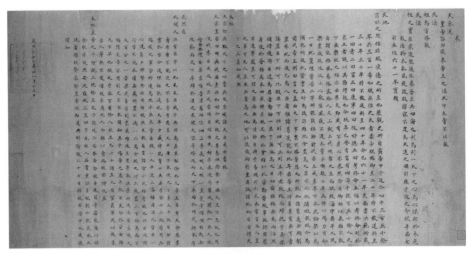

■ 康熙遗诏

2. 隆科多的崛起

隆科多的祖父佟图赖入关后多次出征山东、山西、河南、湖广等地，军

功卓著，历任定南将军、礼部侍郎，晋爵至三等子，死后又特赠一等公。佟图赖的女儿、隆科多的姑姑是顺治皇帝孝康章皇后，即康熙皇帝的生母。隆科多的父亲佟国维的两个女儿都嫁给了康熙皇帝，分别成为皇后和贵妃。

这么算下来，佟国维既是康熙皇帝的舅舅，也是其岳父。"父以女贵"，地位自然尊崇。他又曾三次跟随康熙亲征噶尔丹，立功颇多、仕途畅达，历任侍卫、内大臣、领侍卫内大臣，晋爵一等公。

此外，佟氏家族还有多人官至高位，时有"佟半朝"之称。隆科多生在这样的家庭，注定了他一生位居极品，成为康熙、雍正两朝的关键人物。

因其祖父和父亲的缘故，隆科多与康熙也有着双重亲戚关系，既是其表弟，也是其内弟。他的生年和幼时经历已经不可考。1688年，隆科多登上历史舞台，担任康熙的一等侍卫，不久被提拔为銮仪使兼正蓝旗蒙古副都统。1711年，隆科多任步军统领，负责京城防卫和治安，并统率八旗步军及巡捕营将弁，权责重大。这一职务历来由皇帝特简满洲亲信大臣兼任，由此可见其受宠信程度。

3．康熙皇帝去世之后隆科多可有的三个选择

公元1722年冬，康熙皇帝驾崩。历史将隆科多推到了政治舞台中心。

当时在园内的皇子、后妃以及很多重要大臣都被挡在了皇帝寝宫外，康熙几乎是在与外界隔绝的情况下突然死去的。死前没有宣布继承人。

最先得知康熙驾崩消息的一定是率军护卫皇帝的隆科多。此时康熙身边没有哪个人敢越过他去通知皇子和亲贵大臣，于是天赐良机就握在他的手上：将皇帝猝死的消息首先通知哪位皇子，哪位皇子就可能抓住这一转瞬即逝的机会，假造传位遗诏登上皇位，而他就能以重兵拥戴之功得宠于新朝。

隆科多有三个选择：皇十四子胤祯、皇八子胤禩，以及一直不起眼的皇四子胤禛。

4．隆科多选择皇四子胤禛之谜

隆科多之所以选择皇四子胤禛，除了被其竭力拉拢外，还有两个原因。

第一，跟胤禛幼年经历有关系。胤禛幼年时曾由孝懿仁皇后抚养。这位

孝懿仁皇后恰恰是隆科多的姐姐。由于这层关系，隆科多就很容易亲近胤禛。

第二，由于皇八子胤禩、皇十四子胤禵的支持者很多，权位在隆科多之上者大有人在。那即使他拥立这两人，也很难取得首屈一指的地位。而皇四子胤禛集团的显赫官僚不多，一旦拥立成功，则隆科多必出类拔萃。

隆科多最后成功了。雍正皇帝对他极为尊崇，亲口称他"舅舅隆科多"，赞为"当代第一超群拔类之希有大臣"，并给他及其儿子加官晋爵。

然而，隆科多选择的新主子雍正皇帝是中国历史上较为猜忌多疑的皇帝，善于耍两面派，性格强硬、心胸狭隘、喜怒不定。在这样的主子下过活，廉洁慎重自守尚且不易，何况居功自傲？果然不到两年，隆科多与雍正皇帝的蜜月期就到头了。

■ 胤禛行乐图

第二十讲

雍正治国

一、雍正皇帝巩固皇权的措施

1. "杀人灭口"害兄弟

雍正皇帝继位后就面临着兄弟们的不满和挑战。当时年满 20 岁的皇子共有 14 人：雍正的大哥允褆、二哥允礽、三哥允祉、五弟允祺、七弟允祐、八弟允禩、九弟允禟、十弟允䄉、十二弟允裪、十三弟允祥、十四弟允禵、十五弟允禑、十六弟允禄和十七弟允礼。

雍正皇帝会如何对付他的这些兄弟呢？

大哥允褆，早已被康熙夺爵幽禁。雍正继位后继续严加看守。雍正十二年（公元 1734 年）病死，按贝子礼节下葬。

■ 允禵像

二哥允礽，被先帝康熙禁锢。雍正虽封其为理郡王，但又将他移居山西幽禁。雍正二年死去。

三哥允祉，以其"与太子素亲睦"为由，命"允祉守护景陵"，允祉心中不快，私下里发了些牢骚，被雍正得知后夺爵幽禁。雍正十年去世。

五弟允祺，先帝时被封为恒亲王。他没有参与结党争储，但雍正仍借故削掉其儿子的封爵。雍正十年去世。

七弟允祐，雍正八年去世。

八弟允禩，是雍正兄弟中最优秀、最有才干的一位。雍正继位后视他及其党羽为眼中钉、肉中刺。允禩心里也明白，常快快不快。雍正为对付他，耍了个两面派手法，先封其为亲王。随后其福晋对来祝贺者说："何贺为？虑不免首领耳！"这话被雍正逮住大做文章，先命人将福晋赶回娘家，不久借故命允禩在太庙前跪一昼夜，后削其王爵，高墙圈禁，改其名为"阿其那"。雍正四年，允禩受尽折磨，终被害死。

九弟允禟，因同允禩结党，也为雍正所不容。允禟心里明白，表示"我行将出家离世"！雍正不许，后借故将允禟革去黄带子、削宗籍，逮捕囚禁，改其名为"塞思黑"。不久再给允禟定28条罪状，送往保定加以械锁。雍正四年，允禟在狱所备受折磨，以"腹疾卒于幽所"，传说是被毒死的。

十弟允䄉，因党附允禩，为雍正所恨。雍正元年，哲布尊丹巴胡图克图来京病故，送灵龛还喀尔喀，雍正命允䄉赏印册赐奠。允䄉称有病不能前行，命其居住在张家口不得还京。同年借故将其夺爵，逮回京师拘禁。直到乾隆二年（1737年）才开释，后病死。

十二弟允祹，没有结党谋位。雍正继位后封其为履郡王，不久借故将其降为"在固山贝子上行走"，后再降为镇国公。乾隆继位后被晋封为履亲王，乾隆二十八年去世，享年78岁。

十四弟允禵，虽与雍正一母同胞，但因他党同允禩，又传闻康熙皇帝临终前命传位"胤禎"而被雍正篡改为"胤禛"，所以二人成了不共戴天的冤家兄弟。雍正继位后，先是不许其进城吊丧，后又命其看守先帝景陵，最后将其父子禁锢于景山。乾隆皇帝继位后将其开释。

十五弟允祹，雍正命其守景陵。

境遇比较好的有三人：十三弟允祥、十六弟允禄和十七弟允礼。

允祥，曾被康熙幽禁，原因不详。雍正继位后，即封胤祥为怡亲王，格外信用。

允禄，过继给庄亲王为后，袭封庄亲王。

允礼，雍正继位后封果郡王，后晋为亲王。先掌管理藩院事，继任宗人府宗令、管户部。

由此可见，允祥和允礼早已加入胤禛集团，只是康熙在世时藏得很好，没有暴露。

既然雍正没有兄弟帮忙，那这江山由谁来打理呢？

2．年羹尧之死

雍正皇帝刚登基时，对隆科多非常信任，在许多事情上都咨询他的意见，一派君臣和睦相协、同舟共济的景象。

与此同时，大将年羹尧也是立下了汗马功劳的。

年羹尧，字亮工，号双峰，生年不详。他公元 1700 年中进士，1718 年任四川总督，1721 年升川陕总督。1721 年秋，青海郭罗克地方发生叛乱，年羹尧采取正面进攻和"以番攻番"双管齐下之计迅速平定叛乱。

1722 年冬，雍正皇帝刚继位一年，陷入内外交困。内有不少质疑他皇位得之不正的声音；外有西北地区罗卜藏丹津叛乱。在这种万分危急的情况下，雍正命年羹尧接任抚远大将军，坐镇西宁指挥平叛。

1723 年初，年羹尧下令诸将"分道深入，捣其巢穴"。大军顶风冒雪、昼夜兼进，横扫敌军残部。叛军魂飞胆丧，毫无抵抗之力，立时土崩瓦解。罗卜藏丹津仅率 200 余人仓皇出逃，投奔策妄阿拉布坦，其母和人畜部众全数被俘。

这一战历时仅 15 天便大获全胜。年羹尧"年大将军"威名从此震慑边陲、享誉朝野。雍正的皇权也因此稳固。

此后，年羹尧和隆科多并称雍正的左膀右臂。然而年羹尧很瞧不上隆科多，认为其无非是凭借皇帝"舅舅"的身份上位，能力实则普通。

雍正得知后，不愿二人闹僵，竭力表明隆科多对年羹尧的尊重。他说："舅舅隆科多说有些事必须要等你进京一起商量。"又说，"以前也不知道隆科多的才能，后来才明白他真正是先帝的忠臣、朕的功臣和国家的良臣，真正是当代第一超群拔类之希有大臣。"接着自作主张，把年羹尧的长子过继给隆科多为子，以此弥合二人关系。

雍正对年羹尧的宠信到了无以复加的地步，曾晓谕臣民："不但朕心倚眷嘉奖（年羹尧），朕世世子孙及天下臣民当共倾心感悦。若稍有负心，便非朕之子孙也；稍有异心，便非我朝臣民也。"并对年羹尧说："朕不为出色的皇帝，不能酬赏尔之待朕；尔不为超群之大臣，不能答应朕之知遇……在念做千古榜样人物也。"

此时的年羹尧则志得意满，完全处于一种被"捧杀"的状态，进而做出许多逾矩之事，招致雍正的警觉和忌恨，最终家破人亡。

导火线在 1724 年（雍正二年）冬，年羹尧第二次进京觐见。在赴京途中，他令都统范时捷、直隶总督李维钧等跪道迎送；到京时黄缰紫骝，郊迎的王公以下官员跪接，年羹尧安然坐在马上行过，看都不看一眼；王公大臣下马向他问候，他也只是点点头而已；更有甚者，他在雍正皇帝面前，态度竟也十分骄横，"无人臣礼"；年羹尧进京不久，雍正皇帝奖赏军功，京中传言这是接受了年羹尧的请求。这些事大大刺伤了雍正皇帝的自尊心。

年羹尧结束觐见回任后，雍正便下旨劝他："凡人臣图功易，成功难；成功易，守功难；守功易，终功难……若倚功造过，必致反恩为仇，此从来人情常有者。"

此后，雍正便一改过去嘉奖称赞的调子，转为警告口吻。年羹尧的处境也随之急转直下。

雍正对年羹尧的惩处是分步逐渐进行的。

第一步是在 1724 年冬，在年羹尧觐见离京后下旨劝诫。

第二步是给有关官员打招呼。对雍正的亲信，要求他们与年羹尧划清界限，揭发其劣迹，以求保全自身；对年羹尧不喜欢的人，告知皇帝的意图，让他们站稳立场；对和年羹尧关系一般的人，让他们提高警惕、刻意疏远，不要站错了队。这就为公开处置年羹尧做好了准备。

第三步是把矛头直接指向年羹尧，将其调离西安。

1725年，雍正开始公开表达对年羹尧的不满。这年春，出现了"日月合璧，五星连珠"的祥瑞，群臣上表称贺。年羹尧也上贺表，但表中字迹潦草，又一时疏忽把"朝乾夕惕"误写为"夕惕朝乾"。

雍正立刻借题发挥，说年羹尧本不是办事粗心的人，这次定是"故意不把朝乾夕惕四字归之于朕耳""既自恃己功，显露不敬之意……则青海之功，亦在朕许与不许之间"。

接着，雍正更换了四川和陕西的官员，先将年羹尧的亲信、甘肃巡抚胡期恒革职，署理四川提督纳泰调回京，使其党羽不能作乱。四月，解除年羹尧川陕总督之职，收回抚远大将军印，调任杭州将军。年羹尧到杭州后再将其一贬到底，革职为民。

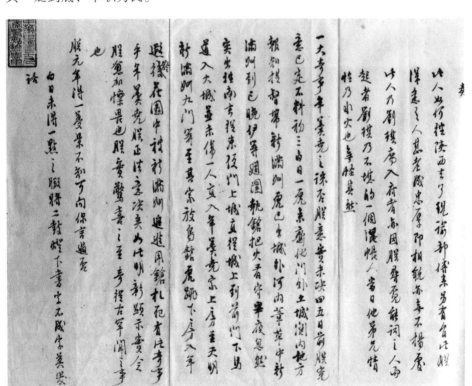

■ 雍正朱批奏折，其中有"年羹尧，朕正法意决矣"之句。

在年羹尧调职后，内外官员便更加看清形势，纷纷揭发其罪状。雍正"俯从群臣所请"，于当年秋捕拿年羹尧进京会审。1725 年初，朝廷议政大臣给年羹尧开列 92 款大罪，请求立正典刑。雍正说：这 92 款中应服极刑及立斩的就有 30 多款，但念及年羹尧功勋卓著，如加以刑诛，恐天下人心不服，故开恩赐其狱中自裁。

年羹尧死了，隆科多的结局又如何呢？

3．隆科多之死

这时的隆科多常把自己比作诸葛亮，称"白帝城受命之日，即是死期已至之时"，又称康熙皇帝驾崩时他曾身带匕首以防不测，还自夸步军统领权力很大，一声令下就可聚集两万兵马。

这些话多少暴露了拥立雍正的真相，自然为皇帝所忌讳。臣子有功可以恩赏，但自己表功要挟就不行。隆科多选择了雍正是觉得他软弱可欺，但事实证明他大错特错。公元 1725 年下半年，雍正开始对隆科多有所责难，并开始有步骤地打击了。

当然，隆科多也知道雍正疑忌他，想给自己留个退路，于是在 1725 年底主动提出辞去步军统领一职。这正中雍正皇帝下怀。他准奏后又开始公开打击隆科多。

1727 年夏，隆科多等人被派往边境，代表清廷与沙俄商谈边境问题。隆科多恪尽职守，详尽调查，坚决要求俄国归还侵占的大片土地。他此举也许有讨好皇帝的意思，但维护国家民族利益的行为应该被肯定。可惜雍正已经完全不信任隆科多，反倒因为其他问题将其逮捕回京受审。1727 年 8 月，隆科多被逮捕回京后，其他谈判代表不再坚持强硬立场，对俄国做了许多让步，当中俄签订《布连斯奇条约》时，俄方认为他们之所以能够获得成功，"隆科多被召回"是原因之一。

而此时隆科多已经身陷囹圄，被冠以 41 项大罪，定为死刑。雍正为避免落下滥杀功臣的口实，将隆科多改判圈禁。圈禁隆科多的地点选在畅春园，颇富意味：他位极人臣以此始，身败名裂以此终。

一年后，"舅舅"疯疯癫癫死于禁所。

4．储位之争的余波——《大义觉迷录》之谜

雍正的皇位是正取，还是谋篡？从他登基至今的300余年来，既为学界所激烈争议，也为文艺作品所火爆炒作。

■《大义觉迷录》记载康熙谕旨："皇四子人品贵重，深肖朕躬，必能克承大统，著继朕即皇帝位。"

然历史是胜利者的记录，正史不会，也不可能会对胤禛即位做出负面记载。康熙皇帝生前没有立下传位遗诏，自然也就不会留下一鳞半爪暗示接班人的文献。但"篡位"的传闻从康熙驾崩到雍正继位，一直没有中断过。雍正为此亲撰上谕驳斥，编纂《大义觉迷录》一书，想为自己洗刷不白。

雍正在《大义觉迷录》中围绕"谋父""逼母""弑兄""屠弟""贪财""好杀""酗酒""淫色""好谀""任佞"等10项大罪进行了自辩，并颁行天下。然而事与愿违、越描越黑，反而留下许多生动而曲折的桥段。

二、雍正皇帝治理国家的措施

康熙晚年，诸皇子争夺皇位，导致了许多矛盾：朝廷内外党派林立，钩心斗角；官场腐败，贪贿成风；苛捐杂税，民不聊生；民变迭起，揭竿而起者每每上千乃至数万人；准噶尔蒙古在西北边疆的分裂活动日益猖獗；沙俄在北方一直虎视眈眈……雍正为了改变这些不利的局面，做了大量工作。

1. 惩贪

雍正在继位伊始就宣布：凡康熙宽宥者，他都决不宽恕。当时内阁依前朝惯例拟呈"恩诏"，开列官员亏空，请求新君恩免。雍正则认为这些亏空不是受上级勒索便是个人贪污，"既亏国币，复累民生"，决不能姑容。因此他明谕予以严厉清查，三年之内务期如数补足，否则从重治罪。再有亏空，则决不宽贷。雍正又专设会考府，主持清查退赔，明谕首席大臣允祥："尔若不能清查，朕必另遣大臣；若大臣再不能查，朕必亲自查出。"他说到做到，即使对王公贵族、高级官员也决不姑息迁就。

■ 雍正帝朝服像

公元 1723 年，被查处的地方官即达数百之多；1724 年，"浙闽属吏已劾多员，若再题参恐至无人办事"，湖南一省"参劾已大半"，直隶一省官员原任者已寥寥无几；1725 年后，雍正仍不放手。实际上终雍正一朝，对贪腐的惩处越来越严。

2. 养廉

在严惩贪黩的同时，雍正还提火耗、设养廉，以此预防腐败。

一直以来，地方州县征收火耗随心所欲、没有定额，有的抽正税一两，耗羡达五六钱，百姓负担甚重。雍正实行"耗羡归公"，将其变为法定、固定税款，由地方督抚统一管理。所得款项除用于衙门办公外，都作为"养廉银"，大幅度提高官吏俸禄。

这样既减轻了百姓负担，又能保证推行廉政。故雍正说："自行此法以来，吏治稍得澄清，闾阎咸免扰累。"

3. 设军机处

明代内阁权力过重，屡出权相。雍正即位后创立军机处，作为皇帝的秘书班子出主意、写文件、理政务，"军国大计，罔不总揽"，进一步促进大权集于己身。

军机处处理政事迅速而机密，军机大臣直接与各地、各部打交道，了解地方情形，传达皇帝旨意。此机构存在 180 余年直至清末。

4. 密折专奏

以前朝廷的官办文书批转手续繁复，且经手多人，时间拖延且难于保密。奏折则直接呈送皇帝本人。

雍正扩大了有权向皇帝上奏折的人数，不同身份的官吏可以及时反映情况、报告政务，使皇帝能够洞察下情，也使官员们可以相互监督。

雍正 45 岁登基，每夜批奏折常至深夜。现存朱批奏折约 35000 件，蝇头小楷批语常有数百言。

5. 摊丁入亩

中国自古就有人丁税，成年男子不论贫富均须缴纳。雍正取消了人头税，将其摊入地亩，按田亩多少定纳税数目。地多者多纳，地少者少纳，无地者不纳。这项措施有利于贫民而不利于地主，是我国财政赋税史上的一项重大改革。

6. 改土归流

一直以来，我国西南及其他一些少数民族聚居地区都实行土司制度，其职务为世袭，仅名义上接受清朝册封。土司们生杀予夺、骄恣专擅，严重妨碍了国家统一和地区发展。

雍正即位后，废除了云南、贵州、广西、四川、湖南各地的许多土司，改成和全国一致的州县制度，史称"改土归流"。其间许多土司武装反抗，雍正则坚决派兵平定。在战争中虽然也累及一些无辜，但从长远来看，打击和限制了地方割据与特权，有利于民族地区政治稳定和经济文化发展。

此外，雍正皇帝还有许多值得称道的政绩，如解放贱民、始派驻藏大臣等，为统一多民族国家的巩固与发展做出了贡献。

三、雍正皇帝之死

公元 1735 年 10 月 3 日（农历八月十八日），时年 58 岁的雍正皇帝在圆明园与大臣议事；10 月 5 日召见了几位地方官员；10 月 6 日照常办公；10 月 7 日突然得病，当晚急召重臣入寝宫，宣布传位给皇子弘历；10 月 8 日，雍正皇帝驾崩。

■ 雍正"为君难"玺

关于雍正的死，野史盛传是被吕四娘谋刺。此说法不足为信。有人认为他是患了中风而死的，但也缺少根据。

笔者则认为：雍正皇帝是吃丹药而死的。

雍正在做皇子的时候就对丹药产生了兴趣，即位后更是对炼丹一发而不可收拾。1730 年末，在圆明园东南角的秀清村，内务府总管海望和太医院院使刘胜芳主持操办，先后运入 4000 余斤木柴、煤炭和其余矿银等物，开始为皇帝炼丹，这一炼就是数年，日夜不息。

雍正皇帝常年服食丹药，有毒成分在体内长期积累，最终发作导致暴亡，这是极有可能的。

第二十一讲

乾隆皇帝身世谜案

雍正皇帝驾崩后，他的儿子爱新觉罗·弘历即位，史称乾隆皇帝。

关于乾隆的身世，历史上有很多说法。它实际上是由两个完全不同的谜案构成：一个是他的出生地谜案；另一个是生母谜案。

一、乾隆皇帝的出生地点谜案

1. 乾隆皇帝的两个出生地点

对一个普通百姓来说，出生在什么地方可能只有其家庭在乎，但对国家民族来说无所谓。然而皇帝却不同，他"出身名门"或"出身微贱"，会直接影响到皇位与基业。

甚至如果乾隆皇帝的生母是汉人，那就是一个更加复杂的政治问题。

因此，出生地谜案实际上是生母谜案的序曲。

关于乾隆皇帝的出生地，历史上一共有两个：第一个是他自己的说法，在雍和宫东厢房；第二个是承德避暑山庄狮子园。

先来介绍雍和宫。

2．雍和宫说的诞生

雍和宫原本不叫这个名字。在康熙时期，那里是皇四子雍亲王的府邸。乾隆皇帝即位后，把父皇的画像供奉在内，派喇嘛每天诵经，后来改名雍和宫。

■ 雍和宫法论殿旧影

乾隆曾多次以诗或诗注的形式，表明自己出生在雍和宫。其中最主要有六次。

第一，公元1778年新春，67岁的乾隆在《新正诣雍和宫礼佛即景志感》诗中，有"到斯每忆我生初"之句。

第二，1779年新春，乾隆又一次在《新正雍和宫瞻礼》诗中说："斋阁东厢胥熟路，忆亲唯念我初生。"不仅认定自己诞生在雍和宫，还指出了更加具体的地点——东厢房。

第三，1780年新春，乾隆到雍和宫礼佛时说作诗："十二初龄才离此，讶今瞥眼七旬人。"并作注释："康熙六十一年始蒙皇祖养育宫中，雍正年间遂永居宫内。"

第四，1782年2月，为《人日雍和宫瞻礼》诗作注："余实康熙辛卯生于是宫也。"

第五，1785年2月，他到雍和宫瞻仰礼拜后作诗："首岁跃龙邸，年年礼必行。故宫开失荡，净域本光明。书室聊成憩，经编无暇横。来瞻值人日，吾亦念初生。"可见，乾隆念念不忘正月初七生在这里。

第六，1789年2月1日（农历正月初七），作《新正雍和宫瞻礼》诗："岂期莅政忽焉老，尚忆生初于是孩。"并作注释："予以康熙辛卯生于是宫，至十二岁始蒙皇祖养育宫中。"

由此可见，乾隆一向认定自己出生在雍和宫。这大概是因为他晚年听到了一些对自己出生地的流言蜚语，便作诗辟谣。

既然有当事人亲自认定，雍和宫东厢房应该成为定论了。那怎么会又出现承德避暑山庄狮子园的说法呢？

3．承德避暑山庄狮子园说的诞生

乾隆皇帝出生在承德避暑山庄狮子园的说法最早是由管世铭提出的。

他是乾隆的近臣，曾多次随皇帝去避暑山庄和木兰秋狝，写下《扈跸秋狝纪事三十四首》。

其中第四首诗是："庆善祥开华渚虹，降生犹忆旧时宫。年年讳日行香去，狮子园边感圣衷。"诗后有注释说："狮子园为皇上降生之地，常于宪庙忌辰临驻。"

狮子园是承德避暑山庄外的一座园林，因其背后有一座形状像狮子的山峰而得名。当初康熙皇帝到热河避暑时，皇四子——即后来的雍正皇帝经常随驾前往，一家人住在此园中。所以当时以管世铭为代表的部分大臣便认定乾隆诞生于此。

如果单凭管世铭的一首诗，可能"孤证不立"，但如果乾隆的儿子、后来的嘉庆皇帝也这么说的话，事情就完全不一样了。

4．承德避暑山庄狮子园说的佐证

嘉庆元年（公元1796年）8月12日，乾隆太上皇到避暑山庄庆祝自己86岁大寿，嘉庆皇帝随侍并写下《万万寿节率王公大臣行庆贺礼恭纪》诗庆贺。诗中写道："肇建山庄辛卯年，寿同无量庆因缘。"并注释说："康熙辛卯肇建山庄，皇父以是年诞生都福之庭。"

■ 承德避暑山庄丽正门

但"都福之庭"也可能是泛指，毕竟没直接写"避暑山庄"嘛。

于是次年，乾隆又到避暑山庄过生日，嘉庆皇帝再次作《万万寿节率王公大臣等行庆贺礼恭纪》诗祝寿，并在诗文注释中写道："敬惟皇父以辛卯岁，诞生于山庄都福之庭。"这次明白无误地写明"山庄"了。

问题在于：嘉庆是否知道他的说法与父皇不一样呢？

答案是后来才知道。

起因是清朝每位皇帝登极后，都要为先帝纂修《实录》和《圣训》，记载其一生经历、言行和功业。结果嘉庆十年（公元 1805 年），皇帝命朝臣编修乾隆《实录》《圣训》，在审阅样稿时，才发现里面都把乾隆的出生地写作雍和宫。于是嘉庆命编修大臣进行认真核查。大臣们把乾隆皇帝当年写的诗找出来，凡是他自己说出生在雍和宫的地方都夹上黄签，呈送给嘉庆审阅。

嘉庆看后才感到问题十分严重，立刻果断放弃了避暑山庄狮子园的说法，在所有文献里正式改为："康熙五十年辛卯八月十三日子时，诞上于雍和宫邸。"

■ 雍正寿山石"狮子园"印

岂料麻烦还在后头。

5. 一波三折的两种说法

嘉庆二十五年（公元1820年）夏，嘉庆皇帝突然在避暑山庄驾崩。结果大臣们在撰写皇帝遗诏时，又用了乾隆皇帝生于避暑山庄狮子园的说法。

新继位的道光皇帝发现问题后，立即命人600里加急，将已经发往琉球、越南、缅甸等藩属国的遗诏追回，牵强地解释说：是乾隆皇帝的画像挂在了避暑山庄，不是人生在那里。

后来，道光又不得不把他父皇嘉庆当年的诗及注都改了过来。

可他大概忘了，嘉庆皇帝的诗早已公开流行天下，这样大张旗鼓地修改，只会让人觉得欲盖弥彰。人们拿着没改过的嘉庆诗集一对照，便愈加对乾隆皇帝的出生地点疑窦丛生。

于是这事至今没有定论，成了历史疑案。

紧随出生地谜案而来的，就是乾隆生母谜案。

二、乾隆皇帝的生母谜案

1. 乾隆皇帝生母的几种不同说法

乾隆皇帝的生母，正史记载为"原任四品典仪官、加封一等承恩公凌柱之女"；野史中则有热河宫女李金桂、内务府包衣女子、"傻大姐"、"村姑"、海宁陈夫人等多种说法。皇帝的生母存疑，这在清朝十二帝中是仅有的，在中国历史上也是罕见的。

公元1711年9月8日，康熙皇帝从北京去避暑山庄，同年11月2日返回北京。其间，乾隆的父亲、当时的雍亲王胤禛在9月8日赴热河向康熙请安，9月25日（农历八月十三日），乾隆皇帝出生。这中间只有17天。如果乾隆在避暑山庄出生，那么他母亲在临产前大腹便便、行动不便，怎么会到避暑山庄去呢？

这个疑点正史上没有记载和分析，野史传说倒是有多种说法。

2. 乾隆皇帝生母的第一种传说（浙江海宁大学士陈世倌夫人）考证

第一种传说，乾隆皇帝生母是浙江海宁大学士陈世倌的夫人。

■ 海宁陈氏安澜园遗址

陈世倌，人称陈阁老，在康熙年间入朝为官，传其与雍亲王一家常有来往。今天陈家旧宅还保存一块九龙匾，据说就是雍正皇帝亲笔书写的。

有故事说：当年雍亲王福晋和陈阁老夫人同时生产，雍亲王就让陈家把孩子抱入王府看看。陈世倌的小孩抱进雍亲王府时是儿子，哪知抱出来的却是女儿。陈世倌知道是雍亲王调的包，大骇之下，一句都不敢泄露出去。那换入宫中的男孩，就是后来的乾隆皇帝。

为此还有故事对此附会说：乾隆皇帝六下江南，就是为了探望自己亲生父母。他有四次住在陈阁老家的安澜园，就是与父母相聚。

对这个说法，笔者专门引用近代著名清史专家、北京大学历史系教授孟森先生的著作《海宁陈家》的考证予以反驳。

第一，乾隆皇帝第一次（公元1751年）、第二次（公元1757年）南巡都没有到海宁。第三次（公元1762年）到海宁的时候，陈世倌已去世4年。可见乾隆下江南为了看望他的生身父母一说纯粹是捕风捉影。

第二，陈家园子原来叫"隅园"，因位于城内一隅而得名。乾隆皇帝第四次（公元1765年）南巡住在此园，是与浙江海塘工程有关，所以将其改名为"安澜园"。

第三，关于"调包"的故事，清朝中期就有传说。先说康熙皇帝出自陈家，后来这个传说不攻自破，就又移花接木，安在乾隆皇帝的头上。

事实上，乾隆出生时，雍正皇帝的长子、次子虽已早夭，但第三子已经8岁，另一个妃子又即将临产。且这时雍正皇帝才34岁，正当壮年，他怎么会在已经有一个8岁儿子的情况下，急急忙忙、偷偷摸摸地用自己的女儿去换别人家的儿子？这从情理上也是说不通的。

退一步说，当时雍亲王都不知道自己将来能否登上皇位，又怎么会知道陈家儿子是有大福之人呢？

3. 乾隆皇帝生母的第二种传说（侍女钮祜禄氏）考证

乾隆皇帝是侍女钮祜禄氏所生的这一说法出自王闿运。

他在《湘绮楼文集》中提到：钮祜禄氏"始在母家，居承德城中，家贫无奴婢，六七岁时父母遣诣市买浆酒粟面，所至店肆大售，市人敬异焉。十三岁时入京师，值中外姐妹当选入宫……孝圣容体端颀中选，分皇子邸，得在雍府"。后来雍亲王生病，此女日夜服侍。数月雍亲王病愈，她怀孕生下了弘历。

然而事实上，清朝选秀女制度是非常严格的。清宫门卫制度更是森严，根本没可能让承德地方一个女子混进皇宫并入选秀女。

4．乾隆皇帝生母的第三种传说（热河宫女李金桂）考证

乾隆皇帝出生的第三种传说出自热河都统幕僚冒鹤亭。

后经众人附会，故事变成了这样：雍正皇帝还是亲王时，一年秋天在热河打猎，射中一只梅花鹿，便喝了鹿血。鹿血壮阳，雍亲王喝后躁急，身边又没有王妃，就随便拉上山庄内一位很丑的汉族宫女李金桂幸之。第二年，康熙皇帝父子又到山庄，听说这个李家女子怀上了"龙种"，就要临产。康熙皇帝发怒，追问："种玉者何人？"雍亲王承认是自己做的事。康熙皇帝怕家丑外扬，就派人把她带到草棚。丑女在草棚里生下一个男孩，就是后来的乾隆。

尽管这个传说流传很广、情节生动，影响也很大，但这毕竟是野史，没有证据。

5．乾隆皇帝生母的第四种传说（"傻大姐"）考证

乾隆皇帝出生的第四种传说，是民国时期国务总理熊希龄从"老宫役"口中听得的故事，并对胡适之转述："乾隆帝之生母为南方人，诨名'傻大姐'，随其家人到热河营生。"这个说法后来被记在《胡适之日记》中，流传甚广。

但一看其来源，就知道纯粹是瞎说。

三、乾隆身世大揭秘

1．熹妃到底是谁

但关于乾隆皇帝生母的记载确实有问题。

《永宪录》卷二记载："雍正元年十二月二十二日（公元1724年1月17日），上御太和殿。遣使册立中宫那拉氏为皇后。诏告天下，恩赦有差。封年氏为贵妃，李氏为齐妃，钱氏为熹妃，宋氏为裕嫔，耿氏为懋嫔。"

需要特别注意的是，这里的钱氏为熹妃。

此书还提出："齐妃或云即今之崇庆皇太后。俟考。"

一句"俟考"就很有意思了。于是后人认为这是暗示乾隆生母姓李，是史

■《慈宁燕喜图》（局部）

家"曲笔"。但这种说法并不是建立在亲眼见过清宫档案基础上的。

清廷有规定：皇家生儿育女，每3个月要上报一次，写明出生时间和生母。每隔10年，根据出生和死亡记录的底稿，添写一次皇室族谱，即《玉牒》。

在中国第一历史档案馆保存的《玉牒》和生卒记录底稿上，都清楚地写着世宗宪皇帝（雍正）第四子高宗纯皇帝（乾隆），于康熙五十年辛卯八月十三日，由孝圣宪皇后钮祜禄氏、凌柱之女诞于雍和宫。

这位钮祜禄氏是何许人？清宫档案《雍正朝汉文谕旨汇编》记载："雍正元年二月十四日（公元1723年3月20日）奉上谕：尊太后圣母谕旨：侧福晋年氏封为贵妃，侧福晋李氏封为齐妃，格格钱氏封为熹妃，格格宋氏封为裕嫔，格格耿氏封为懋嫔。该部知道。"

而同一件事，《清世宗宪皇帝实录》却记载："谕礼部：奉皇太后圣母懿旨：侧妃年氏，封为贵妃；侧妃李氏，封为齐妃；格格钮祜神禄氏，封为熹妃；格格宋氏，封为懋嫔；格格耿氏，封为裕嫔。尔部察例具奏。"

于是问题来了：熹妃到底是姓钮祜禄还是姓钱呢？

我们可作如下解释：格格钱氏与格格钮祜禄氏是一个人。因为她们都是同一天奉皇太后的懿旨受封，所以熹妃只能是一人。

2. 乾隆身世大揭秘

雍正元年八月十七日（公元1723年9月16日），雍正皇帝正式设立秘密立储制，指定弘历为皇太子。他的母亲总要有一个高贵的出身。因此，雍正将熹妃钱氏改为钮祜禄氏。另外，存在由内大臣"满洲镶黄旗人四品典仪凌柱"将钱氏认作干女儿后改姓的可能。如果事实如此，就解决了乾隆皇帝生母身份与姓氏的难题。

问题在于：到底应该如何理解关于熹妃钱氏与钮祜禄氏记载上的矛盾呢？"熹妃钱氏"又是一个怎样的人？

我们卖个关子，在后面《乾隆皇帝的文治武功之三：六次南巡》一讲中揭开秘密。

第二十二讲

乾隆皇帝的文治武功之一：
与张廷玉集团的较量

年轻的乾隆皇帝即位后，为了树立权威，不断与结成朋党的大臣们发生冲突。其中的第一次便是与张廷玉集团的较量。

■ 张英行书联

一、张廷玉的崛起

1. 张廷玉的家庭

张廷玉的父亲，是康熙时期的文华殿大学士兼礼部尚书张英。

张英为官清正、处事严谨，深受康熙皇帝宠信，赞其"始终敬慎，有古大臣风"；他为人又极谦和，遇同僚"善气导迎，未尝有忤"，居家则乡邻以至仆隶"常得其和……无所寄怨"。关于张英，有一则著名的"六尺巷"故事。

"六尺巷"位于安徽桐城文庙西南不远的西后

街，巷南是张英府，巷北为吴氏宅。巷长 100 米，宽 2 米。张英在京担任文华殿大学士兼礼部尚书的时候，邻居吴氏欲侵占他家的宅边地。家人驰书北京，要张英凭官威压一压吴氏气焰。谁知张英却回诗一首："一纸书来只为墙，让他三尺又何妨。长城万里今犹在，不见当年秦始皇。"家人得诗后主动退让三尺。吴氏听后大受震撼，也后撤三尺，于是形成了"六尺巷"，至今传为美谈。

张英的长子张廷瓒和三子张廷璐是康熙年间的进士，五子张廷璩是雍正年间的进士。因此桐城当地几百年来有"父子宰相府""五里四进士"和"隔河两状元"之说。

2. 张廷玉的崛起

张廷玉是张英的二儿子，公元 1672 年生于北京，1700 年中进士，1705年后多次随康熙南巡阅视河工、出口避暑及巡行蒙古诸部落等，成为天子近臣。1716 年，张廷玉授内阁学士兼礼部侍郎，1721 年夏，授吏部左侍郎管右侍郎事兼翰林院士。

雍正皇帝继位后，张廷玉在 1723 年升为礼部尚书，充《圣祖仁皇帝实录》副总裁官。雍正勉励他："汝世受国恩，又系皇考多年侍从之旧臣，当年圣德神功，无不亲知灼见，今应纂修《实录》之任，纪载详确，惟汝是赖。"

雍正元年 1723 年 10 月，张廷玉任四朝国史总裁官。1724 年 5 月为《大清会典》总裁官。1725 年春，任《圣祖仁皇帝治河方略》总裁官。1726年，实授内阁大学士仍兼理户部尚书、翰林院掌院学士事务，后又为文渊阁大学士兼户部尚书。同年春，再充《圣祖仁皇帝实录》总裁官。1727 年冬，张廷玉晋文华殿大学士。雍正赞其"身兼数职，夙夜在公"。1728 年春，晋保和殿大学士，不久又兼吏部尚书。1729 年，加少保衔。

1730 年，因西北用兵，雍正命设军机房，以怡亲王允祥、张廷玉和大学士蒋廷锡领其事。后改称办理军机处。张廷玉定规制："诸臣陈奏，常事用疏，自通政司上，下内阁拟旨；要事用摺，自奏事处上，下军机处拟旨，亲御笔批发。"从此内阁权力移交军机处，大学士必任军机大臣才能参与政事，奉诏承旨，参与机密。

■ 清宫军机处值房

■ 鄂尔泰像

1735年秋，雍正皇帝病危，张廷玉与庄亲王、大学士鄂尔泰等同为顾命大臣。雍正遗诏：他日以张廷玉配享太庙。

3. 张廷玉成功之谜

张廷玉深受康、雍二帝恩宠，尤其在雍正年间一帆风顺、平步青云。雍正皇帝视其为股肱，某次张廷玉病愈上朝，雍正谕其曰："朕前日向近侍曰：'朕连日臂痛，汝等知之乎？'近侍惊问原因，朕曰，'大学士张廷玉患病，非朕臂痛而何？'"可见其得宠程度。

张廷玉的成功，是由于他具备他人难以企及的素质和能力。

第一，文思敏捷，主事干练。张廷玉自

康熙四十三年（1704年）入值南书房，充日讲起注官起，直至乾隆皇帝在位初期，遵旨缮写上谕皆能详达帝意。尤其是雍正皇帝在位时期，张廷玉身为大学士、军机大臣，兼管户部、吏部、翰林院，又担任国史馆和其他好几个修书馆的总裁官，职务繁多，工作忙碌，这是可想而知的。他自己在自订年谱中记载，雍正皇帝经常召见他，一天召见两三次，习以为常。西北用兵以后，"遵奉密谕，筹划经理，羽书四出，刻不容缓"。从内廷出来，到朝房办公，属吏请求指示和批阅文件的常达几十上百人。他经常坐在轿中批览文书，处决事务。傍晚回到家中，仍然"燃双烛以完本日未竟之事，并办次日应办之事，盛暑之夜亦必至二鼓始就寝，或从枕上思及某事某稿未妥，即披衣起，亲自改正，于黎明时付书记缮录以进"。虽然事务繁巨如此，但张廷玉没有使一件事出错或耽搁。对其办事能力，雍正皇帝赞道："尔一日所办，在他人十日所不能也。"又说他和鄂尔泰二人"办理事务甚多，自朝至夕，无片刻之暇"。

这中间最为关键的还是在康熙驾崩，雍正守丧期间的特殊时期，朝中政局不稳，稍有不慎就可能酿成祸患。此时张廷玉每日奉旨入宫缮写谕旨，雍正口授后片刻，张廷玉即可拟就，每日十数次从未出过差错，其文思之敏捷实非他人所及，事后雍正曾就此对其大加赞扬。

张廷玉的记忆力亦非他人所及，某次雍正向其询问各部院大臣司员胥吏的姓名，张廷玉奏对各人姓名籍贯及科目，无所差错。

第二，清廉谨慎，乐善好施。张廷玉身居要职数十年，和他共事的数十幕僚大多都能平心接待，对他们多有容纳。凡是别人馈送之礼，价值超过百金则严词拒绝。康雍乾三帝曾先后赐给张廷玉白银近万两，他将此银两或用于激励士子发奋学习，或将其寄回家乡购置公田以资助乡里的穷困者和灾民。

1698年秋，桐城发生水灾，张廷玉在其父张英的支持下在家乡设立粥厂赈济灾民。1735年春至1737年夏，张廷玉用雍正皇帝所赐白银近五千两在桐城东门外建石桥一座，大大方便了过往的商旅行人，从而得到乡人的称赞，此桥亦被人称为"良弼桥"。1740年春，张廷玉闻知桐城一带歉收，米价暴涨，便寄信回家，令家人捐谷一千石以救济贫民。

第三，正直勤勉，缄默持重。张廷玉任职年久，长期处机要之地。在雍正年间，他虽然"最承宠眷"，然而"门无竿牍，馈礼有价值百金者辄却之"。他在皇帝身边服务，担负的又是机要文字工作，深知言多必失的道理，因而处处小心谨慎，办事十分细致周到。他对自己门生黄山谷说的"万言万当，不如一默"，极其尊崇，表示"终身诵之"。

雍正年间，他无日不蒙召对，每有所建议便口奏或具折上奏，请皇帝颁旨宣播于外，从不留片稿于私室，也不让家人子弟得知。他很少交接外官，在朝中为官多年"无一字与督抚外吏接"，即使是经他推荐而受擢用之人，也始终不让当事人得知。少说多做，既是他立身的主导思想，也是他的为官之道。他以皇帝的意志为意志，默默去做，不事张扬，事成归功于人主，事败自己首先承担责任。雍正皇帝赞扬他"器量纯全，抒诚供职"。乾隆皇帝称许他"在皇考时勤慎赞襄，小心书谕"。作为领导人的秘书，这些确实都是很值得称道的品质。

讲到这里，有一个关于张廷玉的小故事。张廷玉在给他的弟子、状元庄之恭外放赴任时，赠言只有简单的两个字：戒得。"得"与"失"是一对反义词，"得"有"得到"之意。得到什么呢？得到的无非是金钱、财物、名誉、地位、权势等，这似乎很好理解。而"戒"字显然不能简单地作去掉或除去的意思来理解。在中国漫长的封建社会，读书人所追求的不就是"十年寒窗无人问，一举成名天下知"那种光宗耀祖的荣耀吗？为什么张廷玉要对历尽寒窗苦读之苦，好不容易获得状元的庄之恭赠言"戒得"呢？这其中深意，值得我们深思。

4．张廷玉修纂《明史》

张廷玉负责修纂的《明史》是清乾隆年间"钦定"二十四史的最后一部正史，也是我国历史上官修史书中纂修时间最长的一部：从公元1645年开设明史馆起，到1739年正式由史官向皇帝进呈，前后历时94年。即便从1679年正式组织班子编写起至呈稿止，耗时也有整整60年。

《明史》耗时日久，主要是因为当时政治上不稳定。

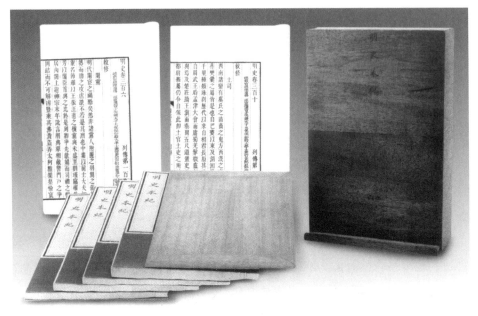

■《明史》(清武英殿刻本)

　　顺治年间,朝廷虽已开明史馆,但当时清朝和南明残余势力的战争尚未结束,战乱时期史料缺乏,"实录"不全,献书者极少。另外,此时负责编史的主要是洪承畴、范文程等明朝降臣,有许多顾虑,迟迟不敢下笔。还有参与者冯铨为明朝臭名昭著的阉党,其言行多为士大夫所不齿,因此得不到士人支持。延至康熙年间,又出现了三藩之乱,再一次迁延时日。

　　真正动手修史,是1679年以后的事。康熙年间修《明史》者,可谓人才济济。可惜来自民间的前朝遗老和高人弟子们在付出心血成稿后,被主持修史的官员剽窃了成果。此工程便再度搁置。

　　1723年至1739年,清廷又第三次组织人手修改明史稿,这才形成了最终的《明史》。

　　5. 陷入党争的张廷玉

　　雍正皇帝驾崩前,遗诏庄亲王允禄、果亲王允礼和大学士鄂尔泰、张廷玉四人辅政。允礼在1738年病逝;允禄1739年因谋反被削爵;辅政四大臣就只剩下鄂尔泰和张廷玉二人。

鄂尔泰是满洲镶蓝旗人。雍正皇帝还未登基时，曾向他索取财物，遭到拒绝，因而对其格外器重，登基后委以重任，于 1732 年升至首席军机大臣、保和殿大学士。随着地位和权势上升，一些满汉官僚相继依附他，形成了一个政治集团。

对于鄂尔泰和张廷玉这两位股肱重臣，雍正皇帝给予了极高的待遇，于雍正八年（1730 年）六月颁布谕旨，赐鄂尔泰和张廷玉死后配享太庙。这是皇帝赐给大臣的最高荣誉和奖赏。乾隆皇帝即位后也同样敬重二位老臣，于第二年同封二人三等伯，并在张廷玉七十大寿时御书"调元锡祉"匾额，亲自撰写对联和诗相赠。

两代皇帝的恩宠，使鄂尔泰和张廷玉二人无所顾忌，开始培植势力、制造对立。于是"上（乾隆）之初年，鄂、张二相国秉政，嗜好不齐，门下互相推举，渐至分朋引类，阴为角斗"。

二、刘统勋弹劾张廷玉

1. 乾隆皇帝决意解决党争

对于鄂尔泰和张廷玉的党争，乾隆皇帝明察在心。如他后来所说："朕初年，鄂尔泰、张廷玉亦未免故智未忘耳……乾隆初年，诏廷臣集思广益，至再至三。然诸臣章奏亦不过摭拾浮言，自行其私而已。且彼时事之大者，莫过于鄂尔泰、张廷玉门户之习，初未闻一言及之。"

鄂、张两党势力膨胀、明争暗斗，年轻的乾隆自然不会听之任之。他自登基以来，就发誓"用人之权从不旁落"，经常告诫臣下："明季科目，官官相护，甚至分门植党，偾事误公，恶习牢不可破，乃朕所深恶而痛斥者。"

但乾隆对鄂、张两党并没有立即采取措施，而是采取"利用—限制—铲除"策略，显示了高超手腕。

这其中最成功的关节是利用"改土归流"。

2. 鄂尔泰的"改土归流"倡议

雍正末年，鄂尔泰首倡在西南实施"改土归流"，但因具体举措不当，引起苗民反抗。雍正颇为不满，下旨切责鄂尔泰，并由张党成员张照任苗疆大臣，入黔指挥征剿。

张照挟门户之见，存心报复鄂尔泰，到贵州后搜集其各种罪状，向雍正告发，企图推翻"改土归流"。但遇雍正驾崩，不了了之。

乾隆即位后坚持"改土归流"，对张照的提议十分不满。不久，张照平苗失利，朝廷又起用鄂党的张广泗负责西南事务。这时鄂党占了上风，欲打击张党，并置张照于死地。

然而，乾隆虽支持"改土归流"，却不想鄂党借机报复。他要的是鄂、张两大集团保持平衡，共同效忠于自己。因此当鄂尔泰要求处死张照时，乾隆并没有采纳。他说："鄂尔泰欲置伊（即张照）于死地。朕若听此言，张照岂获生全？"

■ 清代西南土司形象

乾隆非但没杀张照，还命其在武英殿修书处行走，后又任为吏部大臣。他在事后说："鄂尔泰、张廷玉素不相得，两家亦各有私人……盖（张）照即张（廷玉）欣喜而鄂（尔泰）所恶者，张广泗即鄂所喜而张所恶者。余非不知，既不使一成一败，亦不使两败俱伤，在余心固自有权衡，而鄂与张两皆成就为贤臣，不亦乐乎？"

从乾隆的这个如意算盘来看，他确是一代明君。

但鄂、张二党的举动令乾隆大失所望。恼怒之余，他不得不放弃"感化"策略，采取威严措施打击党争。

其中最为成功的就是利用仲永檀与张照的矛盾。

3．仲永檀与张照互相弹劾

公元 1741 年，号称"敢于言事"的御史、鄂党成员仲永檀诬告张党集团接受京城富商贿银，将矛头直指张廷玉及其党羽。

乾隆对此并不相信，便下令调查，结果张党骨干没事，只抓了个提督受贿银 1000 两，结果被处死。仲永檀揭发有功，擢升金都御史，乾隆还颁谕嘉奖他："自今以后，居言官之职者，皆当以仲永檀为法，不必畏首畏尾。"

仲永檀尝到甜头后，又将矛头对准张照，说他利用职权泄密："向来密奏留中事件，外间旋即知之。此必有串通左右，暗为宣泄者。是权要有耳目，朝廷将不复有耳目矣。"

而他所说的"权要"，就是张党首领张廷玉。

乾隆对此还是不相信，当即指出："鄂尔泰缜密之处，不如张廷玉。"言外之意是张党虽有泄密，但鄂党更甚。

仲永檀弹劾不中，张照立即反击。他探知仲永檀曾将留中密奏的疏稿内容泄露给鄂尔泰之子鄂容安，于是上疏揭发。乾隆闻奏，即命张廷玉协同三位亲王及其他大臣审理此案，结果查实仲永檀、鄂容安二人"往来亲密"，确实有过严重泄密之事。

对此，张照建议扩大调查范围，企图将鄂尔泰也牵扯进来，将鄂党一网打尽。乾隆深知鄂党一旦倒台，张党将一家独大，更加难以收拾，于是决定从宽发落，只将仲永檀下狱，鄂容安也仅是不再让侍奉皇帝，并又严斥鄂尔泰说："以仲永檀如此不端之

■ 张照《豳风·七月》

人，而鄂尔泰于朕前屡奏其端正直率，则其党庇之处，已属显然……但其不能择门生之贤否，而奏荐不实，不能训伊子以谨饬，而葛藤未断之处，朕亦不能为之屡宽也……鄂尔泰自思之，朕从前能用汝，今日能宽汝，将来独不能重治汝之罪乎？"

鄂尔泰于1745年病死，但其势力仍然牢固。直到1755年发生胡中藻文字狱。胡为鄂尔泰门生，其诗文中多有悖谬之词，被斩决。此案又牵连鄂尔泰之侄、甘肃巡抚鄂昌，乾隆令鄂昌自尽，至此鄂党才遭到沉重打击。再加上鄂尔泰两个儿子又相继在平定准噶尔的战争中阵亡，鄂党势力便从此销声匿迹。

鄂党既如此，张党又将如何？

4. 乾隆皇帝终于向张廷玉下手

鄂党消亡后，为了不让张党继续坐大，时任左都御史的刘统勋建议乾隆效仿康熙朝做法："敕下大学士张廷玉，会同吏部衙门，将张姚二姓部册有名者，详悉查明。其同姓不同宗，与远房亲谊不在此例。若系亲房近友，累世密戚，现任之员开列奏闻，自命下之日为始，三年之内，停其升转。"

乾隆表示赞同。但为了不引起张党恐慌，便又对张廷玉进行抚慰。张廷玉在官场几十年，当然知道皇上此举的真正意图，于是立即上疏请求辞去兼管吏部事务的职务，后又多次以年老乞退。直到1749年，乾隆皇帝才同意张廷玉以原官并带伯爵致仕。

但张廷玉的屡次乞退使乾隆深感不悦。他认为人臣就应该鞠躬尽瘁、死而后已，而张廷玉却为此反复不休，有失重臣风度。

果然，张廷玉反复请辞的做法被残余的鄂党分子揪住，向乾隆进言称张廷玉没资格享受死后配享太庙的荣誉。

张廷玉听后心急如焚。整个清朝自开国以来配享太庙的异姓大臣只有12人，而自己是唯一的汉臣。如果被撤销这一待遇，那简直生不如死。于是他立即去见乾隆皇帝，哭咽难抑，竟要求"乞上一言为券"——意思是让乾隆皇帝给他写一份保证书。乾隆听后很不高兴，但还是表示不会更改先帝遗诏，让张廷玉放心。

澄懷園語自序
先公詩文集外雜著內有聰訓齋語二卷以示子孫
廷玉終身誦之雍正戊申己酉間屢從西郊蒙
恩賜居澄懷園五姪筠隨往課兩兒讀書予退直之暇
談語曰澄懷園語也予日紀錄得數十條曰此可繼聰訓
之所及識見者輒取片紙書之納微篋中而日用
問擴充其所及耳目之所經與典籍之所載可以禆益學
纖細之事亦附及焉十數年日積月累合之遂得
二百五十餘條因釐爲四卷不分門類但就日月

■ 张廷玉《澄怀园语》（清刻本）

第二天，张廷玉让儿子张若澄上朝代谢皇恩，这使乾隆皇帝恼怒万分，认为张廷玉请求配享太庙时能亲自来面奏，谢恩时却不见驾，是视皇恩为"分所应得"，当即下旨斥责。

乾隆此举使协办大学士、张廷玉的门生汪由敦惊惶不安，暗中派人送信给张廷玉。次日一大早，张廷玉还没接到圣旨就入朝。乾隆见他消息如此灵通，更是怒火中烧，查出果然是汪由敦走漏了消息。

于是乾隆立即削去张廷玉伯爵爵位，仍保留配享太庙。张廷玉至此彻底失宠。汪由敦则罢去协办大学士及尚书职，留任办事赎罪。

然而，乾隆仍没有放过张廷玉，不时寻找各种借口斥责他，使其寝食难安，想尽快离开京城回原籍养老。

1750年，乾隆的皇长子、定安亲王永璜病死。初祭刚过，张廷玉不顾自己身为永璜老师的身份，急匆匆地向乾隆奏请回乡。乾隆对此斥责道："试思伊曾侍朕讲读，又曾为定安亲王师傅，而乃漠然无情，一至于此，是谓尚有人心者乎？"可见对张廷玉的怨恨已达到极端。

之后，乾隆命令九卿讨论张廷玉是否有资格配享太庙，并定议具奏。九卿大臣看出皇帝的心思，一致认为应该罢免张廷玉配享太庙。乾隆以此为依据，修改了雍正遗诏，也推翻了自己的许诺，罢黜张廷玉死后配享太庙的待遇。

同年九月，又有人揭发张廷玉的姻亲曾涉及吕留良案，乾隆皇帝降旨罚张廷玉白银 15000 两，并追缴以前赏赐的各种物品，查抄其在京住宅。张廷玉的党羽，如汪由敦等人也都一一受到处罚。

至此，雍正朝鄂尔泰、张廷玉两大集团，终于在乾隆的精心运作下得以最终解决。此后大清王朝再也没有形成较大的朋党势力，有力维护了集权统治。

1755 年春，张廷玉病逝，享年 83 岁。乾隆做出眷念老臣的姿态，宽恕了张廷玉的罪过，仍令配享太庙。清代汉大臣配享太庙，仅张廷玉一人。

至于弹劾张廷玉的刘统勋，则得到了乾隆赞赏，刘家开始飞黄腾达。

第二十三讲

乾隆皇帝的文治武功之二：
十全武功

后人一说到乾隆皇帝的赫赫文治武功，自然会想到"十全武功"、六下江南和《四库全书》。

而说起"十全武功"，还有个来由。

一、"十全武功"和"十全老人"

1. 十全老人幼稚吗

公元1792年的某天，八十高龄的乾隆皇帝闲来无事翻看《周礼》。当看到《周礼·天官·医师》一章时，忽见上面有"十全"二字，不由大生感慨，想到自己人生旅程将尽，来日无多，也该做个自评、写个总结了。

恰此时，前线传来大胜廓尔喀，尼泊尔王俯首称臣、卑词乞和的捷报。乾隆大喜之下，不由提笔写下一篇宏文，内称"幸而五十七年之间，十全武功"，又给自己取个外号为"十全老人"，将该文题为《御制十全记》。

此文一出，当世虽赞誉连连，后世却讥讽不断。说他好大喜功的有之，

■ 乾隆帝《是一是二图》

说他大言不惭的有之，说他自吹自擂、自放屁不知臭的也有之。想想也对，毕竟中国历史上除了乾隆皇帝外，还真没有什么人敢说自己十全十美。

2. 十全武功如何算?

乾隆对自己的十全武功是有说明的，《清史稿》记载："十功者，平准噶尔二，定回部一，打金川为二，靖台湾为一，降缅甸、安南各一，即今之受廓尔喀降，合为十。"

所以"十全武功"是指乾隆在位六十年间，发动的 10 次规模比较大的胜仗。这些战争有的是为最终确定国家领土——如平定准噶尔，是将全部新疆最终划入国家版图；有的是为反抗侵略骚扰、确保边境安全而打的——如打缅甸、打廓尔喀；有的是为平定叛乱、维护政权稳定而打的，如打大小金川、打台湾等。除了打安南的那次，其他战争对中国都是十分重要的。

说到这里，细心的读者可能已经算出来了：这只有 9 次"武功"而不是 10 次。

问题是，乾隆不傻不呆，为什么要把 9 次"武功"算成"十全"呢?

■ 乾隆帝朝服像

二、乾隆皇帝的所谓"十全武功"

首先按照时间顺序来检验一下这些"武功"的含金量。

1. "十全武功"之一：一征金川

大渡河横跨四川省西北部，位于其上游的大小金川两条溪谷，是藏族定居地区，土产唯青稞、荞麦，俗信喇嘛教，居住皆石碉中。

明代这一地区属杂谷安抚司。公元1666年，原归属于明朝的土司嘉勒巴转而投靠清朝，被康熙授予"演化禅师"印，"俾领其众"。

在准噶尔部首领噶尔丹败死后，其侄子策妄阿拉布坦继任首领，1715年在沙俄支持下又发动叛乱，结果在哈密被打败后，窜入西藏境内。1718年，康熙命皇十四子胤禛为抚远大将军，指挥进藏平叛。1720年，清军两路从青海和四川出发，进军西藏，驱逐了策妄阿拉布坦，护送达赖喇嘛六世进藏。

在此战役中，嘉勒巴的庶孙莎罗奔不但跟随清军平叛，而且还立下了赫赫战功。雍正继位后为了表彰莎罗奔，特于1723年在大金川地区设金川安抚司，以莎罗奔为金川安抚使，而以旧土司官泽旺居小金川。自此大、小金川分治。

此后，势力日渐强大、又有清廷撑腰的莎罗奔不断压迫小金川。1746年，莎罗奔劫持泽旺及其印信，经四川总督檄谕后，才放泽旺回到小金川。与此同时，莎罗奔还不断侵扰附近土司。

1747年，莎罗奔公开发动叛乱。四川巡抚纪山派兵镇压，反被莎罗奔所败。清政府调云贵总督张广泗为四川总督，又由大学士钮祜禄·讷亲督师，增兵三万再次进剿，也多次失利，"久而无功"。

乾隆皇帝得知后非常生气，于是张广泗被杀、讷亲被赐死。随后，乾隆又改派大学士傅恒、四川总督岳钟琪前往讨伐。清军分两路进攻大金川，经过艰苦卓绝的努力，莎罗奔到1749年终于溃败乞降，"顶佛经立誓"降服清朝。乾隆赦免了莎罗奔父子，仍命其为土司。第一次金川之战遂告结束。

就征讨这么个大金川，大清王朝就死了一个总督、一个大学士讷亲。这就是乾隆的第一个"武功"。

2."十全武功"之二：一征准部

准噶尔部首领策妄阿拉布坦败死后，准噶尔部安稳了一段时间。不过很快，到了公元1754年，又围绕着汗位继承权展开激烈争夺，继而爆发了内乱。

失败方的阿睦尔撒纳率部20000余众前来归降，乞求清政府派兵靖乱。乾隆封阿睦尔撒纳亲王爵，于1755年任命其为定边左副将军，率兵进攻准噶尔，胜之，生擒敌酋，准噶尔王国灭亡。

3."十全武功"之三：二征准部

准噶尔部先前有四个部落，各部皆有汗。乾隆平定准噶尔部内乱后仍令旧部四汗分割统治。

此时，阿睦尔撒纳欲统一四汗、继承王位，赶走清军，乾隆察其野心，于1757年派兵征讨。阿睦尔撒纳失败后一路逃亡，漂泊于中亚诸国间，后病殁俄罗斯。从此天山北部地域全归清朝支配。

至此，漠西厄鲁特蒙古准噶尔部的叛乱最终结束。历经康、雍、乾三朝对准噶尔部分裂势力长达七八十年的战争，打击了沙俄侵略野心，巩固了西北边防，维护了国家统一。

西北边疆统一，也为背井离乡、远奔伏尔加河流域140多年的土尔扈特部重返家园创造了条件。1771年，他们经过长途跋涉，终于回到了祖国的怀抱。

4."十全武功"之四：征回部

回部指天山以南的维吾尔族聚居区。清初以来，这一地区一直受到准部

■ 平定准噶尔

贵族的奴役。1696年击败噶尔丹后，朝廷命回部首领阿布都实特管理南疆。阿布都实特死后，策妄阿拉布坦又袭取了叶尔羌城，不但囚禁了阿布都实特的儿子玛罕木特，而且还扣押了玛罕木特的两个儿子布那敦、霍集占——即大小和卓作为人质。

1755年，清军平定准噶尔后，将被囚禁的大小和卓释放，并派波罗尼都招抚天山南路各城。不久阿睦尔撒纳发动叛乱，和卓兄弟乘机控制了喀什噶尔、叶尔羌等地。

1757年，霍集占杀死清军副都统举兵自立。1758年，乾隆发兵征讨大小和卓，在库车、叶尔羌、和阗等地与之交战。1759年，大、小和卓兵败西逃，经葱岭进入巴达克山，被巴达克山首领擒杀，叛乱遂平。

平定大、小和卓之乱，标志着清代中国统一战争的完成。此后乾隆下令在南疆喀什噶尔驻参赞大臣，在南疆其他大城驻办事大臣或领队大臣，并将天山南北合称新疆——取"故土新归"之意，最高长官是"总统伊犁等处将军"。

以上四次"武功"都发生在中国境内的四川和新疆地区。而下面这次所谓的"武功"，则是发生在清朝与自己藩属之间。

5."十全武功"之五：征缅甸

缅甸原与明朝为邻。清顺治时，南明桂王朱由榔（永历帝）逃入缅甸。公元 1661 年，清军攻入缅甸境内追索桂王，缅甸国王莽白将其献给清军。随后平西王吴三桂在昆明杀桂王，继而掀起"三藩之乱"。

缅甸以前是明朝的藩属国，明朝灭亡后，清缅双方基本没有更多联系。

直到 1762 年，缅甸向我国云南进犯，地方少数民族首领抵挡不过，只得向清廷请援。乾隆皇帝遂调吴达善为湖广总督，另命刘藻代为总督。1766 年初又以刘藻无功，将其降职，刘藻畏罪自杀。大学士、陕甘总督杨应琚调任为云贵总督，领绿营兵进剿。

1767 年初，杨应琚谎报得胜。经调查乾隆勒令杨应琚自尽，并调任伊犁将军明瑞为云贵总督，接办军务，再次发动对缅甸的战争。

1767 年，明瑞进攻缅甸首都宋赛。由于地势险阻、气候不顺等原因，致使明瑞战死、清军大败。

1768 年，清政府任命傅恒为经略（大将军）围攻缅甸。但因时值雨季，无法进军，且傅恒患病，于是双方达成和议：缅甸国王归顺清朝并按时朝贡，清政府则退还先前攻占的缅甸领土。傅恒奉旨回京，不久病死。

1790 年，缅甸遣使为乾隆皇帝庆祝八十大寿，乾隆敕封缅甸国王每 10 年入贡 1 次。

6."十全武功"之六：二征金川

公元 1758 年，大金川土司莎罗奔死了，他的侄子郎卡即位。郎卡上台后更不听乾隆命令，不仅鱼肉百姓，和周围其他土司也经常发生战争，结果引起了周围所有土司反对。他们联名上书皇帝主持公道。

1771 年，大金川土司索诺木（莎罗奔的侄孙）与小金川土司僧桑格（泽旺的儿子）联合起兵，向清廷宣战，清兵大败。乾隆派吏部侍郎温福督师，以尚书桂林代总督职，再次进剿大小金川，又为所败。1773 年，温福所率清军接连溃败，温福战死沙场，军粮被劫。

乾隆在热河闻报后，"急调健锐、火器营二千，吉林索伦兵二千"增援，命伊犁将军阿桂为定西将军，前往镇压。阿桂大败索诺木，将其逼至小金川。1775 年，索诺木投降，金川地区改土归流，彻底成为四川省的直属地域。

清政府两次出兵大小金川，"用帑银至七千万"。但金川地区改土归流，四川西北各地土司也相继改隶州县，巩固和发展了西南地区自雍正以来改土归流的成果，加强了边疆和内地的经济文化交流。

7. "十全武功"之七：征台湾

台湾自郑氏归降后始归清朝统治，来自本土的移民经过几代人的辛勤努力，开辟了中央山脉以南的大片土地。

随着移民不断增加和不满清朝统治，原住民与清政府逐渐成为对立面。北部的林爽文与南部的庄大田聚众成立秘密反清结社"天地会"，被强制解散后，林爽文于公元 1786 年以彰化为根据地，改年号顺天，联合庄大田一起发动反乱。

1787 年，清朝派福康安出兵台湾，生擒此二人，镇压了反清势力。

8. "十全武功"之八：征安南

黎王家世居安南，康熙朝始入贡，被封为安南王。后黎王家被北部的郑王家和南部的西山王家分裂，成了一个名义上的空头政权。公元 1786 年，西山阮文惠驱逐郑王家，占领了北部的哈诺，并于 1787 年自封北平王。黎朝国王维祁向清廷求援。1788 年，乾隆皇帝派令两广总督孙士毅出关督剿，欲借机吞并安南。孙士毅最初取得胜利，继而接连兵败不敌。

与此同时，阮文惠也认识到自己的实力根本无法抵抗清廷，三次乞降，愿归顺清廷，按时朝贡。乾隆答应了他的要求，于 1789 年 8 月封其为安南国王，同时下令将原属清朝保护下的黎王朝士兵带至京师，编入八旗汉军旗下。

9. "十全武功"之九：一征廓尔喀

位于西藏与印度交界处尼泊尔地方的廓尔喀人，以卡特曼兹为都城，建立了新王朝。公元 1789 年，西藏发生内乱，廓尔喀趁机入侵。清廷派巴忠为指挥官率军征讨。巴忠为避免交战，力主议和。最终达赖与廓尔喀达成协定，支付岁币。于是巴忠向乾隆报告廓尔喀已降服。

10."十全武功"之十：二征廓尔喀

公元 1792 年，为催迫达赖支付约定的岁币，廓尔喀再度入侵西藏。清廷派四川总督鄂辉、成都将军成德出兵讨伐，久战无功。复命大将军福康安、参赞海兰察于青海出兵协同助剿。

福康安率军一路直下，越过喜马拉雅山进入尼泊尔境内，直逼廓尔喀都城卡特曼兹。廓军奋力反击，双方数次交锋后达成协议：廓尔喀投降清政府，按时朝贡。

"武功"数到这里，亏得乾隆自己给几次战争定了数量，否则还真很难计算。像打大小金川，可以说打了 2 次，也可以说不止此数。打缅甸，可以合起来说打了 1 次，也可以说打了 4 次。问题是即使按乾隆说的算，"十全武功"加起来也仍然少 1 次。

于是后人只能这样找补：1789 年，巴忠到西藏去算一次；1792 年，福康安又去了一次。这样打廓尔喀就是前后两次。"十全武功"在之后 200 多年来都是这么解释的。

三、"十全武功"的余波

1."十全武功"的标准

关于"十全武功"的标准，乾隆的《御制十全记》里提出："示之必克，其和乃固。"就是说要么不打，打起来必以我之全胜为结束；即使要接受对方的求和，也必须是在打得他知道再打下去他必然惨败，拜倒在吾国国威的情况下，才能接受。千万不能在对方的侵略面前"徒言偃武修文以自示弱"。

事实上，"十全武功"中的几乎所有战争都是符合这个主旨的：两次准噶尔之战，几乎将准噶尔蒙古灭绝；金川和台湾之战，则将顽抗到底的叛藏首领和台湾造反领袖抓到北京寸磔凌迟；平定回部，也是将不肯臣服的叛首杀光为止；打缅甸和第二次打廓尔喀，则基本上都是将要打到对方首都、对方卑词乞和才结束的。

所以，"十全武功"准确说来应是：打了10次最后取得胜利的战争。其中的"功"乃是指功绩的意思。

但问题在于：这10次战争中，有一次根本就不是大清王朝的胜利，甚至只能说是大清王朝的失败。因为那次战事，是在被敌人侵入我国境内几百里，然后在我方的卑词乞和（偃武修文）外加花费巨额银子后才结束的。像这样的战争及其结局，完全和另外9次不同，根本无功可叙，也完全不符合《御制十全记》的主旨，把它加进去，根本就是对"十全大武"的亵渎。那次战争，就是第一次廓尔喀之战。但乾隆却硬是把它算进去了。这是为什么？

原来乾隆是一个非常聪明，又喜欢显示自己聪明的人。他之所以把第一次廓尔喀战争列入十全，实乃另有深意。

"十全"出典《周礼》："岁终，则稽其医事，以制其食。十全为上，十失一次之。"本指医生看病，次次能把病人治好；假如十次里面有一次没治好，就要次一等了。

满招损，谦受益，天道忌盈。自幼饱读诗书的乾隆熟知这些古训。大清朝虽然在他手里走到了极盛，但盛极必衰。十全十美既不可能也不可取，能够做到十中失一已经不错了。

2. "十全武功"的特点

其一，战争之多，军费之巨，世所罕有。乾隆朝一共60年，再加上太上皇时期的嘉庆三年，合计63年。而"十全武功"的征战多达26年，较之顺治、康熙、雍正及嘉庆以后的各朝，其用兵次数之多和时间之长，无一可以与之相提并论。且军费十分惊人：一征金川，军费花掉白银980万两至1100余万两；二征金川，7000余万两；征准平回，3300余万两；远征缅甸，910余万两；出征安南，100余万两；台湾用兵，800余万两；廓尔喀之役，1050余万两。"十全武功"共开支军费15亿两白银，相当于4年的全国财政收入，又超过了以往历朝。

其二，"十全"不全，胜中有败。所谓"十全武功"，实际上是功不满十。这10次用兵，并非每次皆是凯旋而归：一征金川，损兵折将，庸帅总督张广泗、经略讷亲战败被诛,名胜实败;缅甸之役,明瑞败死小猛育,傅恒受挫老官屯,匆忙议和撤退;出征安南,许士亨战死,孙士毅狼狈逃归,全军溃败;初征廓尔喀,双方既未正式交锋,钦差大臣巴忠还丧权纳银赎地,当然也谈不上功成凯旋。

"十全武功"就有四不全,并且就是那些得胜之战,也不是所向无敌、势如破竹。

所以时至今日仍需深思:"十全武功"到底给大清王朝带来了什么?

第二十四讲

乾隆皇帝的文治武功之三：
六次南巡

其实乾隆皇帝六下江南本不该算作文治武功，顶多也就是太平盛世的表现而已。但既是太平盛世，也与文治武功密切相关。

乾隆一生中最为得意的事情就是"六下江南"：先后在公元1751年、1757年、1762年、1765年、1780年和1784年。

问题在于：乾隆皇帝到底为什么要"六下江南"呢？

一、反对乾隆皇帝"下江南"的是什么人？

乾隆"六下江南"的原因，历史上有很多说法，比如游山玩水找美女、寻找生身母亲、巩固统治惩治贪官等。但有一点是肯定的：他每次下江南，都会在朝廷内部引起不少反对声音。

那么反对者都是些什么人？

乾隆继位不久，听说苏州景色美如天堂，就想去江南巡游视察，并派大学士钮祜禄·讷亲去查看道路。讷亲从心里就不赞成皇帝南巡，所以在给乾隆的回奏中说："苏州城外的虎丘还算得上名胜，实际上像一个大坟堆。苏州城里河道狭窄，粪便船只拥挤在一起，过了中午就臭不可闻，根本不算什么风景。"乾隆听了讷亲的回报，暂时打消了下江南的念头。

还有个侍郎尹令一从江南回来，便上奏说："陛下南巡，民间疾苦，怨声载道。"乾隆怒气冲冲反问他："你说民间疾苦，具体指出什么人有疾苦？说怨声载道，具体指出什么人有怨言？"

还有个大学士程景伊，反对乾隆巡游湖州。乾隆说："朕去湖州不是游玩，是去看那里种桑养蚕。"程景伊沉痛地说："皇上这回去湖州，下回湖州就没有蚕桑了。老百姓元气一伤，几代都恢复不了呢！"

当然，他们的反对没有得到乾隆皇帝的响应，尹令一和程景伊都受到了处分。但反对的声音不但丝毫没有停止的意思，反而还越来越大。直到最后，乾隆自己也感觉到下江南的问题所在，才在第六次后主动停止。

二、乾隆皇帝"六下江南"目的的三种说法

1. 乾隆皇帝"六下江南"的第一种解释：探望亲生父母说

很多野记杂闻与文艺作品都认为乾隆皇帝六下江南的目的是探望自己亲生父母。

■ 海宁清代海塘工程

这种说法在本书前文即有批判。乾隆的生父毫无疑问是雍正皇帝，生母则是熹妃钱氏（钮祜禄氏），而跟海宁陈氏——陈世倌夫妇无关。

更为重要的是，乾隆前两次南巡都没有到过海宁。后来去了，但陈世倌已死。而陈家的园子叫"隅园"，因位于城中一隅而得名，乾隆第四次南巡住在那里，同浙江海塘工程有关，所以将其改名为"安澜园"。

因此，"六下江南"是为了探望亲生父母的说法是捕风捉影。

2. 乾隆皇帝"六下江南"的第二种解释：寻找美女说

还有人说，"六下江南"纯粹是为了寻找美女。

有一则故事说：2001 年 3 月，在安徽砀山城西关梨园小区建筑工地 4 米多深的地下发现一座清代古墓。人们在打开古墓时，棺材内有一股奇特、浓郁的香味扑面而出，方圆几百米都能闻到。更令人惊讶的是，棺内一具女尸居然保存完好，就像刚刚入葬时一样，头发乌黑，脑后盘有发髻，皮肤白皙，肌肉丰满并富有弹性，而且关节仍可曲伸。女尸长 164 公分，重 44 公斤，肢体匀称，身材修长，瓜子脸，裹足，指甲涂有红色指甲油。可见是一位绝色的年轻女子。

更重要的是，女尸上盖罗巾被，下铺丝绵褥，身着朝服、补服、燕服、便服四套服装，上有正龙、行龙、飞凤、蝙蝠、祥云等图案。补服上的"补子"为金丝线绣成的麒麟白泽图，绣工精致，造型生动。头戴深蓝色风雪帽，脚穿藏蓝色朝靴，脖颈上一条薄若蝉翼的丝巾上绣有牡丹、菊花等图案。图案配色讲究、绣艺精巧，观者无不叹服。随葬品中还有金簪、金耳坠和金帽徽及朝珠。金簪上有花鸟图案，耳环上面有鲤鱼跃龙门图案。专家们用高倍放大镜不光可看到鲤鱼昂首翘尾跳水的样子，就连鲤鱼身上的鳞片和龙门上的瓦片都清晰可辨。4 件金器的背面都锻有"元吉"铭文，其文饰精巧、细致程度非一般工匠所能为。

最引人注目的是，她的喉部有横、纵两条呈 T 字状的致命伤痕，纵伤创口 9 厘米，横伤创口达 12.3 厘米。经医学专家鉴定其致命凶器应是双刃剑类刺器。更让人奇怪的是，她的臀部尾骨上长着一个酷似尾巴的肉囊。也就是这个肉囊，让人们将她与乾隆皇帝的香妃联系在一起。

那么这具传奇女尸到底是谁？主要有三种说法：一说是乾隆皇帝下江南

时曾经爱慕的一位女子；二说是香妃；三说是戍边将军被杀的妻子。

先看第一种：某美女。

乾隆下江南时途经砀山，听说当地有一绝色佳人，便让当地官员"请"来。乾隆当即被其美貌迷住，命当地官员设行宫住下。一段时间后，他因要事必须立即回京，临行前告诉该女子，他到京后会派人接她回宫。但回京后还没来得及接她，随行人员就在皇后面前告了密。皇后担心该女子的汉人血统侵犯皇家利益，便派人将其秘密杀死。乾隆得知后十分悲痛，将其厚葬，并按一品夫人的规格处理后事。

这除了说明乾隆"六下江南"所到之处处处风流外，还能说明什么呢？

其实此说不可信的。乾隆下江南时的确曾有一次过砀山的经历。不过在他多次下江南的历史上，皇后的处境都非常悲惨，可以说是泥菩萨过河自身难保。她还想害人？太不可思议。

再看第二种说法：香妃。

有一位满身散发香气的女子，乾隆因十分爱慕，将其带回宫廷。但该女子性情刚烈，皇帝根本无法靠近。皇太后、皇后及其他嫔妃非常担心乾隆的安危，便施计将皇帝支走，然后把该女子赐死。等乾隆得知并赶回来为时已晚，女子和其丫鬟都已经没了气息。悲恸欲绝的乾隆原本想将其葬在皇家陵园，但因太后不允，不得已只有将其葬在丫鬟的家乡砀山。

这种说法就更加是无稽之谈了。

最后看第三种说法：将军之妻被害。

讲的是一名武官受命戍边，途经砀山时，贼寇为阻止其行程，残忍将其妻子杀害。朝廷为了安抚悲恸欲绝的武官，下令厚葬其妻子。这种说法还是比较可信的。

综上所述，如果说乾隆"六下江南"在客观上有些猎艳色彩的话，这还可信；但要说主观上就是为了猎艳的话，就完全不可信了。

3. 乾隆皇帝"六下江南"的第三种解释：被迫发配说

还有一种民间故事说：刘罗锅与和珅斗智，和珅想害刘罗锅，激他去参乾隆皇帝，刘罗锅还真就上殿，不但参得乾隆自甘认罚，自己还安然无恙。

于是乾隆被迫南巡。

事情绝不是这样。故事中刘罗锅参乾隆皇帝拆大改小十三陵的事发生在公元 1785 至 1787 年间；而乾隆第六次下江南是在 1784 年。也就是说时间完全不对。

那么问题来了：乾隆为何一而再、再而三地不顾群臣反对，坚持要"六下江南"呢？在那片土地上，到底隐藏着什么秘密？

三、乾隆皇帝"六下江南"的目的

其实，乾隆"下江南"的目的有三：返乡探亲、治理水患、笼络人心。

1. 乾隆皇帝"六下江南"目的之一：返乡探亲

在讲返乡探亲之前，首先要知道的是：乾隆是个大孝子。

关于他孝顺母亲故事，历史上记载了很多。比如，在慈宁宫为母亲 70 岁诞辰举行盛大寿宴，并把场景绘成《慈宁燕喜图》；侍奉母亲三次上泰山、四次下江南、多次到塞外避暑山庄；别出心裁用 3000 多两黄金做了一

■ 七旬庆寿图《胪欢荟景图册》之慈宁燕喜，故宫博物院藏

■ 乾隆帝为崇庆皇太后打造的金发塔

个"金发塔",专门用来存放供奉母亲梳头时掉下来的头发;乾隆爱写诗,在诗中有不少是称颂生母钮祜禄氏养育之恩的。

因此,"六下江南"的确不是为了寻找生母,但可以是陪同母亲去姥姥家看看,即奉母之命南巡返乡探亲。

前文已经讲过,据考证,乾隆的生母本来是个汉人,姓钱。后来因为生育了乾隆,雍正皇帝担心这个汉族女子地位过低,就刻意把钱氏过继给满洲镶黄旗人四品典仪钮祜禄·凌柱,从而成为熹妃钮祜禄氏。

而这位"钱氏女",应该就是吴越王钱镠在嘉兴的后裔。证据如下:

史载乾隆六下江南,都有同样一家人相伴:吴越王钱镠后裔、嘉兴钱氏二十六世孙钱陈群和二十八世孙钱载,他们祖孙二人曾经六伴乾隆巡游江南,留下了许多佳话。乾隆六下江南,嘉兴钱氏次次相随,同一族人自始至终伴君巡游者,历史上恐怕就此一例。因此可以断定,乾隆坚持要"六下江南"的第一个目的就是返乡探亲。

2. 乾隆皇帝"六下江南"目的之二:治理水患

当年康熙皇帝南巡主要是为了视察水利,乾隆也曾说"南巡之事,莫大于河工"。在六次南巡中,乾隆有五次视察了黄河治理工程、四次巡视了浙江海塘工程。

当时,解决黄河水患的关键工程在江苏的清口和洪泽湖的高家堰,所以乾隆每次南巡都要到这两个地方来看一看。

第一次南巡时,乾隆来到洪泽湖视察水利,了解到高家堰与蒋家坝之间的黄河大堤只有三座大坝,每年到了夏秋两季,洪泽湖水位上涨,由于排泄不畅，很容易发生水灾。河道总督遂建议再增加两座坝，被乾隆采纳。于是高家堰就共有了五座水坝，分别命名为"仁、义、智、礼、信"。每当洪泽湖水位上涨时，五座大坝可以根据情况及时分别调节水的流速和流量，非常有效地保障了大堤和下游的安全。

第三次南巡时，乾隆又制定了清口水志，规定：上坝的水位上涨一尺，下坝的闸门可以开到十丈。河道官员遵守这一规定，确保了在相当长一个时期内，下游各州县避免了水患灾害。

徐州附近黄河大堤也是乾隆要巡查的重点之一。他多次来到这里，先后下令修筑防洪石堤大坝总计70多里。

浙江的海宁州和仁和县是江海交汇处，每天都要发生两次大潮汐。一旦海堤被冲垮，整个江南将一片汪洋。早在汉朝时，人们就已开始在这里修建海塘，以后历代修筑海塘一直没有间断过。1760年，浙江水情又一次告急。在海塘施工中又出现了修筑石塘、柴塘之争。

乾隆在第三次南巡到达海宁后的第二天，马上亲临现场，亲自试验打桩。他看到如果修建石塘，必须从旧塘坝向后移数十丈才能打桩，这样势必会毁掉许多百姓的田地和村庄，于是说："本来想保护民众，现在反而先害了他们"，便决定先修筑柴塘，并要求每年用竹篓装上石头加固。

第五次南巡时，乾隆见到堤坝的泥土被湍急的水流不断冲走，装石头的竹篓都露了出来。于是决定在可以修建石塘的地方，都改建鱼鳞石塘。

1784年，乾隆最后一次南巡时，下令继续修筑范公塘石坝。海塘工程的建成，有力地保护了江南水乡的繁华昌盛。

3. 乾隆皇帝"六下江南"目的之三：笼络人心

乾隆皇帝南巡的第三个重要目的是笼络人心。凡是他经过的地方，都不同程度地减免了赋税。

乾隆还对接驾及办差的官员大加赏赐，加官晋爵；将一些原来受过处分的官员恢复原职；特别是对前来接驾的老臣嘘寒问暖，赏赐人参、貂皮等物品，还要赏赐其子孙功名。

在南巡途中，乾隆一方面多次在各地孔庙行礼；另一方面对前来拜见的文人士子亲自命题考试，出的不少考题也摆脱了科举考试的八股陋习而注重实际应用。如浙江省大修海塘，他就以《海塘得失策》为题，取得一等成绩的考生立即授予官职，这样就选拔了许多实用的人才。

由于江南一带人才荟萃，读书应试的人很多，乾隆便下令给江苏、安徽、浙江三省官办学府增加名额。六次南巡，大约增加三省生员名额 5664 名，即每次南巡增录生员相当于每三年一次录取名额 1/4 左右。在第一次考试三省进献诗赋的士子时，江南（江苏、安徽）取了一等 5 名，浙江取一等 3 名，均特赐举人，授为内阁中书。以后五次南巡，每次取中的士子名额逐渐增多。

通过这 6 次考试，朝廷发现和培养了一批饱学之士。他们当中有的成为政界能臣，有的成了学界泰斗，有的成了诗文书画大家。如《二十二史考异》的作者、公认的学界泰斗钱大昕，还有四库全书馆总阅官谢墉等。

特别需要注意的是，在考取的士子中，有不少人参加了《四库全书》编纂，其中还有一些成为骨干，对编纂《四库全书》做出了突出贡献。仅据初步统计，名列四库全书馆任事官员的便有十六七位。

除此而外，乾隆南巡还有一些其他目的。

例如阅兵。清朝贵族历来有重视骑射、崇尚勇武的传统，历代帝王也都熟练掌握骑马射箭。乾隆历次南巡都在杭州、南京等地举行盛大的阅兵式，想通过阅兵和训练扭转颓败的风气。

但没想到，阅兵反而闹了许多笑话。比如乾隆最后一次南巡阅兵是在杭州，射箭箭虚发、骑马人坠地，一时传为笑谈。

四、乾隆皇帝"六下江南"的花销

乾隆"六下江南"排场甚大，"银子花得就像淌海水似的"。

他个性张扬，凡事皆好大喜功，因此南巡也讲求声势排场、奢侈靡费。在每次南巡的前一年就开始进行周密准备，指定亲王一人任总理行营事务大臣，负责勘察路线、修桥铺路、葺治名胜和兴建行宫等事宜。

以道路而言，皇帝经过的道路称之为御道，极为讲究，要求帮宽 3 尺，中心正路宽1丈6尺，两旁马路各7尺，路面坚实、平整、笔直；凡是石桥石板，都要用黄土铺垫；经过之前还要用清水泼街，以免扬尘。据说由于御道要求笔直、不得随意弯曲，结果沿途许多百姓房屋被拆毁、坟墓被挖掘、良田遭毁坏。

出行时，皇帝带上皇后嫔妃、王公大臣、章京侍卫和扈从兵丁，一行多达2500余人，前呼后拥、浩浩荡荡。陆路用马五六千匹、大车400余辆，征调夫役不计其数；水路用船1000多只，首尾衔接，旌旗招展；沿途还兴建行宫30多处，每处都装饰一新，陈设珍奇古玩。

乾隆皇帝还尤为喜欢万民夹道欢迎的景象，因而明确规定：凡御驾经过的地方，30里内，地方官员都要穿戴朝服前往迎接。在此之前朝廷还要派专员到各地教演迎送仪式。

南巡的花费虽然也由内府负责，但乾隆的排场太大，开销也大。据统计，康熙六次南巡，"每处所费不过一二万两"；而乾隆六次南巡，各项花费总数竟然高达两千万两。

这么多的花费从哪里出呢？

朝廷虽然不向民间征派，却交由商人承办。他们多是两淮盐商，为讨好皇帝不惜巨额花费：有的建造行宫，有的修桥铺路，有的购置珍奇宝玩，有的采买山珍海味，有的请来戏班排演各种吉庆大戏，有的仅仅承办一次差务就耗费白银十万两。商人大把花钱，乾隆乐得享受；皇帝赏赐官衔，商人得到实惠，变相卖官鬻爵，双方"皆大欢喜"。

除南巡外，乾隆还曾先后5次游幸五台山，4次东巡谒陵，至于热河避暑、木兰行围更是每年常例。他在位时几乎每年都有数月时间在外游幸，可称为历史上最能游乐的皇帝。

隋炀帝以游乐而致亡国，乾隆皇帝也在连年"盛典"的一片颂声中，日益虚耗清朝国力，使浮夸风愈演愈烈，造成国库空虚。最后因承担不起开销，清朝自乾隆之后便不再南巡。

六次南巡，留给人们的是一个"康乾盛世"的奢华美景。此后大清王朝开始一步步走向衰落。

第二十五讲

乾隆皇帝的文治武功之四：
编纂《四库全书》

乾隆皇帝统治大清王朝60多年，与其祖父统治的60多年和父亲雍正的10多年共同构成了中国历史上的"康乾盛世"。而这个盛世最为明显的标志便是《四库全书》。

一、《四库全书》开始编纂

作为"圣明君主""康乾盛世"的缔造者，乾隆皇帝决定要修纂一部既超过康熙、雍正时编辑的类书《古今图书集成》（10000卷，目录40卷），又超过明代《永乐大典》（22877卷，凡例与目录60卷）的一部前无古人、后无来者的书籍——《四库全书》。

公元1770年，乾隆皇帝提出："现在疆土一统、庶民乐业，富则思教，要搜辑文萃，编一旷古巨型丛书，以供学子仕进之用。"他思来想去，将朝野文人学士挨个儿扒拉一遍，觉得刘统勋能担当总裁之任，并初步策划了一个副总裁班子。

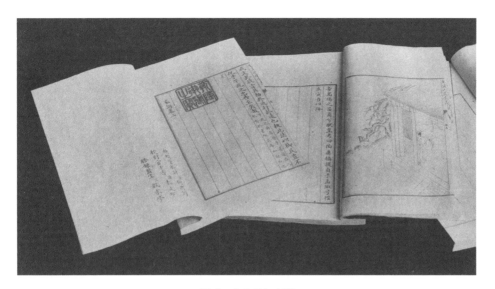

■《四库全书》内页

　　1772 年春，乾隆令直省督抚会同学政等通饬所属，购访全国民间藏书。

　　1773 年春，任命爱新觉罗·永瑢、刘统勋、刘纶、于敏中、福隆安等为正总裁，英廉等为副总裁，详定规则条例，筹划在翰林院内成立"四库全书馆"，由总裁遴选翰林等官员入馆任职。于是，经查核奏请与皇帝批准后，翰林编修纪昀、提调司员陆锡熊为总纂官；郎中姚鼐，主事程晋芳、任大椿，学政汪如藻，原任学士降调候补翁方纲为纂修官；进士余集、邵晋涵、周永年，举人戴震、杨昌霖调来京，在分校上行走。

　　后来这些人员又有调整。10 年间，乾隆总共任命和调整的总裁、总阅、总纂、总校，以及校勘《永乐大典》纂修、校办各省遗书纂修等官员达 360 余人，光是正副总裁就先后任命调换 20 余人，并将皇子永瑢、永璇、永瑆及新宠和

■《四库全书》馆总裁官永瑢像

珅等也囊括其中。

这其中，功劳最大的当数总纂官纪昀（纪晓岚）。

二、《四库全书》的总纂官纪晓岚

纪晓岚，公元 1724 年 8 月 3 日（农历六月十五日）出生于直隶河间府献县崔庄。1734 年随父亲入京。1747 年，23 岁的纪晓岚应顺天府乡试，取得了乡试第一名的好成绩。

1754 年春，30 岁的纪晓岚考中进士，列第 22 名。殿试中名列二甲第四名（也就是全国第七名），同年进入翰林院。1762 年外放福建学政。1765 年，纪晓岚的父亲去世，回乡守孝三年。1768 年重新担任公职，出任从四品翰林院侍讲学士。同年因为卢见曾贪污案发配新疆乌鲁木齐。

这个卢见曾生于 1690 年，比纪晓岚大 34 岁，1721 年中进士。雍正皇帝即位后，卢见曾在任上以善于治水患闻名，颇得当时人们的称赞。乾隆皇帝登基后，卢见曾于 1737 年升任两淮都转盐运使，7 个月后因"被参一十七款，共诬赃银一千六十两"而罢官扬州。此后兜兜转转，在 1753 年再任两淮都转盐运使，在任 10 年后以年老得请还家。1765 年乾隆皇帝南巡时，赐其家"德水耆英"匾额。1768 年，两淮历代盐政官员贪污案发，卢见曾因曾长期任两淮盐运使，亦牵连入案。乾隆对此十分震惊，谕令将卢见曾"革去职衔，派委妥员解送两淮并案审讯。仍一面将卢见曾原籍赀财，即行严密查封，无使少有隐匿寄顿"。

然而出乎乾隆意料的是，"查抄卢见曾家产，仅有钱数十千，并无金银首饰，即衣物亦甚无几"。乾隆很纳闷，觉得不应该这么少，肯定是卢见曾早就把金银财宝转移了。于是命人密查，

■ 纪晓岚像

结果的确是其家人把财产运走了。

乾隆遂令严加追究走漏风声之人，若卢见曾坚持不说，即加以刑讯，待审得实情后，再将其"锁押解赴扬州，并案问罪"。

后来审讯了卢见曾的儿孙。其孙供出了事先通报信息的人，正是当时正在担任从四品翰林院侍讲学士的纪晓岚。

乾隆立即下令将纪晓岚拿下入狱，等待审判。

后来经查得知：卢见曾的孙子是纪晓岚的长女女婿。卢见曾在前后长达10年的时间里，一共收受盐商贿赂价值万余元之古玩，被判死刑，秋后问斩。但是卢见曾在当年9月底就因病去世了。

而纪晓岚通风报信的过程，则有民间故事绘声绘色地记述下来：纪晓岚知道案情后，就想方设法去通知卢家，但又不敢给别人留下把柄，所以思来想去，就拿出来一个信封，里面装了一把茶叶、一把盐封上，但一个字都没写，然后就派人送去了。

卢见曾看到后，一开始很不解其中意思，后来恍然大悟：这不就是"盐案亏空查（茶）封"嘛，于是就让家人立刻转移了财产。

关于纪晓岚通风报信的故事，还看到过另外一个版本：纪晓岚派了一个小孩子，在其手心里写了一个"少"字。这个"少"字与小孩的手合而为一，恰是一个"抄"字。纪晓岚就这样机智地将要抄家的消息传给了他的姻亲卢见曾。

结果，就发生了纪晓岚被发配新疆乌鲁木齐的事情。

三、辛苦的编纂过程

公元1771年夏，纪晓岚风尘仆仆地从新疆乌鲁木齐回到北京，成为《四库全书》总纂修官。为了编纂好这一中国历史上空前绝后的鸿篇巨制，他做了不懈的努力。主要表现在以下几个方面。

1. 协调调度人员

当这项浩瀚的工程摆到他面前时，纪晓岚已47岁。在总纂官之上，有

20多个正、副总裁；在总纂官之下，有360余个编纂；总共4300多人参与，设"总阅""总纂""总校""提调""缮书"各处，分别在翰林院及武英殿展开工作。其编辑规模之大，恐怕在全世界亦属空前。因此，分配协调人员，把每个人安放在合适的工作岗位，就成为纪晓岚首先要解决的一个难题。

2．收集史籍材料

在纪晓岚建议下，乾隆下令建四库全书馆，并在全国范围内开展大规模的搜集图书活动。为此乾隆特地发布上谕："择其中罕见之书，有益于世道人心者，寿之梨枣，以广流传。余则选派誊录，汇缮成编，陈之册府。其中有俚浅讹谬者，止存书名，汇为总目，以彰右文之盛。以采择《四库全书》本指也……所有各家进到之书，俟校办完竣日，仍行给还原献之家……钦此。"

这时四库全书馆里里外外到处停放着满载书籍的大小车辆，收掌官挥毫登记造册，差役们手抬肩扛，将成捆成箱的书籍搬运到临时存放的大图书库内。纪昀忙而不乱地指挥着众编修，将一捆捆书籍拆开，分门别类归入经、史、子、集四库。

乾隆甚感欣慰，下令嘉奖献书大户。纪晓岚亦被列入进书最多者名单。

当然也并非人人皆踊跃交书，如怡亲王府第藏书甚丰，有元刻本《中庵先生刘文简公文集》，因为收藏者不愿拿出来，后来只好从《永乐大典》中辑之。

所以说修书是件很不容易的事。而且乾隆经常对《四库全书》编纂工作发表"高论"，对编纂人员进行批评指导。

3．回击皇帝干扰

纪晓岚此人豁达、乐观，能够左右逢源，但实际上他的处境仍然非常艰难。在四库全书馆编纂处，纪晓岚虽然名誉上是排在第一位的总纂官，但在他之上还有20多名正副总裁官。乾隆也亲自干预，不断地谕示"朕亲批阅厘正"。

一部书辑录完稿，待逐层交皇帝御览时，编纂人等便提心吊胆，以待御批示下。据记载，一部书写好进呈时，往往还要在开卷首页故意留下一两处比较明显的错误，以便御览时易于发现改正。这样做是为了满足皇帝高人一等的心理，这就是所谓的"钦定"。然而皇帝又哪有那么多工夫用在书本上，于是来不及一一御览的错误之处，就在"钦定"招牌下，"合法"地留下来了。乾隆评价《四库全书》时也有"草率讹谬，比比皆是"的话。作为总纂官，对于此类情况，怎能不左右为难呢？

公元 1776 年（乾隆四十一年）7 月 26 日、9 月 30 日、11 月 17 日，皇帝就有过 3 次详细具体的干预、谕示。可见他对编纂《四库全书》督查甚严。例如，凡是"胡"改为"全"，"虏"改为"敌"，"贼"改为"人"，"虏廷"改为"北廷"，"入寇"改为"入塞"，"南寇"改为"南侵"等，不胜枚举。因此在编纂过程中负责校勘的官员，遭受处分的人次为数甚多。最后在乾隆四十二年，有了"馆臣校书错误应议，昀特旨免"的上谕。尽管纪昀得免，但作为总纂官，他的思想心绪无疑是非常紧张的。

公元 1777 年（乾隆四十二年）10 月 29 日，上谕命以哈密瓜颁赐四库全书馆诸臣，全馆 154 臣僚联句讴颂，视为无上荣光。纪昀为《恩赐四库全书馆哈密瓜联句恭纪一百五十四韵》作序说："此日分尝，真作逢春之草，恩逾常格。"

总之，乾隆对待当时知识分子的方法就是恩威兼施，把许多人撵到四库全书馆做编纂，搞"学问"，发扬汉族传统文化，使之在书海中消磨终身。如稍有逾越者，便杀一儆百。

4．调节同僚矛盾

编纂《四库全书》的工作人员由于师承不同，其观点也就有很大区别。因此，四库全书馆内学派分立。这样在编纂过程中，纪晓岚就要经常调解同僚们的矛盾。还实在是有赖于其组织才能。

当时的四库全书馆内，尤其是经部馆内，存在着严重的"汉学"与"宋学"之争。

经部馆内的"汉学"占据主导地位。其治学态度较为切实，方法较为缜密；其缺点是烦琐，有时也远离实际。纪晓岚好友、布衣戴震主持经部，力尊"汉学"。后来这一学派延伸出"乾嘉学风"，四库全书馆就成了发源地和大本营。

馆内也不乏尊崇宋儒之人，这就所谓"宋学"。宋学与汉学意见时时对立、常常交锋。大名鼎鼎的翁方纲和姚鼐就是汉学的激烈批判者。

偌大的编纂人群，英才荟萃，统领谈何容易？纪晓岚凭借自己的灵活风格和学识声望，一再设法让各学派互相尊重，对学术不对人，平心静气地讨论问题。所以馆内依然存在着宽松、和谐的合作风气。

纪晓岚主持四库全书馆十几年，值得庆幸的是，他总算顺利走过了这段路程，并获得极大荣誉。在全书编纂完毕时，他曾写过一首小诗《自题校勘四库全书》，在自嘲中表达了一种文人的自得："检校牙签十万余，濡毫滴渴玉蟾蜍。汗青头白休相笑，曾读人间未见书。"

5．承担死亡威胁

公元1777年冬，纪晓岚的挚友戴震死于编纂《四库全书》的任上。

戴震是安徽休宁人，家境贫苦，常年以教书为业，纪昀的长子和次子都是其门生。戴震性格耿直，28岁方补诸生，而学业日进。1762年考中举人。1773年进入四库全书馆担任纂修，人称"布衣戴震"。

在馆供职期间，戴震勤于劳作，寒暑无闲。他对新进图籍论次精审，所校《礼记》《水经注》尤其精妙。在思想体系上，他所著《孟子字义疏证》一书，借疏证孟子学说来阐述自己的政治和哲学观点，指出"人的正当欲望和要求是合理的，有欲的人不能说是有私，那些口头讲'无私无欲''去欲'和'灭欲'者，恰恰是以此来实现其最大的'私'"。而统观纪昀的代表作《阅微草堂笔记》，

■ 戴震像

在这个问题上，二人的认识是极其一致的。

因此戴震的死让纪晓岚不胜悲痛，对他的打击非同寻常。

当时，像布衣戴震这样死于修纂《四库全书》任上的还有很多名人，如陆锡熊、孙士毅、周永年、邵晋涵等。每一次离别对于纪晓岚来讲，都是一种巨大的刺激。

6. 苦中寻找乐趣

虽然修纂《四库全书》是一件非常辛苦的差事，但纪晓岚等人也有苦中作乐的时候。最为著名的就是下面这件事情了。

某日，纪晓岚在翰林院与同人校理《四库全书》，因时值盛暑，天气炎热，屋内又书籍杂错，密不透风，矮胖的纪晓岚素来怕热，只觉汗流浃背，遂脱下衣服，甩开膀子大干起来。

不料乾隆忽然大驾光临，纪晓岚来不及穿衣，又不能光膀迎见，匆忙之中只得躲藏在书橱后面。乾隆早已看见，因有心要开纪晓岚的玩笑，故佯作不知，示意群臣坐下，自己随意翻书。

纪晓岚在书橱后面热得难耐，好不容易听得已无人声，便探出头来问道："老头子走了吗？"一时众人大惊失色，噤不敢言。纪晓岚发现气氛不对，这才看到乾隆帝仍端坐一旁，不觉也吃了一惊。乾隆帝总算抓住纪晓岚的把柄，一定要让他把"老头子"的称呼说清楚，否则就要治大不敬之罪。

但纪晓岚早已镇定下来，从容答道："万寿无疆之谓'老'，万民之首之谓'头'，昊天之子之谓'子'。'老头子'之称，实为尊敬之意也。"乾隆一听转怒为喜，连连称善，众人也无不折服。

自此后，"老头子"之称便不胫而走。纪晓岚幽默诙谐的品性也为人们所津津乐道。

7. 分色区分类别

《四库全书》编纂工作接近尾声的时候，大臣陆锡熊向乾隆建议：《四库全书》卷册数额颇多，若将经、史、子、集四类用不同颜色封面装帧，岂不便于翻阅？乾隆听取了这一建议，决定用象征四季的颜色来表明书的类别。

他认为经书居群籍之首，犹如新春伊始，当标以绿色；史部著作浩博，如夏之炽，应用红色；子部采撷百家之学，如同秋收，白色为宜；集部文稿荟萃，好似冬藏，适用黑色。

但近年来，有人留意到《四库全书》所在七阁中尚残存者，文澜阁的为绿、红、白、黑，与乾隆所讲一致；而文津、文渊、文溯三阁则为绿、红、蓝、灰。其中原因尚不得而知。

8. 放弃著书机会

纪晓岚每天沉浸在《四库全书》的编纂工作之中，编纂《四库全书》，让他有两大经验或者说是教训。

其一就是自己没时间写书了，而且也没有必要写书，天下的书哪里还有比《四库全书》更多更全的。

其二，纪晓岚及其同僚也因编纂《四库全书》而饱尝痛苦，甚至家破人亡。纪晓岚、陆锡熊和陆费墀等人因有差错而遭到多次呵斥、交部议处、罚赔等处分。其中陆锡熊死在前往东北校书的途中，而陆费墀因无力负担江南三阁的修改费用而被革职抄家，甚至妻离子散。

■ 陆锡熊关于详校《四库全书》的奏折（局部）

纪晓岚4岁就跟笔砚结缘，后凭借文字走上仕途，却没料到文字也可以给人带来杀身之祸。所谓"瑟缩不敢著一语"，大概就是他的真实心境。所以人人知道，纪晓岚文采斐然，学问很高，但是您可以看到，《四库全书》是他编的，他自己写的只有一本《阅微草堂笔记》。

9．成就千年梦想

《四库全书》是中国乃至世界历史上规模最大的一套丛书，共收录各种书籍3503种、79337卷，存目达6783种。其编纂始于公元1772年，1781年第一部全书抄录完成。1792年全部完成，共计抄录7部。这7部分别保存于故宫文渊阁、圆明园文源阁、沈阳故宫文溯阁、承德避暑山庄文津阁、镇江金山文宗阁、扬州文汇阁、杭州西湖行宫文澜阁。

纪晓岚成就了《四库全书》；《四库全书》也成就了纪晓岚。他主持编纂的《四库全书》，对保存和整理我国古代文化遗产功不可没。

四、《四库全书》的命运

第一次鸦片战争期间，英军攻占镇江，镇江文宗阁被英军放火烧毁，所藏《四库全书》被抢出一部分，但是损失惨重。随后1853年，太平军打到南京，在这前后，镇江的文宗阁和扬州的文汇阁，两部《四库全书》荡然无存，全都被焚毁。太平军也打过杭州，杭州文澜阁的《四库全书》也同时散失严重，后来经过文人、学子们参考北四阁的《四库全书》重新补订，这才基本配备齐全，现在保存在浙江省图书馆。南三阁的现在就剩下这一部，而且还是后来补的。

我们再说北四阁。1860年，英法联军火烧圆明园，圆明园的文源阁的《四库全书》全部化为灰烬。其他三阁的《四库全书》保存至今，但是他们的储藏地都发生了变化。

1949年，蒋介石败退到台湾，故宫文渊阁本《四库全书》被运到了台北。

■ 文澜阁

　　留在承德避暑山庄文津阁的《四库全书》的命运：1909 年，清政府允准拨文津阁《四库全书》为筹建京师图书馆所用。原书、原架被集体运到北京。1915 年正式入藏京师图书馆。随着京师图书馆的改名易址，这部《四库全书》曾四次搬迁。1987 年，北京图书馆新馆（现名中国国家图书馆）落成，文津阁《四库全书》由旧馆搬入新馆二楼正厅后的《四库全书》专藏书房内，收藏至今。

　　留在沈阳的文溯阁本《四库全书》搬迁到了甘肃，现在在甘肃省图书馆保存。1966 年 10 月，基于战备的需要，为确保《四库全书》安全，经中央有关部门协调，辽宁省将总计 3474 种、36315 册的文溯阁《四库全书》以及 5020 册清雍正年间所印铜活字本《古今图书集成》，经过长途跋涉，秘密运至兰州，拨交甘肃省保存在距兰州市 75 公里的山中。1999 年 5 月，甘肃省政府做出了在省城兰州立项修建文溯阁《四库全书》藏书库的决定。2002 年 1 月，在兰州黄河岸畔北山九州台修建文溯阁《四库全书》藏书楼，奠基仪式隆重举行。2003 年 4 月 30 日正式开工。2005 年 7 月 8 日，新建成的文溯阁《四库全书》藏书馆正式开馆。这个坐落于兰州北山九州台的文溯阁《四库全书》藏书馆，投资五千多万元，占地 3.126 公顷，总建筑面积 5757平方米。

■ 文渊阁内部

　　现在可以看到两种版本的《四库全书》，20 世纪 80 年代台湾商务印书馆开始影印出版故宫的文渊阁本的《四库全书》，在全世界引起了强烈反响。2003 年，大陆这方面由商务印书馆承担了承德避暑山庄文津阁本的《四库全书》的影印工作。2003 年开始影印，2006 年《四库全书》彻底影印完成。

第二十六讲

大清王朝由盛转衰之
王亶望案件全揭秘

大清王朝由盛而衰的转折点是发生在乾隆年间的王亶望案件。它非常典型地反映出当时朝廷内部的腐败局面的恶性发展，也揭示了乾隆统治时期的深刻社会危机。

一、王亶望案件的发生

1. 王亶望案件的导火线——苏四十三起义

王亶望案件过程非常复杂，但起因却是一件非常小的事情——发生在公元 1781 年（乾隆四十六年）春天的苏四十三起义。

当时甘肃省循化地区由于回教新旧教派之争，爆发了苏四十三起义。它一开始也并非是要与朝廷对着干，而是以与旧教派相争为目的。直到王廷赞直接插手剿匪。

王廷赞时任从二品甘肃布政使，原先是宁夏道道台，在原甘肃布政使王亶望升任浙江巡抚后被提拔接任。此时爆发了苏四十三起义，王廷赞觉得立功的时候到了，就派人把新教派的首领抓到了兰州。结果起义者围住了兰州，王廷赞也慌了手脚。

乾隆得知后，急旨令王廷赞"毋乃过涉张惶，若稍有疏虞，王廷赞不能当其咎"。后在清军围剿之下，新教领袖苏四十三等率教众千余人退离兰州继续抵抗。

乾隆大为恼怒，迅速调派大学士阿桂和户部尚书和珅到甘肃围剿，并将陕甘总督勒尔谨以"坐失时机""办理谬误"罪名革职。一时甘肃各级官员噤若寒蝉、人人自危。

王廷赞则自恃守城有功，急于表现，为显示自己赤胆忠心，自作聪明地上奏称："臣历官甘肃三十余年，屡蒙皇上格外开恩，不次擢用，荐历藩司……在用兵之际，需用浩繁，臣情愿历年积存廉俸银四万两，缴贮肃藩库，以资兵饷。"

■ 阿桂像

他没想到的是自己聪明反被聪明误。

2. 聪明反被聪明误的王廷赞

当时的甘肃地处边陲、时常用兵、人稀地广、偏远贫瘠。在那里做官是朝廷上下公认的苦差事，"甘肃省地瘠民贫，官场素称清苦，此众人所共知"。

王廷赞长期在甘肃为官，现在一下子就提出要捐四万两白银，立刻便在军情纷乱的奏牍中脱颖而出，抓住了皇帝的眼球。

然而以他的职务，年薪只有区区 130 两银子，养廉银也只有 7000 两，却能一下子拿出四万两，钱从哪里来的？当时和珅了解到的情况是王廷赞"家计充裕，即再加数倍亦属从容"，再联系前阵子王亶望为浙江海塘工程效力，自请捐银五十万两，数量之巨更是令乾隆感到匪夷所思。

更让皇帝大为光火的事情还在后面：阿桂、和珅领兵在甘肃剿击行军途中，首站竟因连日阴雨、道路泥泞而难以速进，贻误军机、非同小可。于是阿桂奏报："大雨竟夜，势甚霡霈……连绵不止。"但甘肃省之前年年上报"雨少被旱"，一直申请用捐监粮赈旱灾！

"旱灾"严重，却阴雨绵绵；地瘠民贫，却官员富足。甘肃的这些怪现象，让乾隆一下子锁定了之前早有所风闻而又查无实据的捐监弊端上。

■ 乾隆时期的甘肃舆图

乾隆时的户部是敞开收捐的，但各省就不能随便开捐。甘肃省曾经获准开捐，"甘肃旧例，令民输豆麦，予国子监生，得应试入官，谓之'监粮'"，但不久后由于风闻弊端不少，即令停捐。

这不就没事了吗，怎么又出事了呢？

3. 捐监案引出了王亶望

话要从公元1774年说起。陕甘总督勒尔谨奏称：甘省年年旱灾，本省仓储不足，"动帑采买，不无辗转之烦"，奏请"仍复捐监旧例"。经户部议覆后准予再次开捐。原令只收本色粮米，"饬令该督严立规条，肃清诸弊，毋得私收折色"。

乾隆同意甘肃省重新开捐也是好意，为了"积贮监粮，为备荒赈恤之用"。他自认"朕爱养黎元，每遇各省水旱偏灾，不惜多费帑金优恤，宁滥毋缺，以期不失一夫"。更何况甘肃穷脊，灾荒不断，"素称边隅硗瘠，尤宜加意抚绥"。

而王亶望就是由举人捐资获得知县职务，从而走上仕宦生涯的。后来乾隆将他派往甘肃，掌管山丹、皋兰诸县，再后来升为浙江布政使。

据史载，王亶望极喜欢吃驴肉丝和填鸭。他的厨中有专门饲驴者，蓄数驴肥而健，"中丞食时，若传言炒驴肉丝，则视驴之腴处，取一脔烹以献。驴到处血淋漓，则以烧铁烙之，血即止"。还有专门饲鸭者，"与郡中填鸭略同，但不能使鸭动耳。蓄之之法，以绍酒坛凿去其底，令鸭入其中，以泥封之，使鸭头颈伸于口外，用脂和饭饲之，坛后仍留一窟，俾能遗粪，六七日即肥大可食，肉之嫩如豆腐。若中丞偶欲食豆腐，则杀两鸭煎汤，以汤煮豆腐献之"。其豪侈如此，可见一斑。

王亶望的父亲曾任江苏巡抚，素有清名，加上他自己也是捐的官，又曾经在甘肃做过几个县的知县，熟悉当地情况，于是乾隆特意把他调到甘肃任布政使，主持捐监事宜。

王亶望也果然是干练之臣，到甘肃半年，捐监人数就达到 17000 人，监粮达到 80 余万石。以后更是成效卓著，捐监赈灾有条不紊。到 1777 年，王亶望被提拔为浙江巡抚。

问题是，难道乾隆就不怀疑甘肃省的捐监成效吗？

当然怀疑。乾隆曾向陕甘总督勒尔谨提出"四不可解"的责问：甘肃省向来贫瘠，何来这多人捐监？哪有那么多粮食？捐了这么多粮食，如何存放？这么多粮食如何使用？

勒尔谨则奏复：甘肃省为边疆交通要道，是以外省商民经甘肃省捐监；此外历来旱灾连连，均需粮食，监粮正可用于赈灾。

乾隆听后不信，就派和珅前往甘肃省检查。

4．和珅促成了捐监案的蒙混过关

当时的和珅还默默无闻，只是受皇帝欣赏而已。但他一到甘肃，就受到勒尔谨、王亶望等率几百名官吏豪绅迎接。和珅一见当地官员的表情，就对陕甘捐监的真相猜到了十之八九。

但这个时候，和珅想广交外官，勒尔谨、王亶望等人也极想在朝中傍上一棵大树，于是双方一拍即合。勒尔谨、王亶望等人很快就成了和珅的同党，和珅也就此走上了贪污之路！

因此经钦差大臣和珅实地盘查，并无破绽，乾隆的疑问也不了了之。

现在说回阿桂奏报甘肃"大雨竟夜，势甚霶霈……连绵不止"，再次把乾隆当年的疑问激了起来。如今皇帝更加急于印证，于是勒尔谨、王廷赞、王亶望被陆续收监讯问。

而令乾隆不解的是，如果收的是粮食，官员要分肥，就要多收；如此一多收，捐监者肯定不愿意。那他们为什么又纷纷向甘肃捐监，还说比在户部捐便宜？

5．陈辉祖再查捐监案

于是这次，乾隆派闽浙总督兼江苏巡抚陈辉祖去甘肃再查捐监案。

这陈辉祖可是王亶望的老上级。他审讯的结果是：捐监并没有收粮食，而是折合成银子收的，而且为了鼓励多捐，所收银子并没达到应收数。

王亶望供称，纵容下属收银是"意在捐多谷多"。正常理解这句话，意思是捐多谷多说明工作做得好，就可以得到皇帝的首肯，就可以升官。然而官场又有一条非常的理解：所谓捐多谷多，实际上是银子多。银子多，王亶望就分得多；分得多就可以再用于活动上层如和珅等人，这样也可以升官。当然，这时王亶望没有供出和珅。

结果到了公元1775年，甘肃收捐到了疯狂的地步：收捐监生达到63000名，折粮250万石。而当年上报灾歉，动用粮食达到了170万石。如此严重的灾歉，却能拿出这么多粮食，的确可笑。

而捐监案的结果，又引出了行贿案！

6．捐监案引出行贿案、冒建粮仓案和巨额亏空案

勒尔谨在甘肃省花销无度，省里财政"所用甚多，竟若伊家所有，取携甚便"，国库成了自家小金库。此外还"令属员买物赔垫，甚且公然勒索"。

王亶望更是"声名狼藉，通省皆知"。据王廷赞的揭发，"彼时众人有说他'一千见面、两千便饭、三千射箭'之语"。王亶望任藩司时，各州县专派人守候省城探听王的信息，名曰"坐省长随"。下属行贿金银，用酒坛子装好，以泥封口，堂而皇之地抬进王亶望的官署。州县竞相送王亶望钱的原因在于，"王亶望在藩司任内，各属给发实收多少，由其专主；报灾轻重，由其议定；厚薄因人而施，自有交通染指情事"。王亶望在甘肃为官没几年，升迁浙江巡抚时，带走的家产以数百口骡子装载，招摇过市，满载而去。

这还只是冰山一角。随后户部在查对甘肃省上报数据后，向乾隆报告说：在过去的几年间，甘肃曾报经户部批准，以捐监储粮、粮仓不够为由，申请建仓26座，用银161800余两，工程款在所收的捐监仓费银中列支，工程报工部核销。

粮仓工程有申请、有图纸、有预算、有决算，本来天衣无缝。现在冒赈案暴露后，真相才大白于天下。既未收粮，那现有米仓自然无粮可储；既无粮可储，还添建数十座粮仓干什么？粮食、粮仓、申报材料、预决算、工程图纸都是纸上谈兵。一切都是假的，只有落入各级官员口袋里的银子是真的。

乾隆还再次翻出了当年派钦差调查甘肃粮仓的事：钦差奉旨来查，地方官员挪东掩西、瞒天过海，调查结果竟是"仓粮系属实储"，这种明目张胆、沆瀣一气欺骗朝廷的做法，实在令乾隆忍无可忍。而地方大员的托词则是"我未亲往""又被他们蒙了"，一概糊涂遮掩。

捐监冒赈案，处理道府县官员一批；再牵出行贿受贿索贿案，又处理官员一批；再由户部的奏报牵出冒建粮仓案，又处理官员一批；再牵出以前的欺骗钦差案，一案串一案，乾隆原来拟订的丢帅保卒、保留大部、维持甘肃官场稳定的计划被彻底打乱。

然而就在案子已经可以结案时，巨大的亏空案又被查出：地方财政亏空银子888990两，仓库亏空74110石。查办大臣拟让历任和现任地方官赔付，但此时的乾隆已经筋疲力尽，便批准亏空一案大事化小，格外开恩免其分赔。

至于王亶望，则在 1781 年夏被抄家，家产由浙解运来京，到了崇文门。

乾隆一直很重视查抄王亶望家产一事，尤其对其平日收藏的古玩字画最为留心。但一看验收清单不禁大失所望：所载物品稀疏平常，诸多贵重物品不翼而飞，例如令乾隆印象深刻的一件米帖石刻竟然没有。经对照解京物品清单与浙江省最初上报的查抄底册，物品大量缺失一目了然。在核查中，还发现原查抄底册中载有的黄金 4748 两不见了，却多出了白银 73594 两，金银比例正好是 15 换 5。

是谁胆敢脑筋动到天子头上？乾隆当即严令查办大臣李侍尧和阿桂追查。

二、王亶望案件的新发展

1. 黄金变白银案件——陈辉祖也掉了进去

李侍尧精明干练、颇有才略，史载他"短小精敏，过目成篇。见属僚，数语即辨其才否。拥几高望，语所治肥瘠利害，或及其阴事，若亲见，从皆悚惧"。因此乾隆对他颇为倚重。

乾隆一开始只把关注点放在具体经办查抄的官员身上，对全权负责查抄的二品大员、闽浙总督陈辉祖则毫无疑心。他说：陈辉祖世受深恩，且系封疆大臣，朕断不疑伊有抽换之事。

但随着案件深入，陈辉祖上下其手、偷梁换柱的行径暴露出来。"非有督抚主张，如此多金，谁敢公然抵换"，阿桂在奏折中说陈辉祖"荒唐至此，可谓愈出愈奇"。

事情很快水落石出。陈辉祖算是绞尽脑汁、机关算尽。他对王亶望家产中的金子垂涎欲滴，想了一个堂而皇之的理由，对经办官员说："金子质量有些不好，不如把它按市价换成银子，列入清单。"经办官员哪敢说个"不"字。而所谓"以金换银"实际上就是窃取，因为金子是要解到京城的，但银子是乾隆指令留在浙江用作海塘工程的。但海塘工程并不缺钱，甚至还有盈余。所以这所谓的 73594 两白银只是账面数字，陈辉祖实际上一分钱都没有

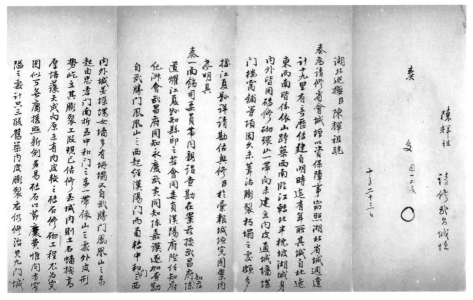

■ 陈辉祖仼湖北巡抚时的奏折

花，就套取了这些金子。更有甚之，王亶望家产中原本就有白银二三万两，现在以金换银，陈辉祖干脆一不做二不休全部吞掉。如此加起来，仅"以金换银"一项，陈辉祖就捞得金银价值在白银十万两以上。

而王亶望所藏名人字画，陈辉祖也过网不漏。经他挑选留下的有唐伯虎麻姑图一幅、华岩牡丹一幅、米芾墨迹一卷、苏轼佛经一卷等大批珍贵字画。到了乾隆手中的，自然只剩不堪入目之物。

陈辉祖可真够胆大的！

对其行径，乾隆悲哀地说："陈辉祖由司员不次擢用简任封疆，身受朕恩，最为深重。乃如此昧良欺罔，朕又将何以用人？尚复何人可以信任乎？"

这就是乾隆反贪的一大特征：以贪查贪。

在甘肃省冒赈案中，同为查抄大员的江苏巡抚闵鹗元的弟弟闵鹓元也是案犯，陈辉祖在查抄他的家产时，竟闹出只查出白银三两的笑话，被乾隆讥为"不值一哂"。

而查处过程中，案中套案、一案接一案，乾隆几线作战，充当了侦探员、警察、监狱长、检察官、法官、公诉人、审判员等多个角色，每一个角色都做得完美无缺，也令人不得不叹服。

可是，官吏们也在逐渐变聪明，不再重犯这种低级错误、被皇帝简单抓住把柄。至于那些被抓的官员们，只能说是马失前蹄而已，就如他们被审讯时常回答的——"还有何话可说呢？"

此后，李侍尧升为云贵总督。但他竟也逐渐走上了贪污之路！

2．大清官李侍尧也掉了进去

事情是由一个叫海宁的人升官引起的。

曾在李侍尧手下任职的云南粮储道、贵州按察史海宁，因为与和珅关系不错，经其关照被调任奉天府尹。他上任前特意到和珅府上拜望，感谢把他调离西南蛮荒之地。连同丰厚礼物一同带给和珅的，还有李侍尧在云南贪赃受贿的消息和证据。

■ 李侍尧像

和珅听罢大喜，立刻把海宁夸奖一番，鼓励他不必畏惧李侍尧的淫威，尽管上奏，一切都有他照应。

于是第二天一早，海宁向乾隆呈递了奏折。乾隆读罢勃然大怒，称自己对李侍尧在云南贪赃枉法早有察觉，只是念他征战多年，立功无数才网开一面，孰料他竟然越发不成体统。当即命和珅赴云南查清李侍尧贪赃一案。

和珅到云南后，先向李侍尧宣读圣旨，将他暂且革职，然后就再不过问此案，游山玩水去了。因为他明白，云南毕竟是李侍尧的地盘，他在此地经营多年，耳目众多、根底深厚，寻找他贪赃的证据恐怕不是一件容易事。

于是和珅装作懦弱无能、不思公务以

麻痹李侍尧，暗地里则派出得力手下细心查访。此法果然奏效，几天下来就收集到了一些证据。然而，这些证据全都不怎么重要，远不足以置李侍尧于死地。

和珅不肯就此罢休，开始打李侍尧的大管家赵一恒的主意。赵一恒身为大管家，所有财物交易必经他手，如果能撬开他的嘴巴，整个案件就可以水落石出了。和珅命人绑来赵一恒严刑逼供，赵一恒起初还拼死抗争、拒不招认，后来终于耐不住酷刑，将李侍尧所作所为——交代。

和珅有了坚实证据，心里就有了底，他命人召集李侍尧属下官员，当着他们的面宣读了赵一恒的供词。那些原本忠于李侍尧的官员见和珅已然掌握了全部证据，再顽抗下去毫无意义，就纷纷倒戈一击，出面指控李侍尧种种罪行，以求保全自己。就连那些曾行贿李侍尧的官员，也申明是迫于其淫威，才被迫行贿的。

一切准备就绪之后，和珅才提审李侍尧。李侍尧起先有恃无恐、强词争辩，和珅见状便命人将赵一恒带上公堂当面与其对质。最后，李侍尧知道大势已去，不得不认罪，"自任得道府以下贿赂不讳"。

乾隆得知后震怒谕曰："侍尧身为大学士、历任总督，负恩婪索、朕梦想不到。夺官，逮诣京师。"和珅见状，便想置其于死地，几经审问后上奏："拟斩监候，夺其爵以授其弟奉尧。"后又建议将李侍尧"斩立决"。

但乾隆感念李侍尧屡立战功、颇有才干，不忍心就这样把他杀了，就没批准"斩立决"，让和珅等人再议。有大臣领悟了皇上本意，上书奏请道："侍尧历任封疆、干力有为，请用议勤议能之例，宽其一线。"乾隆最后判李侍尧"斩监候"，将他因禁在刑部大牢之中，籍没全部家产。

和珅虽然没达到杀李侍尧的目的，却向乾隆展示了自己的办事才能，可谓不虚此行。

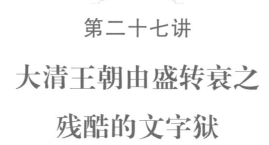

第二十七讲

大清王朝由盛转衰之

残酷的文字狱

大清王朝由盛转衰，制造众多残酷的文字狱是一个很重要的原因。

一、"文字狱"的概念和历史

1."文字狱"的概念

关于"文字狱"的概念，史学界比较认同的说法是"当权者为了维护自己的统治，打击异己分子，镇压不合自己口味的思想言论而制造的一些因言说而犯罪的案件"。引申出来有三点。

第一，实施文字狱的必须是统治者。这点比较好理解。因为如果不是统治者，没有国家暴力机器，也没办法实施文字狱。即使有一定的暴力机器，但不是统治者，就没有实施文字狱的理由。不是统治者实施的暴力，最多也只能是两方的文字官司。

第二，手段必须是打击、镇压等暴力手段。统治阶级所采取的手段必须是用其暴力机关，如军队、警察、法庭和监狱。

第三，起因是言论，结果却是犯罪案件。"文字狱"只是个泛泛的概念，表达方式不仅是文字，语言也可。有时候只是说说而已，也可以导致杀身之祸，甚至有人死于腹诽。

2．中国最早的文字狱

最早的文字狱发生在春秋时期的齐国。公元前548年，齐国君庄公与大夫崔杼的妻子私通而被崔杼杀了。史官在竹简上写下"崔杼弑其君"，崔杼知道后杀了史官；史官之弟秉承兄业录史，仍记"崔杼弑其君"，亦被杀；后承者仍照此记录。

崔杼看硬的不行，就来软的。他找史官商量，要求别这样写，被拒绝；又退一步，要求别用"弑"字，因为是庄公有错在先。史官答：不管怎样，臣子杀君王就是"弑"，没商量。

最后，崔杼为他们的正直所折服，没有再下杀手。于是后代史官都以能像齐国史官这样秉笔直书为荣。

3．明朝初年的文字狱

到了明朝，文字狱越发增多。

明太祖朱元璋是和尚出身，所以特别忌讳人家说"僧、盗、光"等字，连同音异义的"生、道、亮、秃"等也不行。另外因他被元朝骂为贼，"贼"及其近音字"则、责、择"见亦怒之。

他登上帝位后，凡章表中有这类字的作者，当即诛杀。例如有一个和尚写诗谢恩："金盘苏合来殊城，玉碗醍醐出上方。稠迭滥承天下赐，自惭无德颂陶唐。"朱元璋看后认为：殊是"歹""朱"而合，这和尚是变着法子骂人，杀。

结果和尚拍马屁拍到马腿上，让马尥蹄子给踢死了。

4．清朝文字狱产生的原因

到了清朝，皇帝的神经更脆弱，对这类事情更敏感。章表诗文中一切能够得上影射、暗示甚至可以牵强附会的字句，都会给作者带来杀身灭族之祸。

清代前期文字狱大致有下面三种情况：

第一，清朝先祖曾臣服于明朝，受官袭爵，闻命即从。入主中原之后，清廷对此段历史讳莫如深，因此不仅将旧有史籍刊削、禁毁，而且对继续编写乃至收藏者都以"大逆"之罪滥加诛戮。

第二，清初反抗思想久久不能消弭，尤其是汉族士大夫眷恋故明，宣扬"夷夏之防"，对巩固统治极为不利。为了强化满洲贵族的封建专制统治，对反清思想势必要严加打击。

第三，康雍之际，清皇族中权力斗争空前激化，史称夺嫡之争。雍正即位后，为了巩固胜利果实，除杀戮夺嫡诸王外，还不惜借助文字狱来打击"党附诸王"的势力。

此外，也有皇帝滥施淫威而出现的文字狱。

清朝首例文字狱发生在公元1645年的河南乡试中。一份中举试卷误将"皇叔父（多尔衮）"写作"王叔父"，被指大不敬。于是主考官被革职交刑部论罪。

二、康熙年间的文字狱

康熙皇帝统治期间发生的文字狱案共有十多起，比较典型的有下面三起。

1.《明史》案

《明史》案发生在公元1661年，决谳于1663年。

明朝宰相朱国祯退休后曾著《明史》一书，讲述了崇祯和南明史事，尊南明弘光、隆武、永历为正朔，有指斥清朝的词句。后来朱家衰败，将书稿以千金卖给湖州富户庄廷鑨。

庄廷鑨因病失明，效法"左丘失明，厥有国语"，将该书作了一些增补，当作自己所著。顺治十二年，书刚修订完后，他就病死了。

于是其父庄允城将该书名《明史辑略》，请崇祯十三年进士、在南明弘光政权中担任过礼部尚书的李令晳作序，又邀请江南18位名士共同参订。庄廷鑨岳父朱佑明是大富豪，在顺治十七年以庄廷鑨之名将该书印行于世。好多人都想用书中的违碍之处向庄允城敲竹杠。庄允城都用钱财堵住了他们的嘴。

莊氏史案本末卷下
吳興朱國禎號平涵明朝熹宗時輔臣撰明史幾百
卷藏於家至順治時其家已落子孫不能守以其稿
本貿之莊者莊故富豪能文墨廣聘諸名士續成
之而更布之板其所續烈皇帝朝諸傳於我朝龍
興事有犯諸人不察也盛行之坊間聞吳興有縣令
狹其書興其為難而莊不即答於是首之朝 天子
震怒遂繫若干人如查繼佐陸圻范驤皆浙中名宿
其他姻黨親戚一字之連一詞之及無不就捕殆遍
一人則其家男女百口皆銀鐺同縛杭州獄中至二

■ 清　节庵《庄氏史案本末》

1663年，归安县知县吴之荣因罪罢官，想借告发立功东山再起，便将此事报告给杭州将军松魁。松魁与巡抚朱昌祚讨论后，以书面形式报告督学胡尚衡。庄廷鑨知道后，通过贿赂免于起诉，之后将指斥清朝的话稍加修改重刊。

吴之荣第一次告密失败后不死心，就买了初刊，到京师司法部门直接上告。吴之荣向来怨恨南浔富人朱佑明，便乘机嫁祸，说书中所称"旧史朱氏"指的就是朱佑明。

康熙元年，刑部派人到湖州调查，认为此书有"扬明朝，毁本朝"等8项大罪。庄允城、朱佑明被逮至京城。

当时正是鳌拜等四大臣当政，利用此书大做文章，下令严审，以震慑怀念前明者。于是庄廷鑨被掘墓戮尸，其弟庄廷钺被杀头。李令皙的4个儿子和朱佑明的 5 个儿子都被杀。参校该书的茅元铭，吴之镕、吴之铭两兄弟，连同列入书中的江楚诸名士吴炎等人都被处死。松魁因为事先没有禀报，被连同其幕僚程维藩一起索拿解赴京师，后松魁因其有免刑特权仅被免官，程维藩被杀头。湖江知府谭希闵到任才半个月，也与推官李焕一起以隐匿罪被处以绞刑。刻书、印书、订书、送版的与买书的也都被斩首，甚至有买书人在书商家等了一会儿也被株连。70 多岁的书商朱某与其妻被遣送边远地区。

此案处死的共 70 多人，受株连的 221 余人。罪犯妻子都遣送边远地区给人为妻。

事后，吴之荣得到了庄家与朱家的各一半家产，起用为右金都御史，后死于寒热，也有说是被天雷劈死的。

2.《南山集》案

戴名世《南山集》案是康熙时期的一个大案。此案要先从方孝标说起。

方孝标，安徽桐城人。顺治时中进士，官至内弘文院伺读学士。公元 1657 年，其族人方猷主持江南考试，与他勾结作弊，结果均被免官戍边、流放宁古塔，后遇赦。此后方孝标到云南，做了吴三桂的翰林承旨。吴三桂反清失败，方孝标先归降朝廷，得免死罪。他写有《钝斋文集》和《滇黔纪闻》二书，后者中有关于南明抗清史实，并用南明诸帝纪年。

戴名世，安徽桐城人。康熙时中进士。他立志修明史，认为南明永历朝不能称伪朝，"本朝当以康熙壬寅（1662 年）为定鼎之始，世祖虽入关十八年，时三藩未平、明祀未绝，若循蜀汉之例，则顺治不得为正统"。因此对持同样观点的《滇黔纪闻》十分重视，从中选取了不少材料。

后来，戴名世的学生尤云鹤从方孝标的作品中选出部分材料，以《南山集偶抄》之名刊行。同时刊行的还有《孑遗录》，记述桐城地区地主豪绅抵抗农民军之事，署名宋潜虚。此书由尤云锷、方正玉捐款印行，他们俩再加上汪灏、朱书、刘岩、余生、王源都作了序。印刷版藏于方苞家。

1711 年，武进人赵申乔向刑部告发了此事。经九卿会审，《南山集》——实际上是《南山集偶抄》定案为南明争正统、揭露南明隐事。刑部大做文章，由此株连竟达数百人。

稍稍識其大略而吾鄉方學士有滇黔紀聞一編
余六七年前嘗見之及是而余購得是書取犁支
所言考之以證其同異蓋兩人之言各有詳有畧
而亦不無大相懸殊者傳聞之間必有訛焉然而
學士考据頗爲確核而犁支又得於耳目之所視
記二者將何取信哉昔者宋之亡也區區海島一
隅僅如彈九黑子不踰時而又已滅亡而史猶得
以備書其事今以弘光之帝南京隆武之帝閩越
永曆之帝西粵帝滇黔地方數千里首尾十七八
年揆以春秋之義豈遽不如昭烈之在蜀帝昺之

耳往時嘗喜作之於今已不復作蓋不肖之所好
而學之有得者又不在此吾子遽獎許過當是亦
猶見驥之偶一長鳴舉步蹀躞遂以其絕塵之足
盡在是矣此不肖之所以不敢教足下相千里焉
也文章一道終當爲吾子一言之以非吾子今日
所急故輒布區區惟勉旃自愛

與余生書

余生足下前日浮屠犁支自言永曆中宦者爲足
下道滇黔間事余聞之載筆往問焉余至而犁支
巳去因教足下爲我書其語來去年冬乃得讀之

■ 清　戴名世《南山集》

其中，戴名世寸磔，方孝标已死戮尸。他们的祖父、父亲、子孙、兄弟以及叔伯父、兄弟之子，凡16岁以上都被杀头，母、女、妻妾、姊妹、儿子妻妾、15岁以下子孙、叔伯父、兄弟之子给功臣为奴。朱书、王源这时已死，免于判罪，汪灏、方苞以诽谤朝廷罪判斩立决。方正玉、尤云锷发往宁古塔。方孝标儿子方登峰、方云旅，孙子方世樵一并斩首，方家中即使还在居丧守孝的人都被处死。尚书韩菼、侍郎赵士麟、御史刘灏、淮扬道王英谟、庶吉士汪汾等32人另议降职。

最后，康熙闻奏改刑：戴名世斩立决，方孝标之子免死，与其家人流放黑龙江。汪灏、方苞免死，入旗为奴。尤云锷、方正玉免死罪，其家迁徙边远地区。韩菼以下的那些平日与戴名世议论文章而被牵连的人，都免于治罪。

三、雍正年间的文字狱

雍正时期发生的文字狱案共有几十起，其中比较典型的有下面四起。

1. 年羹尧案

雍正时期的文字狱始自年羹尧案。公元 1724 年春，出现了"日月合璧，五星连珠"的天文奇观，臣僚上表称贺。年羹尧的贺表字体潦草不说，还将"朝乾夕惕"写成了"夕惕朝乾"。此语意为终日勤慎，就是写倒了意思也不变，但雍正却认为年羹尧居功傲上、心怀不轨。以此为契机，臣工群起而攻之，年羹尧被劾成 92 款大罪，最后自裁，亲族、同党或斩首或流放或贬谪，凡是与他有一丝牵连的人统统受到处罚。

2. 汪景祺西征随笔案

年羹尧死后 7 天，汪景祺也因西征随笔案被斩首示众。

汪景祺，浙江杭州人。雍正初年经朋友推荐，投书拜谒年羹尧，做了其临时幕客，把自己著的《读书堂西征随笔》二卷献予年羹尧收藏。年羹尧得罪抄家时，此书被缴进宫中。

随笔中以"狡兔死，走狗烹"的典故提醒年羹尧。雍正皇帝读后，在首页题字："悖谬狂乱，至于此极！惜见此之晚，留以待他日，弗使此种得漏网也。"后降旨称汪景祺"作诗讥讪圣祖仁皇帝，大逆不道"，以维护孝道之名判汪景祺处斩、枭首示众，令其头骨在北京菜市口枭示了 10 年，妻子儿女发配黑龙江给披甲人为奴；兄弟叔侄辈流放宁古塔；疏远亲族凡在官的都革职，交原籍地方官管束。

当时由于牵累的人太多，汪景祺侨居的平湖县城甚至传出"屠城"的谣言，居民惊惶逃窜。

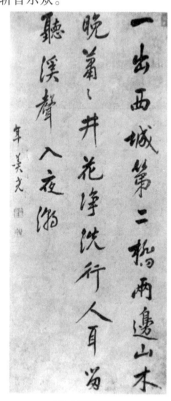

■ 年羹尧诗迹

恐其所見之未盡當也故虛其心以博稽
衆論然必衆論盡歸於至正而人君從之
方合於大公若朋黨之徒挾偏私以惑主
聽而人君或誤用之則是以至公之心反
成其為至私之事矣孟子論國君之進賢
退不肖旣合左右諸大夫國人之論而必
加察焉以親見其賢否之實洪範稽疑以
謀及乃心者求卿士庶民之從而皇極敷
言必戒其好惡偏黨以歸於王道之蕩平

正直若是乎人君之不自用而必欲盡化
天下之偏私以成大同也人臣乃敢溺私
心樹朋黨各狥其好惡以為是非至使人
君懲偏聽之生奸謂反不如獨見之公也
朋黨之罪可勝誅乎我
聖祖仁皇帝御極六十年用人行政邁越千古
君王而大小臣僚未能盡矢公忠往往要
朋結黨
聖祖戒飭再三未能盡改朕即位以來屢加申

■ 雍正帝《御制朋党论》（雍正三年武英殿刊本）

3. 钱名世名教罪人案

与年羹尧有牵连的还有钱名世。

钱名世，字亮工，江苏武进人，与年羹尧是乡试同年。公元1724年，权势赫赫的年羹尧进京觐见，钱名世赠诗谀颂，有"分陕旌旗周召伯，从天鼓角汉将军""钟鼎名勒山河誓，番藏宜刊第二碑"等诗句。

后年羹尧伏诛，钱名世当然在劫难逃。雍正给其定罪"曲尽谄媚，颂扬奸恶"，没有杀他，只是革职逐回原籍，又御书"名教罪人"四字，命地方官制成匾额，挂在钱家中堂上。还命常州知府、武进知县每月初一、十五去钱家查看匾额悬挂情形，如未悬挂则呈报巡抚奏明治罪。

这还不够，当钱名世离京时，雍正又命京官自大学士、九卿以下官员都作讽刺诗为其"赠行"，结果共有385人奉诏作诗。雍正一一过目后，交付钱名世辑成专集，题为《名教罪人诗》，刊印后颁发全国学校，让天下士子人人知晓。

雍正还给予把讽刺诗作得够味的臣工表扬，不够味的给予处分。例如正詹事陈万策诗中有句："名世已同名世罪，亮工不异亮工奸"，立意尖刻、造句新巧，得到了雍正的夸奖。

4. 曾静、吕留良案

公元 1728 年 10 月 27 日，陕西西安的一条大街上，川陕总督岳钟琪正乘轿回署，突然有人拦轿投书。这就是曾静、吕留良案件。

吕留良是康熙朝的一个普通官员。他暗地里写了一些书，用了南明年号，还有一些反清思想。曾静是湖南的一个私塾老师，很认可吕留良的华夷之辨和反清复明思想。

雍正手下大将岳钟琪是忠臣岳飞的后代，于是曾静写了一封信，派自己的学生张熙交给了岳钟琪，希望可以策反他反清复明。信中说当时他听闻雍正皇帝有"谋父、逼母、弑兄、屠弟、贪财、好杀、酗酒、淫色、好谀、任佞"等 10 项大罪。岳钟琪读后连忙把信交给了皇帝。

结果吕留良被开棺戮尸、枭首示众；其子斩立决，诸孙发遣宁古塔给披甲人为奴；家产悉数没收。吕留良学生严鸿逵被开棺戮尸、枭首示众，其孙发遣宁古塔；学生沈在宽斩立决；黄补庵嫡属照议治罪；刊印、收藏吕留良著作的车鼎丰等 4 人判斩监候，另 2 人同妻子流放三千里外，还有十数人受杖责。

■ 岳钟琪像

■ 吕留良像

曾静则写出供词及忏悔录，集成《大义觉迷录》一书，刊后颁发全国所有学校，命教官督促士子认真观览晓悉，玩忽者治罪。雍正又命有司官员带曾静到江浙一带进行宣讲，张熙到陕西各地宣讲。

乾隆继位后，命将曾静、张熙解到京师，于1736年初把二人凌迟处死，并列《大义觉迷录》为禁书。

■《大义觉迷录》（清内府刻本）

至于岳钟琪，也没有好下场。他后来因进讨准噶尔失利，被大学士鄂尔泰所弹劾，下狱判斩监候，到乾隆初年才获释。

5. 徐骏案

翰林徐骏在写公文时，将"陛"误写为"狴"，被审查。

随后，有人在他的诗作中发现"清风不识字，何故乱翻书"之句。这本是徐骏在晒书时，见风刮翻书页后即兴而作，却被办案者认定"清"是指清廷，"不识字"是影射满人没文化。

最后徐丢了脑袋被灭了族。

四、乾隆年间的文字狱

乾隆时期，文字狱达到顶峰，共发生130余案。其中47案的案犯被判生者凌迟、死者戮尸、男性亲族15岁以上者连坐立斩。其捕风捉影之荒唐、株连之广泛、处理之严酷，均超过其祖、父。

1．孙嘉淦伪奏稿案

公元1750年，社会上流传所谓孙嘉淦伪奏稿。

孙嘉淦曾官至工部尚书，生性耿直，敢于犯颜直谏。结果有人冒其名写奏稿，指斥乾隆"五不解十大过"。乾隆闻之大怒，称"全属虚捏"，下令各省督抚、各级官员严查伪稿炮制者和传播者。至同年冬，仅四川一省就逮捕了嫌疑犯280多人。

乾隆虽未加罪孙嘉淦，但孙嘉淦早已吓得心惊肉跳，面对终日哭泣的妻儿，自悔以前不该耿直敢奏，致使别人冒己名写伪奏稿。

1753年，孙嘉淦惊惧而死。此后敢于直言的就更少了。

2．胡中藻《坚磨生诗抄》案

胡中藻，进士出身，曾任翰林院学士及广西学政等职。

公元1753年，有人将其所著《坚磨生诗抄》送乾隆处告密，说其中有"一世无日月""一把心肠论浊清"等句。乾隆大怒，认为这是"悖逆诋讪怨望之词"——日月合写为明字，是胡有意恢复明朝，指斥胡诗"加浊字放在国号（清）之前，是何心肝？"

此外，胡诗中还有"穆王车驾走不停"之句，乾隆又认为是讽刺他多次南巡。据此推理，胡的整部诗抄就成为有系统的反清逆书。

胡中藻案又引发鄂昌案。

鄂昌，满洲镶蓝旗人，已故大臣鄂尔泰的侄子，历任广西及甘肃巡抚。胡曾任广西学政，二人诗文唱和，这在当时是常有的事。乾隆却因鄂昌没有及时举报胡中藻而大怒，搜查鄂家，发现鄂诗《塞上吟》中，称蒙古人为"胡儿"，于是批示：满蒙本属一体，称蒙古人为胡儿，"此与自加诋毁何异？非忘本而何？"

结果，胡中藻被斩首，鄂昌赐自尽，就连鄂尔泰的神位也被抬出贤良祠。

3. 王锡侯《字贯》案

公元1716年印行的《康熙字典》是奉旨编纂的，而且以康熙皇帝年号命名，足见朝廷之重视。

当时有一书生王锡侯批评《康熙字典》收字太多、难以贯穿。他编刻了一部《字贯》，意即此书可以用字义把零散的字贯穿起来，正好弥补《康熙字典》不足。

《字贯》于1775年刊成后，被仇家告发，说其删改《康熙字典》，贬毁圣祖。乾隆看后，认为该书的《提要·凡例》中有一则教人怎样避讳，即凡有康熙名"玄烨"、雍正名"胤"、乾隆帝名"弘"等字样时应如何改写以避讳。王锡侯所教的方法是完全按官方规定，都用缺笔处理，以示敬避，可乾隆还是认为该书没有按更严格的避讳方法，于是勃然大怒，认为此实"大逆不道、罪不容诛"。

结果，王锡侯被斩立决，家属按例受株连。另外连累两江总督因查办不力受到降级处分，江西布政使、按察使受株连被革职治罪。

从此以后，各省督抚及各级官员遇到此类案件就更加刻意苛求、吹毛求疵，在拟具处理意见时宁严勿宽、宁枉勿纵，以免被皇帝加罪。

4. 徐述夔《一柱楼诗集》案

公元1777年夏，刘墉任江苏学政。恰逢江苏东台县举人徐述夔的孙子徐食田兄弟因土地买卖纠纷，被同里告发收藏其祖父有违禁文字的文集《一柱楼诗集》。

刘墉闻听后及时奏报给皇帝，并且呈上包含"大明天子重相见，且把壶儿搁半边""明朝期振翮，一举去清都"句子的《一柱楼诗集》。

结果徐述夔父子被锉碎其尸、枭首示众；徐食田、徐食书、徐首发、沈成濯、陆琰五人被处以斩监候，秋后处决；江苏布政使陶易在审判过程中死于狱中；扬州知府谢启昆发往军台效力；东台知县涂跃龙杖责一百、流放3年；死去多年的沈德潜，因给徐述夔写过传记，被革去礼部侍郎、尚书加衔及谥号"文悫",御制祭葬碑扑倒,撤去乡贤祠牌位。

《一柱楼诗集》案涉及8条人命,另有3人革职、发配。

五、文字狱的恶果

文字狱是巩固封建专制统治的措施。

在这种文化专制恐怖主义之下,就连曹雪芹写《红楼梦》时也不得不声明:此书大旨言情,不敢干涉朝廷,都是些"贾雨(假语)村言,甄士(真事)隐去",其良苦的用心都是为了躲过残酷森严的文网。当时绝大多数士人也终日战战兢兢,不敢言创新改革,只能谨守"祖宗之法",终日揣摩上意、歌功颂德、唯唯诺诺。

在这种社会风气下,势必产生一批文化鹰犬。于是"文字狱频兴,学者渐惴惴不自保,凡学术之触时讳者,不敢相讲习"。

清代前期文字狱泛滥,遏制言论、禁锢思想,造成了"万马齐喑"的严重历史后果;极大地桎梏了学术思想发展,助长了阿谀奉承、诬告陷害之风,是历史发展中的浊流。

到乾隆末期,清廷一方面已经通过文字狱达到了预期目的,另一方面则面临日益加重的其余社会危机,文字狱遂趋于平息。

第二十八讲

大清王朝由盛转衰之
和珅的崛起

超级大贪官和珅是促成大清王朝由盛而衰的最为关键的一个人物。

一、和珅的发迹之谜

和珅为什么如此贪婪呢？

事实上，贪污犯的形成一般都有一些比较固定的规律：比如说该犯青少年时代家庭突遭变故、工作中容易接触到钱财而自己又经受不住诱惑等。

那么在和珅的成长过程中，是否遇到过类似情况呢？

1. 家庭之谜

和珅，钮祜禄氏，原名善保，生于公元1750年（乾隆十五年），满洲正红旗人。他的家在"驴肉胡同"，发迹后搬到了柳荫街。

■ 和珅像

和珅的先祖在清初打江山时屡立战功，为后世子孙挣得了三等轻车都尉（官职三品）的世袭职务。他的父亲常保在乾隆年间因功出任福建都统。但和珅出生后不久，家庭就连遭变故：先是1752年，他的母亲在生下他弟弟和琳不久后就病故了；然后父亲也在他9岁时去世。于是父亲的妻妾们都只顾着瓜分家产，努力培养自己的孩子，没人顾得上照管和珅。

在如此特殊环境下成长，使和珅从一个无忧无虑的少年，迅速成长为少年老成的汉子。他知道要想改变自己的命运只能靠自己。

这样一个人，如果不认识皇帝，将来就是个平凡的人，充其量也就是个很小的贪官而已。

而和珅与乾隆的相遇，还要从其读书生涯说起。

2．学习之谜

公元1759年，和珅和弟弟一起被送入咸安宫官学学习。

■ 咸安宫

作为当时最好的学校，咸安宫官学的管理极为严格，负责官员必须是翰林，普通老师也大多是翰林，极少数不是翰林的，也是享有盛名的饱学之士。

幸运的是，和珅当年先上了学，父亲才去世，而他的叔叔则出钱继续供养他。但一开始，和珅还是不太适应，在学校也遭人欺负。

有一次，一位大官的孩子写了一首嘲讽老师的诗，却说是和珅作的。恼羞成怒的老师不容和珅分辩，抄起戒尺就一通乱打。

这类事，和珅经得、见得多了，他知道这种老师只敢在自己这样的学生身上发泄怒火，无论如何也不敢招惹大官的孩子。戒尺打在和珅身上，也打碎了他心中的良知。和珅知道，只有知识才能改变命运；要想最终翻身，目前最重要的任务是学习，而不是与富家子弟对抗。

于是和珅发奋用功、学有所成，除满洲语言文字外，他还学到了以下几方面知识。

一是汉人的著作。他整日沉浸在传统的经、史、子、集之中，对儒家经典非常熟悉。虽然最高统治者能够认识到"马上得天下，不能马上治天下"，但绝大部分满洲人，尤其是功勋后代很容易忽视这些。从这一点来看，和珅已经具备了一般满洲人所不具备的知识。

二是少数民族的语言。除了汉文和满文外，他还认真学习了许多人都不胜其烦的蒙文、藏文等少数民族语言。它们对任何统治者来说都是极为重要的，但很多满洲人还是很不愿意学习这些既困难，又对升官发财无用的知识。

三是乾隆的诗作文章和其字体。他还给自己加了两门功课：收集乾隆的诗作文章，刻苦模仿其字体。这可以迅速了解皇帝，是与其打交道最为重要的基础。就这一点来说，和珅实在是太攻于心计了，他已经到了比乾隆所有儿子——包括后来的嘉庆——都了解乾隆的地步。

如此丰富的知识，使和珅迅速成为当时不可多得的人才，为他以后迅速升迁打下了坚实基础。

和珅在学校里还学到了许多为人处世的能力。

一是涵养。在这里读书的子弟们倚仗祖上的富有和权力，骄横跋扈，没人爱搭理和珅。和珅虽然看不起他们，但又希望自己融入这个群体，于是在与他们相处时有意识地训练自己的涵养，对无端的欺侮和挑衅视而不见，喜怒也渐渐不形于色，脸上始终保持着温和的表情。

二是洞察力和谄媚讨好的手段。和珅一有机会就细心观察老师们的举止言行，努力发掘他们内心的秘密。他很快就发现，这些老师表面上道貌岸然、才高八斗，可骨子里却猥琐、狭隘，互相鄙夷、幸灾乐祸、曲意逢迎。金钱和权力在这里同样是畅通无阻的保障。

正是在这段求学时期，和珅确立了自己的人生观和世界观。他把成为一个既有权又有钱、人人都羡慕的人作为一生追求的最高目标。这也恰恰为他迅速成为一个贪官和最终被杀埋下了伏笔。

于是万事俱备，就差认识乾隆皇帝的机遇了。

3．机遇之谜

和珅的才能迅速被当时的刑部尚书兼直隶总督英廉看中。当和珅18岁的时候，英廉预备了丰厚嫁资，亲自主持操办了和珅与自己孙女的婚事。这次婚礼是和珅成为中国历史上最大贪官的关键一环。从此后，和珅成了上流社会的新宠。

和珅在19岁时承袭了先祖的三等轻车都尉职务。同年，他参加科举考试未中，从此再也没有赴考——按大清朝制度，汉人为官只有通过科举考试一途；而满洲人为官既可以通过科举，也可以通过承袭先辈功勋。所以和珅没必要在一棵树上吊死。

22岁时，和珅被授为三等侍卫，后来又成为皇家仪仗队成员，他终于可以接近皇上了。

在皇上身边时，一般侍卫都是安于现状的，他们都知道"伴君如伴虎"的道理，因此整日唯唯诺诺、小心谨慎，唯恐因一时差错而招来杀身之祸。但和珅并不这样想。

4．关于和珅发迹说法

关于和珅发迹，有这样一个流传很广的故事。

一天，乾隆正坐在车舆中游赏春光。忽然一名侍卫急匆匆走到驾前，奏道："云南急呈奏本，缅甸要犯逃脱。"乾隆接过奏章细细读过后眉头一皱，龙颜大怒，说："虎兕出于押，龟玉毁于椟中，是谁之过？"

侍卫们不知道乾隆这话是什么意思，只知道皇上生气了，于是面面相觑。这时和珅接话道："是典守者不能辞其责耳。"

乾隆不料有人应声答话，就问和珅："想你一个仪卫差役，却也知道《论语》，你念过书吗？"和珅恭恭敬敬回复说自己是咸安宫官学的学生。

乾隆一听大喜，眼见和珅不仅长得一表人才，而且还是官学的学生——这不就是文武双全嘛！这在朝中大臣，尤其是满洲大臣里实在太不可多得了。在同等条件下，满洲皇帝能不重用和珅这样文武双全、工作能力极高、聪明且胆识过人的"自己人"吗？

于是乾隆立即升和珅为御前侍卫。

从此，和珅迅速登上权力顶峰：26 岁任户部右侍郎、军机大臣、内务府总管大臣；27 岁任户部左侍郎，兼署吏部右侍郎和步军统领；29 岁命在御前大臣上学习行走；34 岁又兼任吏部尚书。他得到了乾隆的宠幸，有了一人之下、万人之上的地位。

然宠幸一时容易，宠幸一世很难。和珅是怎么做到被乾隆宠幸一生的？

二、和珅与乾隆皇帝的关系之谜

1. 说他人所不会说的

乾隆年间，林爽文在台湾兴兵起义，负责镇压的清军屡屡受挫，于是乾隆表示要御驾亲征。

但御驾亲征不就等于向天下表明朝廷拿这几个叛匪没办法吗？这样的后果不堪设想。因此和珅要找出一个堂而皇之的理由，阻止乾隆亲征。

于是他说："此事万万不可。依奴才愚见，台湾战事不佳有其深刻原因。皇上治国中正仁和、轻徭薄赋、爱民如子。料想台湾百姓未曾感念圣恩，这才造反。责任在于地方官员没能将皇上的仁爱之心示之于民。一旦官员警醒，施以仁政，百姓必会人心思归。至于前方战事，奴才以为除继续用兵外，还可颁布告示，攻心为上，分割贼匪与普通百姓，从内部攻破。这样一来，外有大兵压境，内有人心背离，贼匪不日可破。"

和珅短短几句话，既称颂了乾隆的仁政，又指出了破敌方略。这样的大臣，乾隆能不喜欢吗？

2. 做他人所不能做的

乾隆 70 寿诞时，朝廷上下都在紧张地安排祝寿典仪。恰在此时，西藏六世班禅呈来一份文书。乾隆接过一看，全是藏文，随行的官员无一人懂得。乾隆立刻想到了和珅，派人火速传他前来。

和珅到后，拿起信，把里面的话一一翻译给了皇帝。信的大意是说六世班禅要带领手下僧人亲自到北京给皇帝祝寿。

■ 和珅书《乾隆御制平定台湾咏大埔林之战诗》

乾隆听了大喜，当即命和珅拟诏。和珅即用满、藏、汉三种文字拟好了诏书。乾隆见后更加高兴，为了奖励和珅卓越的外交才能，命其为理藩院尚书，管理蒙、疆、藏事务及外交上的一切事宜；还让他在承德避暑山庄建造专门给班禅居住的宫殿。

3. 与皇帝同悲共喜

乾末嘉初，四川、湖北等地掀起了声势浩大的白莲教起义。当时已经是太上皇的乾隆整日寝食难安、耿耿于怀，即使在他弥留之际也念念不忘。

不少清人笔记中都记载着这样一件事：乾隆禅位后，忽然有一天单独传召和珅入大内觐见。和珅到后，发现乾隆面南而坐，而当时已登基称帝的嘉庆只坐在乾隆身边的一个小凳上。

和珅跪在地上，过了很久也不见乾隆说话。乾隆闭着眼睛好像睡着一样，只是口中念念有词，好像在说什么。嘉庆侧起耳朵，努力想听清楚，却始终不明所以。

过了一会儿，乾隆忽然睁开眼睛大喝道："那人叫什么名字？"跪在地下的和珅不假思索立刻回答道："徐天德，苟文明。"乾隆听后不再言语，继续闭起眼睛默默念诵。过了大约一个时辰，才打发和珅出来，其间再没有同他说一句话。

嘉庆当时大为惊愕，过了几天秘密传见和珅，问他说："上一次，父皇召你进宫，他说的是些什么，而你回答的那六个字又是什么意思？"和珅回答："太上皇背诵的是西域流传的一种秘密咒语，默诵这种咒语，被诅咒的人虽然远在几千里之外，也会突然死去。所以当太上皇问及的时候，我用白莲教匪首徐天德和苟文明的名字来应对。"

由此可见，和珅对乾隆如此了解，甚

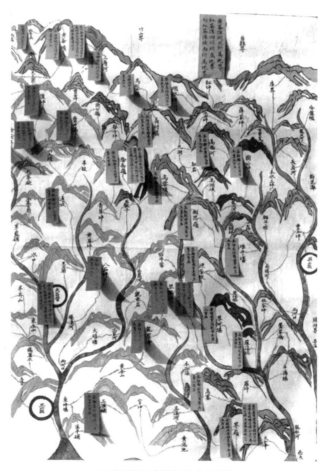

■ 清军镇压白莲教起义布防图

至连儿子嘉庆皇帝都比不上他。

4．替皇帝分忧解难

乾隆晚年既喜欢追求泱泱大国的皇家气派和豪华场面，又要示人以严谨勤俭、爱民如子的明君形象。为此，和珅想了许多敛财办法，也甘心情愿替乾隆背上奢侈的"黑锅"。二人之间好像形成了默契：乾隆一旦在朝堂上下令不要铺张，和珅便在下面怂恿督促地方官员和富商们加紧捐贡。

在和珅主持操办下，内务府只一年就扭亏为盈，国库的银子也多了起来。在替乾隆敛财的各种方式中，最重要的是和珅创建的"议罪银"制度：凡有过失的官员，都可以纳银赎罪免去处罚。而通过"议罪银"得到的巨额银两，有85%供皇帝个人挥霍，不入国库。

和珅知道乾隆最喜欢出去走走看看，但又怕被人冠以贪图享乐、挥霍无度的恶名。和珅便想出了一个主意，向乾隆担保说："江南各地物产丰盛，官员和富商们久沐圣恩，早就一心图报。若皇上南巡，一应费用，他们都愿捐献，可以不必动用国库。"这样一来，那些想批评乾隆过度享乐的人就无话可说了。

乾隆听后大喜，当即决定令和珅全权安排南巡事宜，御驾即刻启程。和珅接到圣旨，立刻向江南各地发出通知，言明各地官商要悉心准备，鼓励捐钱捐物，作为南巡之需。于是官员们为保住位子，纷纷大兴土木；也有人想趁机讨好皇上、谋得升迁，便不惜血本。然而到最后，各种负担还是转嫁到了百姓头上，他们被迫出工出钱、疏通运河、建造行宫、修葺龙舟。江南一派亮丽的表象下，不知有多少百姓哀叹。

最后，乾隆几乎没动用国库一分一毫，就顺利、满意地完成了南巡，还到曲阜祭拜了孔府、孔庙和孔林，向天下人表明他尊师重道的仁德。乾隆将江南百姓的民脂民膏都当成了和珅的功劳，还看到了他的理财天赋，便任命其为户部尚书，把整个大清的财政管理权都交到了他手中。

5．给皇帝赢得好的名声

和珅还能时刻为乾隆着想，替他换取好名声。这对于把自己名声看得比什么都重要的乾隆来说，无异一剂最贴心的良方。

公元 1795 年，85 岁高龄的乾隆决定在这一年把皇位传给皇十五子永琰。但有一个麻烦：因为汉唐以来的禅让其实都是被迫的，所以大清朝的禅让典礼就无据可依。如何把禅位归政大典办得隆重，以显示乾隆帝的仁君风范，着实让和珅伤透了脑筋。一直到大年三十，他才把大典礼仪制定好，交与乾隆圣裁。其中，最让乾隆满意的是"千叟宴"。

"千叟宴"始于康熙时期，就是召集官员、缙绅中 70 岁以上的高寿老翁在皇宫中举行酒宴，与皇帝同乐。

这样做的好处，一是可以达到提倡尊重老人、孝敬老人的目的，符合传统道德规范；二是可以表明乾隆的功德得到了天下百姓的首肯；三是可以表明在乾隆帝统治的 60 年中四海升平，百姓都得以长寿。

正月时节，正是北京城一年中最寒冷的时候。偌大一个

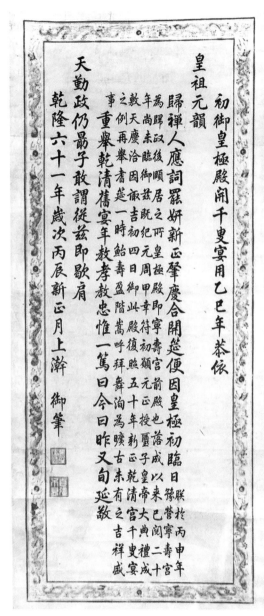

■ 乾隆《御制千叟宴诗》（嘉庆元年）

宫殿空空荡荡，如何取暖是个大问题。和珅别出心裁，调来 1550 多只火锅，举行火锅宴，不但保证了殿内温度，而且火锅里燃烧的木炭、沸腾的浓汤都能更好地烘托出喜庆气氛。

正月初四，千叟宴如期按照和珅的安排在宁寿宫皇极殿举行。其声势浩大，不同凡响。单凭这件事，和珅的名字就足以载入史册了。

问题在于，即使和珅在乾隆眼中具有无可替代的位置，也不应该毫无节制地放纵其贪污吧？

第二十九讲

大清王朝由盛转衰之
和珅跌倒、嘉庆吃饱

大贪官和珅的家产到底有多少？他的敛财手段是怎样的？为何嘉庆皇帝又急于杀掉和珅呢？

一、和珅家产知多少之谜

和珅的家产到底有多少，一直众说纷纭。这里有一组数字：

房屋 3000 间，田地 8000 顷，银铺 42 处，当铺 75 处；赤金 6 万两；大金元宝 100 个，每个重 1000 两（共 10 万两）；小银元宝 56600 个，每个重 100 两（共 566 万两）；银锭 900 万个，洋钱 58000 元，制钱 150 万文；吉林人参 600 余斤；玉如意 1200 余柄；珍珠手串 230 串，桂

■ 嘉庆帝朝服像

圆大珍珠 10 粒，大红宝石 10 块，蓝宝石 40 块，银碗 40 桌；珊瑚树 11 株、均高三尺有余；绸缎纱罗共 14300 匹，毛呢哔叽 20000 板，狐皮 550 张，貂皮 850 张，又各种粗细皮 56000 张，铜锡器 361000 件；名贵瓷器 10 万件，镂金八宝炕床 24 座，西洋钟 460 座，四季好衣服 7000 件；家人 606 名，妇女 600 名……

■ 和珅府花园蝠厅

查抄时曾把和珅的全部财产编列为 109 号，其中 26 号已估价，共值银约 2 亿 6 千 4 百万两；未估价的 83 号照此推算，又应值 8 亿两有余，全部合计约值 11 亿两。当时清朝每年财政收入是 7000 万两，也就是说和珅做了 20 多年宰相，个人财产就抵得整个国库 15 年的全部收入！

这里需要说明的是，上述数字来源不是正史。和珅的家产是否有这么多，现在已没有办法考证。

不管怎么说，这么多的财富，和珅是怎么在短短 20 年里弄来的？

二、和珅敛财的手段

和珅敛财的手段主要有四个方面：一是大发人情财；二是利用职权贪污；三是利用吏部勒索百官；四是进行投资经营。

1．大发人情财

在朝为官，重要的是消息灵通。尤其是职位较低、不能接近权力核心的官员，能否从大官口中得到瞬息万变的内部信息，决定着他们的前途和命运。因此为得到这些信息，总有人不惜花费巨额财富打通关节。所以历史上才多见官员巴结、勾结太监之类的事情发生，为的就是能从皇帝身边的人口中得到朝廷上一点一滴的风吹草动，好见机行事。

和珅无疑是这些人的首选目标。他只凭朝廷的"内部消息"就可以大发"人情"财。比如公元1780年发生的一件事，就让其发了不少财。

这一年，乾隆决定第五次南巡。此前刚投靠了和珅的泗阳县令国泰接到了和珅的密信，说皇上此次南巡，必然会去祭祀孔庙，之后一定会途经泗阳县，皇帝应会经过距离县城东边50里的地方。和珅命国泰在此精心筹建一处行宫，以博皇帝垂青。

国泰得知后马上调集全县能工巧匠，在指定地方修建行宫。乾隆祭祀过孔林、孔庙后向南进发，路过泗阳县境时，果然发现了这座优美别致的建筑，进驻后顿生世外之感。

乾隆当即召见国泰。国泰面圣时从容应对；和珅则在一旁赞不绝口。两人博得龙心大悦，马上降旨擢升国泰为道台。

国泰事后感恩不尽，立即给和珅送去大量金银。其他投靠和珅的官员知道了此事也兴奋不已，纷纷主动送礼。

2．利用职权进行贪污

和珅从乾隆四十五年30岁起长期担任户部尚书，管理天下钱粮，因此可以利用职务之便贪污——但要注意，是"可以"。因为着实并无证据。

有野史笔记讲了一个很有名的故事：清朝时规定京师统一在崇文门征税。乾隆知道这是个名副其实的肥差，就把它赐给了和珅。和珅对崇文门税关的控制也很严格：所有往来的商人、官员，甚至连进京应试的考生也都一律要交税。外地进京的官员，职位越高，交的税金也越高。

结果山东布政使陆中丞由任上进京朝见皇帝，到崇文门税关时却拿不出高额税金，无奈之下只好把自己的衣服被褥都放在城外，只带一名侍从，两手空空进城。他对守门吏卒说："我只是孤身一人，并没有什么东西，凭什么要收我的税。"这样才得以进城面见皇帝。进城之后又不得不向别人借被褥用。于是有人就认为和珅是在利用职权贪污。

对此，应当辩证地看。

第一，在户部尚书任上，和珅是否贪污过，正史无从查考。野史所言一是不足为凭；二是即使是真的，也只能证明和珅用人不当，不能证明和珅本人贪污。

第二，担任户部尚书，每天看着那么多的钱从自己手中进进出出，如果缺乏监督机制，要想清廉自守，也实在是太难了。

除户部外，和珅还掌管着内务府的粮库、绸缎库、颜料库、圆明园茶膳房、选办处、上驷院、太医院、御药房等与财政有关的部门。同时还负责各种内宫所用物品的制造，以及宫殿园林的建造和维修。实际上，和珅虽然不曾担任工部的职务，却把工部的职权也收到了自己手中。这样一来，他就把整个国家的财政大权都控制了。

上述这些，都为和珅贪污创造了良好条件。

3．利用吏部勒索百官

和珅从34岁起长期担任吏部尚书，负责管理百官。因此可以利用职务之便进行勒索。当然，其中也有不想跟和珅较真、拒绝勒索的人。

这里仍有一则野史故事。朝廷每隔几年就会命各地大臣回京述职，他们进京时一般都会携带一些珍稀之物，作为贡品进献给皇帝。有一年，总督孙士毅从安南前线回京述职，在前往金銮殿面君途中偶遇和珅。和珅一眼就看到了孙士毅手中拿着的一个用珠子做成的鼻烟壶。它大如雀卵，雕刻精巧，晶莹剔透。和珅一见便爱不释手，口中连连称赞，把玩了一会儿后就张口索要。

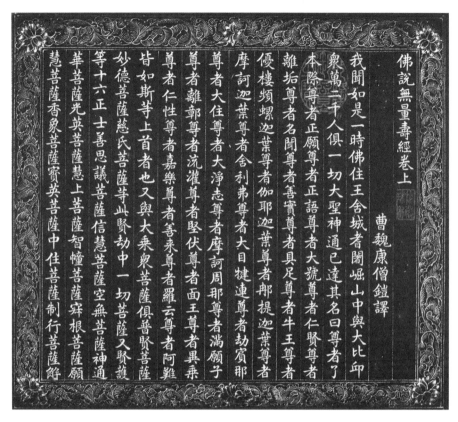

佛說無量壽經卷上

曹魏康僧鎧譯

我聞如是一時佛住王舍城耆闍崛山中與大比丘
眾萬二千人俱一切大聖神通已達其名曰尊者了
本際尊者正願尊者正語尊者大號尊者仁賢尊者
離垢尊者名聞尊者善實尊者具足尊者牛王尊者
優樓頻螺迦葉尊者伽耶迦葉尊者那提迦葉尊者
摩訶迦葉尊者舍利弗尊者大目犍連尊者劫賓那
尊者大住尊者大淨志尊者摩訶周那尊者滿願子
尊者離障尊者流灌尊者堅伏尊者面王尊者異乘
尊者仁性尊者嘉樂尊者善來尊者羅云尊者阿難
皆如斯等上首者也又與大乘眾菩薩俱普賢菩薩
妙德菩薩慈氏菩薩等此賢劫中一切菩薩又賢護
等十六正士善思議菩薩信慧菩薩空無菩薩神通
華菩薩光英菩薩慧上菩薩智幢菩薩寂根菩薩願
慧菩薩香象菩薩寶英菩薩中住菩薩制行菩薩解

■ 和珅楷书《佛说无量寿经》

　　孙士毅不知如何是好，只得如实说："此物原为进献皇上，而且下官已经向皇上奏明了，和大人喜爱，本当赠给和大人，不过下官不好向皇上交代了，望和大人见谅。"和珅没想到孙士毅竟然拒绝了他，只好掩饰说："我只不过是一句玩笑罢了。"

　　孙士毅以为这件事就这样搪塞过去了。谁料几天后，他又在军机处见到和珅，和珅手拿一个鼻烟壶对他说："孙大人，我也请你看一个鼻烟壶，比你那个如何？"孙士毅一见大惊，原来和珅拿的鼻烟壶正是他之前进献给皇帝的那个。

　　和珅得意地笑道："孙大人不必惊讶，此物乃是皇上所赐。"孙士毅经由此事明白了和珅在朝中的地位与权势，此后再不敢对他有半点不敬。

事情虽属"野史",不足为凭。但它发生在和珅身上是没什么问题的。

4．投资经营

有人认为和珅的钱财都是不义之财,都是靠非法手段取得的。其实这大错特错。和珅的财富很多都是靠投资经营,其中最重要的是兼并土地。

和珅家的土地,有史可查的共有1266顷。大多分布在北京南部以保定为中心的地区,另外甚至在东北的锦州地区也有他的土地。其中一部分来自皇帝赏赐,另外绝大部分是他自己出钱购置的。

土地买卖在中国传统社会中是一件大事。大部分地主都不会轻易出让土地,但自从白莲教起义等一系列不安定事件发生后,很多地主纷纷把土地换成更为保险、安全、便于携带的金银,地价便随之大跌。和珅天生有商业才华,他瞅准时机压低地价,用极少的钱买入了大量土地,安排自己的亲信管理,收取极高的地租。

买地过程中,和珅是只认钱财不认人,不管是他的亲戚还是朋友,他都毫不留情把价钱压到最低。而且并不采用普通的买卖方式,而是用所谓"典买",也就是说,土地主像去典当行当东西一样将土地典当给和珅,而不是由其一次性购得。这样典当价格要远低于市价。之后,原地主可以在筹足银两支付高额利息后将土地赎回,但在这期间,土地上的一切收益全归和珅所有。若原地主根本没有能力赎回或者不想赎回,这些土地就成了和珅的永久财产。

和珅为了方便敛财,还经营了几十家当铺,以及粮店、酒店、古玩店、瓷器店、灰瓦店、柜箱铺、弓箭铺、杠房、鞍毡铺、小煤窑等,此外还购置了80辆大马车搞起了长途贩运。

在当时人人都看不起商人的背景下,和珅身居高位竟不顾名誉与商人为伍,这一点就连嘉庆帝也骂他是无耻小人。

5．其他手段

和珅敛财已经到了痴迷的地步,为此费尽心机,几乎当时所有能想到的途径全被他涉足了。当然也有一些不好归类的手段。

例如在乾隆第六次南巡前,远在扬州的一个地方官员汪如龙就收到了和珅的快马密信,里面是"香妃"的图像。和珅告诉汪如龙,可以按图为皇帝找寻美女，若办成此事定会有好处。

和珅的密信无异于给汪如龙打开了通往财富和权力之路的大门。乾隆南巡驾临扬州，果然对其找到的女子非常珍爱。汪如龙深得帝心，当即升官，为此他特地送给和珅二十万两白银。

事后，和珅觉得有必要敲打一下汪如龙，让其收敛野心，于是私下召见他，怒斥其进献美女致使君王不朝，论罪当斩！汪如龙听后大惊失色、称罪不止，乞求和珅网开一面，今后定当好好进奉。和珅听后才换了副和气的表情。汪如龙经过这一番威慑，果然尽数收敛野心，心甘情愿成为和珅爪牙，很快就又升官了。

到最后，和珅敛财之疯狂，已经严重威胁了大清朝的利益。随后嘉庆皇帝杀他不冤。但问题是：嘉庆一亲政就将和珅杀掉，真的只是因为其贪婪吗？

三、嘉庆皇帝杀掉和珅之谜

和珅日后被嘉庆皇帝所杀，贪婪只是原因之一。

1. 激起众怒

其实早在乾隆时期，就有很多人弹劾和珅的贪婪。如果弹劾成功的话，和珅顶多也就落一个像纪晓岚一样流放在外的下场，不至于最终被杀。但和珅太有本事，他将所有对手的攻击一一化解掉了。

对能力、地位和功绩都比他强的对手，和珅会不断在皇帝面前夸赞他们，保举他们在京师以外的地方承担一些艰巨的任务，从而没有精力与自己对抗。

例如阿桂，他比和珅大几十岁，是满洲人中少有的几个进士之一，可见其学问之渊博；又曾跟随乾隆南征北战，立过汗马功劳，曾任工部尚书之职。他很不满意和珅的贪婪，一心想将其弹劾下去。可和珅却经常在皇帝面前说阿桂的好话。在阿桂平定甘肃少数民族起义后，立刻被和珅保举，赴甘肃查清"捐监"案；接着又被调去负责治理黄河决口、赈灾修堤等事；不久又赶赴浙江查处陈辉祖贪污案。

从此，阿桂几乎整年不辞劳苦地在各地奔波，虽然他早就知道和珅是朝廷的一大祸害，想为国为民除害，却终不能如愿。年逾80的阿桂只能在病中对家人说："我年八十，可死；位将相，恩遇无比，可死；子孙皆佐部务，无所不足，可死；忍死以待者，实欲待皇上亲政，犬马之意得以上达。"

对于能力和地位比自己弱的对手，和珅采取的对策是抢在其前面发动进攻。

例如御史曹锡宝，他弹劾和珅的管家刘全建造府第、平时穿戴和所用车舆逾制。和珅得知后，急忙命刘全迅速拆掉房屋、烧掉车舆、销毁穿戴，当曹锡宝到热河呈递奏折时，刘全家中已经准备妥当。结果可想而知，乾隆认为曹锡宝是公报私仇，下令将其革职留任。

反复几回，和珅在乾隆心里就成了功劳巨大但经常遭人陷害的朝廷栋梁。

如此"豺狼当道"、陷忠良于不义，自然会激起众怒，使所有反对和珅的人都认识到他的厉害，同时只能团结在未来皇帝的周围。而大家又不知道乾隆想传位给谁，于是乾隆的二十几个儿子身边就都有了反对和珅的人。

2．干预皇室事务

和珅聪明一世、糊涂一时。话要从乾隆立太子说起。

由于有清朝初年康熙立太子时的纷争作为前车之鉴，乾隆一开始就没立皇位继承人。所有大臣——包括和珅在内——谁也不知道，乾隆的二十几个儿子中间，哪位是未来的皇帝。

和珅本来也没把诸位皇子放在心上，只是全力伺候好乾隆。转眼到了乾隆六十年，皇帝决定兑现自己即位时"不超过圣祖康熙61年在位时间"的承诺，便在十月初一颁发《时宪书》时谕示天下，确定新皇帝为皇十五子永琰，年号嘉庆。

此时和珅开始着急了，但再想回头拍嘉庆的马屁已经来不及，便自作聪明地想在太上皇乾隆与嘉庆皇帝之间找一个最佳结合点，既能讨好前者，又能得到后者宠爱。

■ 乾隆帝八十大寿时，和珅进献寿山石"圆音寿耋"套印，共 120 方

　　于是在公开场合，和珅讨好乾隆；在暗地里又给嘉庆送礼。讨好乾隆对和珅来说是小菜一碟；但对付嘉庆，他可是费尽了心机。

　　嘉庆皇帝则清楚知道自己的尴尬境地：只要乾隆这个太上皇还在，自己就得小心应付，不能过早得罪和珅这个父皇身边的宠臣。所以他装作愉快地接受了和珅的礼物，也多次表态说每天都离不开"两朝重臣"和珅。

但嘉庆皇帝心里却对和珅恨之入骨。这恨里面既包含了身边大臣对和珅的揭发，也包含了他自己对其大耍两面派手腕的厌恶。

从这两方面来说，其实不论是哪个皇子当上皇帝，和珅都免不了被杀的命运。

四、和珅跌倒、嘉庆吃饱

公元1799年2月7日（农历正月初三），88岁的乾隆皇帝驾崩。和珅的人生也走到了尽头。

■ 嘉庆帝春苑读书像

正月初四，嘉庆下令免去和珅一切职务。

正月初五，嘉庆召集京城重要官员开会商讨如何起诉和珅。

正月初八，和珅被捕下狱。此时他还在想卷土重来，于是拒不认罪。嘉庆随即下旨查抄和珅家。不出数日便从和珅及其党羽处抄出了相当于朝廷15年国库收入的财富。如此巨额财富让嘉庆又惊又喜：惊的是和珅的敛财能力，也对其更加恨之入骨；喜的则是可以充实国库、治罪和珅，让天下臣民俱臣服。

正月十八，嘉庆宣布了和珅20条大罪，赐令自尽。和珅用一条白练了结了自己的性命。死前，他口占一诀：

五十年来梦幻真，今朝撒手谢红尘。他日水泛含龙日，认取香烟是后身。

第三十讲

林则徐禁烟（上）

乾（隆）末嘉（庆）初，是大清王朝由盛而衰的转折点。在想要及时制止这衰落现象蔓延的众多英雄豪杰中，不能不提到林则徐。

林则徐为世人所熟知的是公元1839年领导了禁烟运动。但他是如何从一个小小京官迅速成为封疆大吏的？是怎样得到大清皇帝信任，担任钦差大臣的？谁才是他在禁烟运动前后的真正对手？他如何同其进行斗争，才能取得胜利？被发配新疆，他后悔过吗？临死之前，他为何连声大呼"星斗南"呢？

这些都要先从林则徐所处的时代讲起。

一、大清王朝的衰落——林则徐所处的时代背景

1. 平庸天子嘉庆皇帝

前面说到，嘉庆在乾隆太上皇去世后仅用了15天时间，就果断处理了和珅贪污案件。但这并不意味着大清王朝度过了统治危机。恰恰相反，这只是开始：南方的白莲教、京畿的天理教、东南海上的骚动、采矿的封禁、钱粮的亏空、八旗的生计、鸦片的流入、河漕的难题等，都是王朝的威胁。其

中最严重的是白莲教和天理教起义。

白莲教起义最早发生在公元1796年，起因是"官逼民反"。嘉庆用了9年时间才将其最终镇压下去。

天理教起义发生在公元1813年。京畿教首林清和河南滑县教首李文成商定于当年秋起事。但滑县方面走漏了消息，李文成被捕入狱，教众提前起义，占领县城，杀掉知县，救出了李文成。嘉庆闻知后，派出多路人马围剿。林清方面则按时起义，教徒200人潜入城内，由入教太监导引攻至清宫。起义最后虽然失败，但能一直打到皇宫，也是大清王朝从来没有过的事情。

嘉庆在25年的皇帝生涯中，虽然非常努力地想要一件件解决"乾隆盛世"留下的危机，却越陷越深。到他的接班人道光皇帝时，则已经陷入内外交困、四面楚歌的境地。

2．内外交困的道光皇帝

公元1820年，道光皇帝继位后面临着四大问题：一是内政问题，即中枢机构调整；二是经济问题，即如何治理河漕；三是民族关系问题，即回部张格尔的叛乱；四是对外关系问题，即英国殖民者贩卖鸦片。在道光看来，前三个问题是最重要的，第四个还不着急。

于是他来不及处理鸦片问题，而是先着手解决紧迫的事：

第一是调整中枢机构大员，将嘉庆时期的重臣通通换掉，组成了包括曹振镛、穆彰阿等在内的新班子。

其中曹振镛这人很有意思。他历经乾、嘉、道三朝，备受恩宠，死后还获得"文正"谥号，并入了贤良祠。但他

■ 道光帝朝服像

获得这样的高位和殊荣，并非因为干过什么值得称道的政绩，而是他精通"多磕头，少说话"的官诀。

第二是治理河漕。道光非常关心治河，着力蠲免钱粮、赈济灾民、疏浚河道。他本人生活简朴，像热河避暑、木兰秋狝这些耗费巨资的举措，他都没做。

第三是平定回部张格尔在新疆发动的叛乱。公元1826年，乾隆年间处死的大和卓的孙子张格尔纠集500多人，在英国支持下侵入喀什噶尔、英吉沙尔、叶尔羌、和阗四城，企图复辟和卓家族统治。道光命扬威将军长龄、陕甘总督杨遇春、山东巡抚武阿隆、甘肃提督杨芳等率领三万多兵马击败张格尔，收复四城，诱捕并处死了张格尔。这对维护国家统一和西北边疆和平安定很有意义。

但大清王朝恰恰败在了第四个问题上。林则徐就是在这样的时代背景下登上了历史舞台。

二、走上仕途的林则徐

1. 仕途得意的林则徐

公元1785年8月30日，林则徐出生在福建侯官县一个比较贫寒的知识分子家庭。他的父亲因病没考上举人，长期以在私塾和书院教书为业。林则徐从小就读于父亲执教的私塾和书院。1804年，19岁的林则徐考中举人。这期间因家庭经济困难，曾几次外出谋生。这使他较为接近下层民众，对百姓疾苦有所了解。

1811年，26岁的林则徐考中进士，入翰林院，当了个小京官。从此他的仕途一帆风顺，历任江西乡试副考官、云南乡试正考官、江南道监察御史等职。道光继位后，林则徐又曾在浙江、江苏、湖北、河南、山东等地任职，办理过军政、

■ 林则徐像

漕务、盐政、河工、水利等事，在这过程中迅速由从道台迁升至巡抚，成为封疆大吏。

2．升迁的原因

关于林则徐的成功秘诀，有一则故事：他每次会见一个客人，一定问到其生平、技能嗜好，还要谈谈所过山川风俗和交往好友等情况。等客人一走，马上让属下记载下来，并且专门安排4个人进行管理。他的书斋之中有一个很大的柜子，柜子里面有18个箱子，分别对应十八行省客人的所见所闻。

林则徐的做法很超前，与现在很多单位设立的"人才档案"类似。靠着此举，他的仕途才非常得意，工作也一帆风顺。

然而此时，可恨的英国殖民者开始向中国大肆贩卖鸦片。

三、英国鸦片大量输入中国

1．英国的强大

从17世纪开始，西方主要国家相继进入资本主义社会。到19世纪上半叶，英国率先完成工业革命，成为头号强国。它需要不断开辟新的商品市场和原料产地，因此就要加紧对外侵略扩张。

为此列宁曾说："资本主义如果不经常扩大其统治范围，如果不把新的国家殖民化，并把非资本主义的古老国家卷入经济旋涡之中，它就不能存在和发展。"

于是古老的东方大国——中国自然成为英国觊觎的目标之一。

而此时的中国则糟糕得很：危机四伏的大清王朝仍然坚持"天朝尊严"和闭关政策，闭目塞听、妄自称大，对早已成为"海上霸主""世界工业第一强国"的英国竟一无所知。

当强敌袭来时，清廷既缺乏对抗的实力，又没有周旋的良策，整个社会的裂缝更为扩大和加深，结局可想而知。这不仅是清朝统治的悲剧，也是中华民族的灾难。

2．中国的"出超"

英国急不可耐地想要打开中国市场。公元 1829 年，英国政客柏金汉曾公开演说："中国有庞大的人口，其人富有积极的消费性格，如果把那个国家的市场开放给自由贸易商人，则英国货在那个市场上的销量将比其余全部世界的总销量还要大。"

"市场"是资产主义生存发展的"生命线"。为此他们会不遗余力地去争取和占有，并追求最大最多的利润。然而一旦不能正常得到这些，他们就会不择手段，甚至为达到目的而不惜动用武力。

中国自给自足的自然经济对外国工业品具有顽强的抵抗力，加上清政府实行闭关政策的限制，使英国无法为自己的商品打开市场，因而出现了贸易逆差。这显然不符合英国资产阶级侵略与掠夺的要求。

为了扭转对华贸易逆差，他们找到了最有利的特殊商品——鸦片，以此作为中国市场的"敲门砖"。

3．鸦片的大量输入

鸦片俗称大烟，由罂粟果内乳汁经干燥制成，为棕色至黑色的干膏状块，有特殊气味。原产于南欧及小亚细亚，后传到印度、阿拉伯和东南亚等地；在 7—8 世纪时由阿拉伯商人带入中国；到 10 世纪已有关于罂粟子做药材的记载，但尚不知吸食；17—18 世纪时，葡萄牙人和荷兰人把鸦片的吸食方法传入中国，后葡萄牙人又把为数不多的外国鸦片作为嗜好品运入中国。

鸦片是一种强烈的麻醉剂，中国原来把它作为安神止痛的药材使用。药用鸦片为粉末状，一开始每年从国外进口 1000 箱左右，称为洋药。但鸦片含有大量吗啡和尼古丁，毒性很大，而且吸上了瘾就不易戒除，使人体力日衰、意志萎靡，以致丧失生命。

英国从 18 世纪开始经营鸦片贸易。公元 1773 年，英国制定了对中国输入鸦片的政策。1799 年向中国走私鸦片 4000 多箱（每箱重约 50 公斤或 100 公斤），到 1835 年猛增至 35445 箱。此期间，英国从中国掠走银圆高达三四亿之多。1835 年，在中国吸食鸦片的人数有两百万以上。

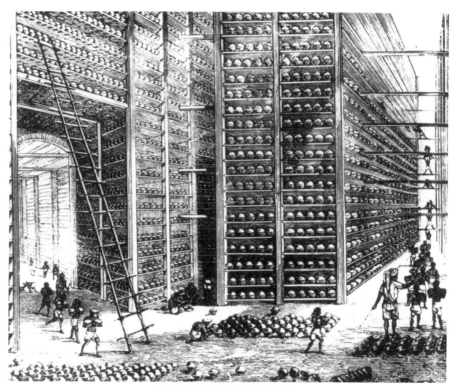

■ 英国东印度公司的鸦片仓库

四、钦差大臣林则徐

1. 围绕禁烟问题清政府内部的争论

面对严酷现实，清廷内部围绕鸦片问题展开了激烈争论。有人主张重治吸食鸦片者，有人则认为应该广开内地人民栽种罂粟之禁。

而远在湖广总督任上的林则徐则根据自己的实践，主张从源头入手重治鸦片烟贩。

现在看来，他的主张还真比同时代的其他大臣高明一些。这是因为林则徐之前就有一些禁烟经验。

2. 林则徐的禁烟经验

林则徐的家乡福建，是中国境内较早受到西方殖民者侵扰的地区之一。林则徐年轻时就曾亲自感受过鸦片泛滥之祸，正如他日后主持禁烟时自己所说："本大臣家居闽海，于外夷一切伎俩，早皆深悉其详。"

正因如此，早在公元1823年，林则徐任江苏按察使时，就下令密访严拿勾结衙门差役、开设鸦片烟馆的土豪恶棍。1832年任江苏巡抚后，又进一步提出严密的禁烟措施，严禁鸦片进口、取缔鸦片贩子、勒令吸食鸦片者服药戒瘾。1837年任湖广总督后，继续认真禁烟。他还自己出钱配制大量"断瘾药丸"，强迫吸食者服用，并且严厉搜查鸦片和烟具，都取得了一定成效。

3. 林则徐受到道光皇帝的赏识

林则徐的禁烟主张为什么能够独树一帜，被道光皇帝欣赏呢？

答案很简单：第一，林则徐有丰富的禁烟经验；第二，他的高明言辞恰好击中了道光的要害。

林则徐说："（鸦片）迨流毒于天下，则为害甚巨，法当从严。若犹泄泄视之，是使数十年后，中原几无可以御敌之兵，且无可以充饷之银。"这是他留给后人的警世名言，几乎人皆成诵。

■ 道光帝，原名绵宁

这句话的中心着眼点在"军队"和"财政"4个字上。军队是清朝统治者的工具；财政是这个政权赖以生存的命脉。二者缺一，统治就无法再维持下去。

林则徐的禁烟主张和实践，一方面促使道光认识到鸦片泛滥问题的严重性；另一方面也促使其认识到问题虽然非常严重，但还没有到不能解决的地步。于是道光立即召见林则徐，并采纳了他的主张。

4. 与直隶总督琦善的第一次交锋

公元1838年11月，林则徐从武昌

起程进京。谁知刚刚走到直隶，就遇到了专门从北京赶来见他的直隶总督琦善。

琦善生于1786年，姓博尔济吉特氏，满洲正黄旗人。其父曾任杭州将军及热河都统。琦善16岁时即由荫生授刑部员外郎。道光继位后先后任山东巡抚、两江总督兼署漕运总督。1831年调直隶总督，此后一直署理或实任直隶总督达10年之久。在林则徐这次奉命到京之前，他刚刚升任文渊阁大学士。

琦善是满洲贵族，受皇帝宠信和倚重，又任封疆要职多年，平日与穆彰阿结为一党，权倾内外、傲视一切。

琦善在鸦片战争前反对重治吸食者的主张，认为鸦片吸食"今则数十年之久，十八省之大，岂能令出惟行乎？"况且吸食者中有"忠良后裔、簪缨世胄""幕友书役""贤媛、媚妇以及农工商贾，安分守己之人"，如果"一吸鸦片，即罹法网，将见缧绁之人载道，囹圄无隙地可容，贯索略重，不待部文复转，而瘐毙者已盈千累万矣"。

因此，他主张封关锁国，"大张晓谕，不准通商，则鸦片无自而来……内地已入之烟土，并不必缉捕销毁，吸食者一面戒烟，一年半载，知烟不续来，贩卖者另寻别业，吸食者尽保残躯，如是则从容不迫，而天下皆安居乐业"。认为只有这样，才是"正本清源之道"。

琦善的主张，代表了满洲权贵和大地主大官僚的既得利益。他们都是鸦片走私的受益者，因而极力主张维持现状，使烟毒进一步泛滥，以便从中取得更多好处。所以他为了自己的利益，专门从北京赶来见林则徐，全力阻止禁烟主张在全国推广，还以禁烟必然会引起外国武装干涉为借口，要求林则徐"无启边衅"。

林则徐由此开始逐渐认识到禁烟运动可能遇到的艰难和险阻。

5．钦差大臣林则徐赴广州

公元1838年12月，林则徐到北京。在不足一个月的时间内，他先后受到了道光的19次召见。

在接受召见时，林则徐根据自己在湖广总督任上的禁烟实践和琦善等人

道光十八年十一月十五日奉

吉湖廣總督兼兵部尚書銜林則徐著頒給欽差大

臣關防馳驛前往廣東查辦海口事件所有該省

水師兼歸節制欽此

■ 道光帝命林则徐为钦差大臣的谕旨

的所谓"启边衅"担心，申述了自己的禁烟主张和准备用武力给侵略者以坚决的反击的具体办法。

林则徐最终说服了道光。1838年12月31日，皇帝任命林则徐为钦差大臣，节制广东水师，前往广州查禁鸦片。

1839年1月8日，林则徐从北京出发前往广州。2月路过安徽舒城，前往当地士绅家中探询广州方面鸦片走私、烟毒泛滥的情况，并讨论禁烟问题。

3月2日，林则徐在江西途中向广东布政司、按察司发出逮捕61名重要烟犯的密令。这些做法再次展示了他不同常人的高超工作方法和工作作风。

1839年3月10日，林则徐到达广州。广东地方官员纷纷前往天字码头迎接。可想而知，这其中肯定有不高兴的人，而且还不在少数。否则鸦片也不会在广东地区肆意泛滥成灾了。

于是新的问题来了：谁才是林则徐在禁烟运动前后的真正对手？他如何同这些对手进行斗争，才能取得胜利？

五、林则徐的对手们

其实仔细想想就可以知道，林则徐在禁烟运动前后的真正对手实在是太多了。当中应该包括借鸦片贸易牟取暴利的英国侵略者和中外鸦片贩子；还应包括清王朝从中央到地方借鸦片走私而受益的大小官吏及其附庸者；更应该包括满洲亲贵和嫉妒林则徐声名的权势人物。

林则徐准备好了吗？

在受命钦差大臣临行时，他曾说："死生命也，成败天也。苟利社稷，敢不竭股肱以为门墙辱？"这是他留给后人的第二句名言，同样几乎人皆成诵。

此外，他在给友人信中也有一句话："戊冬在京被命，原知此役乃蹈汤火……早已置祸福荣辱于度外。"

第三十一讲

林则徐禁烟（下）

林则徐来到广州后，首先做的就是清除内奸。

一、林则徐与对手们的较量

1．与国内借鸦片走私而受益的大小官吏们的较量

林则徐主要做了五件事。

第一，在到达广州的第 2 天，林则徐命令所有随员严守纪律，不得走漏消息。只有这样，才能出其不意、攻其不备。

第二，他同时宣布：目前只受阅揭露鸦片罪犯的呈词，其余无干的一概不受理。随即又开始与邓廷桢、关天培等共同研究禁烟办法和加强防务的措施。情况紧急，必须集中全力，

■ 关天培像

解决当务之急。

第三，以检查学业为名，召集广州地区 3 个书院的 600 多名学生考试，要求他们发表对禁烟问题的意见建议和有关情况。这是为了动员百姓积极参与到禁烟运动的最前线。

第四，迅速查封所有鸦片烟馆。

第五，与邓廷桢一起传讯了垄断对外贸易的十三洋行商人。

■ 十三洋行场景图《广州十三商馆》约 1855—1856 年，布本油彩

第六，林则徐成功掌握了外国鸦片贩子与广东大小官员勾结的内幕，一举查办了历年包庇鸦片走私、贪污受贿的督标副将韩肇庆等人，严惩了与外国鸦片贩狼狈为奸的十三洋行不法行商，给借鸦片走私而受益的大小官吏及其附庸者们以沉重的一击。

紧接着，林则徐就向英国侵略者和鸦片贩子下手了。

2．与英国侵略者和鸦片贩子的第一场较量

与英国侵略者和鸦片贩子较量的手段简单直接：

一是布告外国商贩，要求他们报明所存鸦片数量，限期 3 天上缴，不得有丝毫隐藏；并且要他们写下保证"永不敢夹带鸦片，如有带来，一经查出，货尽没官，人即正法"。

二是正告外商："若鸦片一日未绝，本大臣一日不回，誓与此事相始终，断无中止之理。"

林则徐还强调："察看内地民情，皆动公愤，倘该夷不知悔改，唯利是图，非但水陆官兵，军威壮盛，即号民间壮丁，已足制其命而有余。"

然而 3 天期满后，英侵略者头子义律仅让手下商贩上缴 1037 箱鸦片来敷衍。他们居然以为林则徐与此前的两广地方官员没有什么两样！

一场新的较量又开始了。

3. 与英国侵略者和鸦片贩子的第二场较量

林则徐见英国商贩如此糊弄自己，又做了如下工作：

第一，下令传讯鸦片贩子颠地。林则徐了解到英商所存鸦片至少还有两万多箱。3 月 24 日，英国全部鸦片趸船 22 艘连同鸦片贩子颠地一起被关天培所属广东水师捕获。

第二，下令停止中英贸易。林则徐命令封存停泊在黄埔港的所有鸦片货船，停止中英贸易，外商不准出入，并立即撤出受雇于洋人的所有中国人员。

上述举措迅速见效。1839 年 3 月 28 日，林则徐到达广州的第 18 天，义律被迫具禀林则徐，表示遵命缴出所有鸦片。接着，那 22 艘鸦片趸船遵照林则徐的命令开往虎门收缴。5 月 18 日收缴完毕，共有鸦片 19187 箱又 2119 袋（其中美国鸦片 1540 箱），计重 2376254 斤。

1839 年 6 月 3 日，震惊世界的虎门销烟开始了。林则徐命人在虎门海滩高地挖掘两个纵横各 15 丈的大池，池底平铺石板，由沟道放水入池，然后撒入盐卤，投入切开的烟土浸泡半日，再投入生石灰，池内立即沸腾、翻滚，烟土变成滓沫，不能再收合成膏。待海水退潮，启放涵洞，使销毁的鸦片随潮入海。6 月 25 日，虎门销烟胜利结束。

其间既有很多受鸦片毒害的中国人来观看，也有一些外国人来探查——他们认为中国人不敢真正销毁这些鸦片，或者大部分鸦片一定会被中国人监守自盗。但这些假想都没发生。

于是有美国传教士写道："我们反复检查过销烟的每一过程。他们在整个工作进行时的细心和忠实的程度，远出乎我们的臆想，我不能想象再有任何事情会比执行这个工作更为忠实的了。"

禁烟运动取得了巨大胜利。但英国侵略者却以此为借口发动了鸦片战争。这给了国内的反对党以新的口实。决定林则徐命运的较量开始了。

■ 虎门销烟池

4. 与中外反动势力的第三场较量

早在鸦片战争爆发前，林则徐就已经完全做好了与英国侵略者的战斗准备。

一是招募壮丁5000人，练为水勇。

二是加强防御设施，大力修建炮台，购买和制造船炮。以后者为例，林则徐担心虎门各炮台原有旧炮不够得力，就从澳门秘购西洋大铜炮及精制生铁大炮，还从欧洲人那里购买了数百条枪。他还购买了美商船"甘米力治号"改为兵船，打算与水师提督

■ 虎门海防大炮

关天培合作，以此船为模型来推行水师近代化。后来的洋务运动实从这里萌芽。

三是从澳门购买军事技术资料，命人翻译大炮瞄准法的书，在广东防务中实际应用。

二、鸦片战争的过程

1. 鸦片战争爆发

钦差大臣林则徐指挥下的虎门销烟壮举，昭示世界、振奋国人。为了维护既得利益，查理·义律遂向英国外相巴麦尊提出建议：迅速派遣军队，发动对中国的战争。

英国政府很快做出向中国出兵的决定。公元 1840 年 6 月，侵华英军总司令乔治·懿律率舰只 40 余艘、士兵 4000 多名，陆续到达中国南海海面。

6 月 28 日，英舰封锁珠江入海口，第一次鸦片战争正式爆发。

■ 虎门海战图

7月初，英军侵占浙江定海，8月初到达天津大沽口外，直逼京畿。

道光皇帝害怕了。10月3日，林则徐被撤职查办。皇帝随后任命琦善为钦差大臣。

2. 琦善卖国

此时的林则徐仍然在做着最后努力，他警告道光皇帝："夷性无厌，得一步又进一步，若使威不能克，即恐患无已时。且他国效尤，更不可不虑！"

但卖国贼琦善到任后，还是把林则徐在抵抗侵略上所做的一切努力完全破坏。

1840年年底，琦善在广州与英国侵略者谈判。英军却于1841年1月7日突然在穿鼻洋发动进攻，攻陷沙角、大角炮台。守将陈连升英勇捐躯。其后，陈连升的战马一直在他身边徘徊，恋恋不舍。被侵略者掳至香港后，它每天朝沙角炮台方向悲哀嘶叫，"饲之不食，近则蹄击，跨则堕摇，以致忍饿骨立，持节绝食，亡于香港"。后人为它的节烈所感动，立节马碑。

1841年1月中旬，琦善被迫答应义律提出的割让香港、赔偿烟价六百万元和开放广州等条件。

1月26日，英军不待中国政府同意就占领了香港。

于是林则徐劝说广东巡抚怡良揭发琦善的卖国行为，最终迫使琦善被撤职查办。

3. 鸦片战争的扩大

清政府在得知沙角、大角炮台失守后立即对英宣战。

1841年2月下旬，英军进攻虎门。在孤立无援的情势下，水师提督关天培率军死战，受伤数十处仍燃炮杀敌，最后与同守炮台的400余将士壮烈殉国。

5月，英军逼近广州城外，清军全部退入城内。下旬，新任靖逆将军奕山向英军乞和，签订了可耻的城下之盟《广州和约》，缴广州赎城费600万元。

5月底，广州城北郊三元里的绅民激愤于英军野蛮行径，自发组织起来抗击侵略者，并联络附近上百乡村，形成声势浩大的民众抗英力量，给了侵略者沉重打击。最后英方胁迫清朝地方官员出面压制，解散了会聚起来的抗英义民队伍。

■ 三元古庙

随后，英国政府觉得义律办事不力，改派璞鼎查为全权公使，增调援军，扩大侵华战争。8月下旬，璞鼎查率英舰自香港北犯，8月26日攻陷厦门。9月，英军侵犯台湾。

9月下旬，英军再次进攻定海。定海总兵葛云飞对所部将士说："贼不足畏，可尽灭也！万一不利，某身为大将，奉天子命镇守斯土，城亡与亡，大义也！当死在此地，不离定海寸步！"

9月26日，敌军进攻定海竹山门，葛云飞下令开炮，击断敌船桅，敌军仓皇退去。27日，英军向土城开炮，葛云飞指挥各营开炮猛烈还击，敌人慌忙败退。28—30日，侵略军向定海竹山门、五奎山进攻，企图登陆，都被葛云飞和同袍王锡朋、郑国鸿击退。

于是敌人调集兵力集中进攻定海。定海守军一共只有4000多人，且武器弹药不足，处境危急。葛云飞等3人联名飞书向镇海大营告急，但大营不发救兵。

10月1日，英军从小路攻上定海北面的晓峰岭。王锡朋壮烈牺牲。接着，英军进攻竹山门，郑国鸿率军誓死抵抗，英勇牺牲。葛云飞据守在最危险的定海城南土城，手执大刀，率200多名士兵大呼杀入敌阵，劈死敌军多人。葛云飞全身受伤40余处，仍忍痛奋力砍杀。最后，一颗炮弹击中他的胸部，葛云飞英勇殉国。200多名士兵也全部壮烈牺牲。

10月10日，英军进攻镇江。两江总督裕谦率兵英勇抵抗，力战不支，投水自尽。

4．鸦片战争的结束

公元1842年5月，英军继续北犯。

6月，英舰驶近吴淞口，两江总督牛鉴欲向英军求和，提督陈化成坚决反对。

■ 陈化成像

6月16日拂晓，英舰攻打吴淞口，陈化成坚守西炮台，指挥守军发炮还击，激战2个多小时，击毁击伤敌舰数艘，击毙击伤侵略军多人，使英军不敢正面登陆。

这时，牛鉴听说陈化成击毁英舰，以为取胜的机会来了，竟然大摆总督仪仗出来督战。英军发现后发炮轰击。牛鉴一听到炮声，吓得面无人色，赶快从轿子里钻出来，丢帽弃靴，混在士兵中乱窜逃命，致使全军溃败。东炮台守将余步云丢弃阵地逃走。敌人乘机集中兵力围攻西炮台。

陈化成腹背受敌，参将周世荣劝他撤退。陈化成怒斥周世荣说："曩谓尔诚，荐拔至是，今尔负我，以致负国"，后周世荣贪生逃跑。时英军蜂拥登岸，弹如雨下，陈化成负伤多处，仍英勇抵抗，最后和 80 多名士兵一起壮烈牺牲。

7 月，英军 7000 人在海军配合下进攻镇江。参赞大臣齐慎和湖北提督刘允孝率军守卫城外各山高地。副都统海龄率旗兵 1000 人和青州兵 600 人守城垣。镇江守军不畏强敌，奋勇抗英。

21 日，英军登陆，攻占城外高地，炸破西口入城。海龄率部与侵略军展开巷战，终因寡不敌众全军覆没，在城陷后自缢殉国。

1842 年 8 月 5 日，英军到达江宁江面。腐败无能的清政府命盛京将军耆英赶到南京，于 8 月 29 日与璞鼎查在英国军舰上签订了中国近代史上第一个不平等条约——《南京条约》。第一次鸦片战争到此结束。

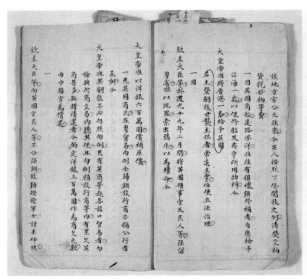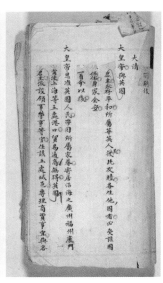

■ 中英《南京条约》抄本

三、鸦片战争的检讨

1. 鸦片战争失败的检讨

鸦片战争中清朝的失败是必然还是偶然？可从战略和战术两方面做如下思考。

从战略上来说：

一是国力。道光时清朝人口四万万，俨然东方大国。英国当时还没成为"日不落帝国"，跨越重洋、长驱远袭，以动对静、以劳对逸，清朝有可能击败英国侵略。

二是军事。英国进攻，清朝防御；英国兵少，清军兵多；英国后方太远，清朝在本土作战。

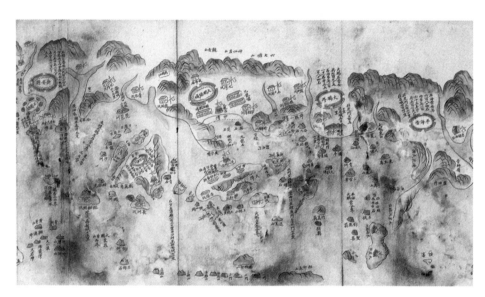

■ 清代广东水师驻防图

三是民心。英国是侵略一方，清朝抵抗侵略，并得到民众支持。

从战术来说：

一是兵力。1840 年 6 月，乔治·懿律统带的侵略军 4000 人、舰船 40 余艘。其数量有限，只要认真抵抗，完全可以取胜。

二是后方。当时欧亚交通艰难，英军战线太长。清军即便在一开始偶有失利，总体上也完全占有优势。

三是武器。当时英海军虽用蒸汽机装备，但很多还是帆船；陆军虽使用后膛装弹的火枪和火炮，比清军稍先进一些，但差距没拉得那么大。

所以，无论从战略还是战术上分析，清朝都有可能打胜这一仗，但是却败了。

2．鸦片战争失败的主要历史责任

清廷认识到鸦片战争失败原因是有一个过程的。

一开始，人们认为责任在禁烟派与主战派，于是道光皇帝罢了林则徐的官，并将他遣戍新疆伊犁。

后来，大家认为责任在弛禁派和主和派，其代表是穆彰阿、琦善等。但穆彰阿其实是揣摩道光的心理和意向，才主张和议的，其"主和议，为海内所丛诟。上既厌兵，从其策，终道光朝，恩眷不衰"，后来"窥帝意移，乃赞和议，罢则徐，以琦善代之"。

可见整个过程是道光在主导。"自毁长城"悲剧又一次重演。

他过于无知。曾问："英吉利至新疆各部，有旱路可通？"这是早在康熙时期就已解决的常识问题。其对西方政治、经济、军事、地理一无所知，却无知者无畏，对英国坚船利炮不屑一顾。

他过于无勇。如有当年努尔哈赤亲自指挥萨尔浒大战的精神，有皇太极抱病亲自指挥松锦大战的意志，有康熙三次亲征噶尔丹的气魄，能率军御驾亲征，调动天下"勤王"，等侵略军在天津大沽登岸后聚而歼之，这场战争是不会打输的。当然更不会有《南京条约》之耻。

因此鸦片战争的责任主要应由道光来负。

四、鸦片战争之后的林则徐

1．从被发配新疆到重新被起用

公元 1840 年 10 月 3 日，林则徐被道光撤职查办，于 1841 年 5 月初前往浙江镇海听候谕旨，不久被发往新疆伊犁戍边。

临行前，他在给家人的信中写到：苟利国家生死以，岂因祸福避趋之！

后来林则徐在新疆开展屯垦，取得了巨大成绩。1845 年，林则徐被召回北京。此后他又先后出任陕甘总督、陕西巡抚、云贵总督等职。

1850 年春，林则徐旧病复发，先后数十次坚持请求退职，最终告老还乡。

2. 林则徐之死

林则徐告老还乡半年后，洪秀全等人在两广地区起事。清廷于公元1850年秋第三次起用林则徐，命其为钦差大臣，前往平叛。

林则徐在行至广东潮州普宁县时逝世，终年65岁。临死前连声大呼："星斗南！星斗南！

有人说"星斗南"是福建方言，与"新斗栏"发音相同，指广州十三洋行所在的"新斗栏街"。当时广东洋商害怕林则徐东山再起，就用重金收买他的厨子，在早餐里放入巴豆。林则徐食用后一病不起，在临死前发觉自己被洋商所害，所以才大呼"星斗南"。

3. 人民不会忘记

林则徐的子孙不会忘记林则徐。

其后裔现在已繁衍八代，近千人，分散在全国和世界各地。他的五代孙凌青曾任中国驻联合国第三任大使，中国收复香港的文本就是由他递交联合国的。每年清明节，林则徐的后裔都从世界各国和国内各地赶赴福州，祭奠他们的先祖、伟大的民族英雄。特别是在香港、澳门先后回归祖国时，他们更是在其墓前欣喜告慰。

中国人民不会忘记林则徐。除人所共知的虎门销烟浮雕之外，

■ 林则徐手书楹联："经国有才皆百炼，读书无字不千金。"

1996 年中国发现了一颗新的小行星，就命名为"林则徐星"，并于 2000 年立林则徐星纪念碑，安放在他的出生地福州。

他的敌人也不会忘记林则徐。早在清代末年，英国伦敦博物馆就有林则徐蜡像。公元 1877 年，清朝派驻英国的第一任副使刘锡鸿陪同公使郭嵩焘等前往参观，曾记云："文忠（像）前有小案，摊书一卷，为禁鸦片烟条约。上华文，下洋文""夫文忠办禁烟事，几窘英人，然而彼固重之者……可谓知所敬。"

世界人民更加不会忘记林则徐。1997 年，林则徐铜像矗立在美国纽约市区，受到了美国人民和世界人民的敬仰。

第三十二讲

洪秀全领导的太平天国运动（上）

一、太平天国运动的爆发

1. 从鸦片战争的影响说开去

公元 1840—1842 年，鸦片战争以清政府惨败、签订不平等中英《南京条约》而告结束。

此后，清政府为支付总计约 7000 万银元的战费和 2000 多万银元的赔款，加紧搜刮百姓。其中地丁税是大头，在 1841—1849 年的 8 年间增加了 330 多万两白银。

两广地区情况尤其糟糕：本来就鸦片横行，朝廷又多征税负，1849—1850 年还赶上连年饥荒，百姓便活不下去了。

于是官逼民反，太平天国运动由此发端。

2. 四次科考失意的洪秀全

说到太平天国运动，就要先说洪秀全。

洪秀全，公元 1814 年 1 月 1 日生于广东省广州府花县官禄布村，小名火秀，原名仁坤，1843 年改名秀全。他的父亲勤劳朴实、靠种田谋生。他 7

岁入塾学习，五六年间便能熟读"四书""五经""孝经"及古文多篇，其聪慧颇得业师与长辈称许。16 岁时，洪秀全因贫困被迫失学，在家帮助父兄耕田放牛。18 岁被聘为本村塾师。

青年时代的洪秀全也曾希望通过考试"一举成名"。因此从 16 岁起，先后 4 次去广州参加秀才考试，但都名落孙山。这使他身心受到极大刺激。其中第 3 次落第归家后，由于心情极度痛苦，竟 40 多天卧床不起。

■ 洪秀全塑像

1843 年，洪秀全第 4 次科考失败。科场失意，引起了他对清朝统治的不满。

3.《劝世良言》和拜上帝教

早在公元 1836 年，当洪秀全第 2 次去广州应试时，曾偶然在街头得到一本宣传基督教教义的书《劝世良言》。

他最后一次考试失败回家后，开始潜心细读这本书，接受了：只有"上帝"是真神，是"造化天地万物之主"，其他一切为人所崇拜的偶像都是妖魔；一切人都是"上帝"的子女，都是平等的；"上帝"差遣他的儿子耶稣下凡，替世人赎罪；人人要遵守十诫等教义。

1843 年，洪秀全创立拜上帝教。他自称是"皇上帝"的第二个儿子、耶稣之弟，下凡救世；附会圣典，声言六年前（1837 年）病里做梦升天，见到了"皇上帝"；劝人拜上帝不敬邪神，还和最先皈依拜上帝教的族弟洪仁玕、表弟兼同学冯云山一起，将教馆中所立孔子牌位、家中所立灶君、牛猪门户诸神作为妖魔一概除去。

■ 外国人绘制的太平天国教堂

洪秀全这一"大逆不道"的举动遭到了责难，人们认为"此等疯狂愚蠢之事万不宜置信"，借灯节迎神赛会等机会，逼洪秀全等人"制写诗文或对联以歌颂偶像"。洪秀全"倔强不从"，因而失去了塾师的工作。

4. 冯云山传教紫荆山区

公元 1844 年 9 月，洪秀全和冯云山被迫背井离乡，到两广地区宣传拜上帝教。在广西贵县赐谷村吸收了 100 多名农民入教后，洪秀全返回花县，冯云山则转往桂平县紫荆山区。在随后的 2 年多时间里，冯云山发展会众2000 多人。其中烧炭工人杨秀清、贫苦农民萧朝贵、有钱无势的"国子监生"韦昌辉和富裕农民石达开等先后加入拜上帝教。

1847 年 8 月，洪秀全再次来到广西紫荆山区与冯云山会合，根据形势发展制定了《十款天条》，还完成了《原道觉世训》和《太平天日》2 篇重要文献，提出"独拜真神皇上帝，击灭阎罗妖"——向清朝统治者及其"妖徒鬼卒"宣战的目标。

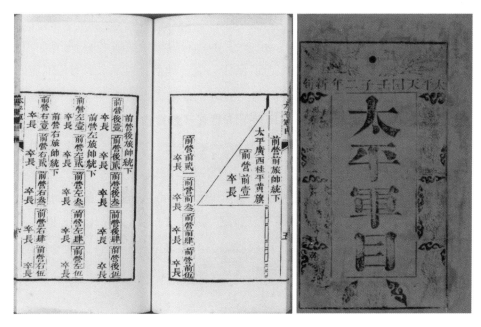

■ 冯云山《太平军目》，记述太平军编制及旗样

5. 天父和天兄"下凡"的秘密

公元 1847 年 10 月，洪秀全和冯云山到象州甘王庙，愤举竹杖击毁神像，此举震动了整个紫荆山地区。洪秀全从此威名大振，加入拜上帝教的人越来越多。

1847 年 12 月，紫荆山石人村地主兼团练头子王作新，纠集打手逮捕了冯云山，责令保证押送桂平县，在途中被会众夺回。王作新恼羞成怒，跑到县衙控告冯云山"迷惑乡民，结盟聚会""不从清朝法律""践踏社稷神明"，要求"严拿正办，俾神明泄愤，士民安居"。桂平知县怕引火烧身，不敢追究。

王作新不肯罢休，于 1848 年 1 月再次逮捕了冯云山和卢六，以"阳为拜会，阴图谋叛"的罪名，经大湟江巡检司送桂平县狱。

冯云山被捕后，洪秀全千里跋涉回到广州，希望借 1844 年清廷准许洋人传教的命令向两广总督提出申诉，结果徒劳碰壁。与此同时，广大会众纷纷捐款贿买贪官进行营救。最后卢六不幸被折磨而死，冯云山则在狱中揭露王作新"凶恶谋害之意"，申辩自己冤屈，主张人人当拜上帝。

冯云山被捕后，地方豪绅纷纷散布流言蜚语，加上疫病流行，人心惶惶，拜上帝教群龙无首，会众们逐渐产生了悲观失望、动摇退缩的心理。在此危急之时，杨秀清深感忧虑，为了稳住会众，他假托哑病，2个月不能言语，随后假托天父下凡附体传言；与此同时，萧朝贵也假托"天兄"耶稣下凡。二人的举措对安定人心、巩固拜上帝教起了积极作用。

1848年，桂平知县被迫结案，判冯云山服劳役2个月。不久冯云山出狱，去广州找洪秀全。他们于1849年7月重返紫荆山。

洪秀全和冯云山回来后，曾对杨秀清和萧朝贵等人进行审查，但最后出于团结考虑，不得不承认杨秀清代天父传言、萧朝贵代天兄传言为既成事实。这样虽然有利于澄清混乱、巩固教派，但也确立了杨秀清的特殊地位，为日后领导集团矛盾分裂埋下了种子。

二、太平天国的崛起

1. 金田起义

公元1849—1850年，广西连年饥荒，参加拜上帝教的人日益增多，起事的时机已经成熟。1850年7月，洪秀全号召各地会众到金田村韦昌辉家"团营"（编制营伍），"竖旗举事"。

■ 清军平定太平天国战图

2．永安建制

公元 1851 年 1 月，是洪秀全生日。拜上帝教众 10000 多人在金田村"恭祝万寿起义，正号太平天国元年"。"团营"成员头包红巾组成"太平军"，从金田出发攻入武宣东乡。

清廷得知后陆续调集军队"围剿"。太平军为摆脱内线作战的不利处境，转移至宣武、象州；旋因清军堵截，又折回金田地区，再度被围；1851 年 9 月下旬突出重围，攻占永安。

太平军占领永安后，虽又遭清军包围，但因南北路清军未能协同作战，故太平军在此滞留了半年，并在军事、政治方面有所建设。其中最重要的是永安封王。

1851 年 12 月 17 日，洪秀全下诏封杨秀清为东王，九千岁；萧朝贵为西王，八千岁；冯云山为南王，七千岁；韦昌辉为北王，六千岁；石达开为翼王，五千岁。各王受东王节制。封杨、萧、冯、韦为军师，封秦日纲为天官丞相，胡以晃为春官丞相，罗大纲为总制。其余有功将士 800 多人皆授官职。这就奠定了太平天国的政权基础，初具立国规模。

其中，冯云山为创建拜上帝教立下了不朽功勋，杨秀清、萧朝贵等显要人物也都是他一手培养起来的，按理说其地位应该仅次于洪秀全。但冯云山为顾全大局，谦让而居第四；同时也给了杨秀清、萧朝贵代天父、天兄传言的面子。

3．定都天京

1852 年 4 月 5 日，太平军自永安突围，进逼桂林，转攻全州，南王冯云山不幸中炮负伤，不久死于蓑衣渡。

太平军在蓑衣渡遭到伏击，被迫折入湘南道县，在此扩充队伍、建立"土营"，随后确定"专意金陵，据为根本"的战略决策。

在全军北上围长沙时，萧朝贵不幸中炮牺牲。太平军随后连续攻占岳阳和武昌，获船万余艘，建立水营。

1853 年 2 月 9 日，太平军号称五十万之众，水陆夹江东下，连克江西九江，安徽安庆、芜湖，3 月 19 日攻占南京，定为都城，改称天京。又派

■ 天王玉玺

出 2 支部队占领镇江、扬州，与天京形成掎角之势。

太平天国定都天京后不久，清军尾随而至，由钦差大臣向荣率领万余人在天京城东建立"江南大营"，企图遏止太平军东出苏（州）、常（州）；由钦差大臣琦善率领万余人在扬州外围建立"江北大营"，企图遏止其北上中原；两支部队南北配合，伺机夺占天京。

此时，太平天国号称拥军百万，战略上处于进攻态势。但其领导集团没有集中优势兵力，逐个歼灭江南、江北大营之敌，消除肘腋之患，反而作出守卫天京、北伐京师、西征上游的战略决策，在北伐、西征和天京周围 3 个战场上分别与清军鏖战。

4．太平军北伐

1853 年 5 月 13 日，天官副丞相林凤祥和地官正丞相李开芳等奉命率领两万余人由浦口出发，"师行间道，疾趋燕都"，于 10 月 29 日进抵天津西南的静海、独流镇，屯驻待援，逐渐发展到近四万人。

清廷大为震动，即命惠亲王绵愉、科尔沁郡王僧格林沁防卫北京，并由僧格林沁率军前出，会同钦差大臣胜保围困静海、独流镇。

北伐军久候援军不至，又远离天京，处境日益艰难。1854 年 2 月 5 日从静海、独流镇突围南下，2 月 6 日占据河间束城镇。僧格林沁、胜保率清军马队亦于当天追击，对太平军实施包围。3 月 7 日，太平军突出重围，经献县，于 9 日抵达阜城，很快又被清军包围。

洪秀全、杨秀清得知北伐军抵达天津附近后，才抽调 7500 人组成援军，由夏官正丞相曾立昌等率领，于 1854 年 2 月北上增援。3 月 31 日进逼山东临清，北距阜城仅 200 余里。4 月 12 日攻克临清，但城中存粮军火均被清军烧光，且清援军纷纷赶到，北伐援军有陷入重围的危险。4月18日，曾立昌等撤出临清南返，在胜保部清军追击下，全军溃散。

1854年5月5日，林凤祥、李开芳率部自阜城突围到东光县之连镇，得到天京援军到山东的消息。为分敌兵势、迎接援军，5月28日由李开芳率600余骑突围南下，占据山东高唐州城，又为胜保追击围困。

1855年3月7日，连镇被清军攻陷，林凤祥被俘，15日在北京被凌迟处死。僧格林沁立即移兵高唐。李开芳突围南走茌平县之冯官屯。僧格林沁久攻不下，乃引水灌城。李开芳等难以生存，于5月31日出而被俘，6月11日在北京被杀。太平军北伐失败。

就在这段时期，一个来自湖南省双峰县的进士曾国藩，创立了一支17000人的湘军。正是这支部队，最终完全粉碎了太平天国。

三、湘军的崛起

1. 曾国藩的家世

曾国藩，字伯涵，号涤生，1811年出生于湖南省双峰县井字镇荷叶塘的一个豪门地主家庭。祖辈以务农为主，生活较为宽裕。祖父曾玉屏虽少文化，但阅历丰富；父亲曾麟书身为塾师秀才，满腹经纶。

作为长子长孙的曾国藩得祖、父爱抚，6岁时入塾读书，8岁能读八股文、诵五经，14岁时能读《周礼》《史记》，参加长沙的童子试，成绩俱佳、列为优等；1833年考取秀才；27岁考中进士，踏上仕途之路，并成为军机大臣穆彰阿的得力门生。

■ 曾国藩像

在京 10 多年间，曾国藩先后任翰林院庶吉士，累迁侍读、侍讲学士，文渊阁直阁事，内阁学士，稽查中书科事务，礼部、兵部、工部、刑部、吏部侍郎等职，一步步升迁到二品官位。

2．湘军的练成

早在公元 1852 年，太平军出广西、进湘鄂，所向披靡。清廷深感绿营和八旗兵已不足用，便饬令各省举办团练，以助"攻剿"。

1853 年 1 月 21 日，因母丧回湖南湘乡守制的礼部右侍郎曾国藩，奉命帮同湖南巡抚张亮基督办湖南团练。后来他认为团练不足恃，决定组建一种新的军队"湘军"，也称"湘勇"。

湘军大体上仿照明朝戚继光营制，以营为基本单位，直接受"大帅"统辖；后增设统领，各统率若干营。每营编有营官 1 人、哨官 4 人、勇丁 500 人，另配长夫 180 人，合计 685 人。每哨设 8 队，火器队与刀矛队各半。火器主要有抬枪、鸟枪。全营有劈山炮 2 队，直隶于营官。

湘军水师筹组时间略晚于陆师。水师每营最初编有快蟹船 1 只，长龙船 10 只，舢板船 10 只，共 21 只，人员 447 人；1856 年后裁撤快蟹船，长龙船减为 8 艘，舢板船增为 22 艘，全营共有船 30 艘，每船炮位如旧，人员增至 532 人。每只长龙船安炮 7 门、舢板船安炮 4 门，均为 600 斤至 1000 斤的洋炮。各船还配有火枪、刀矛，以备近战。

此外，湘军还设有营务处和粮台，分别管理全军的军务与后勤。

曾国藩在组建湘军时，针对绿营兵流弊，采取了一些改革措施：

一是薪饷较高，并专配长夫，自带帐篷，以利于加强训练和作战。湘军兵将薪饷普遍高于绿营。如陆师正勇每月发饷 4 两 2 钱，较绿营各兵种多 1 倍至 4 倍；营官月薪 50 两，另办公费 150 两。士兵待遇既优，除自用外还可养家，于是视当兵为正当职业；将领也不致随意克扣兵饷，从而减少官兵矛盾。曾国藩声称："初定湘营，饷项稍示优裕，原冀月有盈余，以养将领之廉，而作军士之气。"

二是实行募兵制。采用自上而下的办法，首先选定统领，然后由统领挑选营官、营官挑选哨弁、哨弁挑选什长、什长挑选勇丁，以便相互熟悉和控制。勇丁主要是年轻力壮的农民，应募者须有人具保，并编造清册，填写籍贯、住址和父母、兄弟、妻子姓名。这实际上是把"连坐法"应用于对军队，战时可以防止逃亡，解散时也可各有所归。

此外，曾国藩还以"朴"为标准选读书人为统领，辅以少量精于武艺的将弁为营官，以便训练水陆兵丁。强调"严刑峻法"，建立严密的稽查制度，以申军纪。向兵士灌输"忠勇奋发""尽忠报效""绝对服从官长"等思想，鼓励其卖命。

至 1854 年初，曾国藩已练成湘军陆师 15 营、水师 10 营，拥有战船 240 只、坐船 230 只，官弁、勇丁、长夫等共 17000 余人。

3．湘军的影响

湘军的兴起，使清代兵制发生了根本变化。

湘军建立前，清朝常备军为绿营。绿营兵为土著世业，将由铨选调补，军饷由户部拨给，兵权握于兵部，归于中央。面对朝廷的不给拨款，曾国藩不得不设法筹集军饷。湘军既兴，兵必自招，将必亲选，饷由帅筹，其制正与绿营相反，故兵随将转，兵为将有。曾国藩本人对湘军拥有极大的指挥调度权力，自成派系。清廷在内忧外患下，将帅自招的募兵制度逐渐代替了国家经制的世兵制度。近代北洋军阀的起源，实始自湘军的"兵为将有"。

而"兵为将有"也对晚清政局产生了重大影响。

湘军重要将领如胡林翼、左宗棠、曾国荃、刘坤一以及后来成为淮军首领的李鸿章等，皆官至总督、巡抚等大员。根据清代定制，总督、巡抚委以行省大权，其下设承宣布政使司和提刑按察使司，分管一省的民政、财政和按劾、司法。但两司听命于六部，例可专折奏事，其事权独立，唯部臣始有管辖的权力，督、抚对两司只是居于监督地位。故六部可以控制督、抚，全国权力集中于中央。但这种格局到湘军将帅担任督、抚后就发生了改变。手中有兵有将的督、抚把两司降为属官，不听部臣指令，朝廷也不得不予迁就。因而在晚清形成督、抚事权过重的局面。

四、湘军与太平军较量的开始——太平军西征

就在曾国藩训练湘军的同时，公元 1853 年 6 月 3 日，在洪秀全开辟长江中、下游根据地的战略思想指导下，杨秀清派春官正丞相胡以晃、夏官副丞相赖汉英、检点曾天养等统率太平军战船千余艘、步军二三万人，由天京溯江而上，开始西征，意在夺取皖、赣，进图湘、鄂，以屏蔽和支援天京。

1853 年 6 月 10 日，西征军占领安庆，赖汉英率主力进军江西，围攻南昌 93 日而未下，遂撤围北返。翼王石达开至安庆主持西征军事，由胡以晃率军挺进皖北，于 1854 年 1 月攻克庐州。

1854 年 2 月 25 日，曾国藩奉命发布《讨粤匪檄》，正式率湘军挥师北上，讨伐太平军。

第三十三讲

洪秀全领导的太平天国运动（下）

一、湘军与太平军的较量

1．靖港、湘潭战役

公元 1854 年，西征的太平军在占领庐州后挥师西向，于湖北黄州堵城大败清军；随后乘胜追击，于 2 月 16 日三克汉阳、汉口，进围武昌；2 月 27 日占岳州，控制了从湖北进入湖南的水陆要隘；3 月 4 日克湘阴；3 月 7 日进占靖港；3 月 11 日攻取宁乡。至此，湘北战略据点尽为西征军占有，形成全面进击长沙的态势。长沙震动。

这时，曾国藩督率水陆湘军进至长沙，反扑靖港、宁乡。3 月 13 日突入宁乡，太平军连夜撤退。3 月 30 日，湘军收复岳州。

4 月 7 日，湘军与太平军继续在岳州鏖战。城中湘军见太平军声势浩大、攻势凌厉，顿时士气涣散，纷纷弃城逃命，连累曾国藩败奔长沙。此后，太平军西征军直下湘阴，重兵集结靖港。

4 月 21 日、22 日，曾国藩亲督水师各营猛扑靖港，被击退。4 月 29 日再次亲督长沙团丁与湘军水陆师进攻靖港。太平军发炮还击，湘军水师船只中炮，惊慌大乱，溃退至靖港对岸的铜官渚。

太平军水师用小划船 200 余只逼攻湘军水营，火攻其水师战船。湘军水勇惊慌失措，纷纷弃船逃命。曾国藩眼见水师溃败，连忙命令团丁、陆师进攻靖港。太平军蜂拥迎战，团丁和湘军接连大败，军士争过浮桥逃命，人多桥断，死者极众。曾国藩仗剑督战，在岸上立令旗，"曰：过桥者斩！士皆绕旗旁过"，败不能止，连曾国藩自己也只得跟随败卒狼狈逃命。

曾国藩逃到铜官渚水师船上，羞愤交加、投水自杀，被部下救起。他退回长沙后，其父曾麟书来信教训说："儿此出以杀贼报国为志，非直为桑梓也。兵事时有利钝，出湖南境而战死，是皆死所，若死于湖南，吾不哭尔也。"

4 月 22 日，太平军猛攻宁乡，湘军三营同溃，死伤数百。4 月 27 日，太平军轻取湘潭。曾国藩闻听湘潭失陷，立即调援军驰援湘潭。5 月 1 日，湘军再度攻陷湘潭。

太平军湘潭战败后北奔岳州，曾国藩得到了喘息时机，在长沙整军。

曾国藩总结了失败教训，规定："凡是哗溃之勇，逃亡之勇，一律除名，不再留用。"经过整顿后，湘军水陆师仅存 4000 余人，然后重新招募增补，编成水陆师各 10 营。

为了加强战斗力，在编组成营时，规定以老带新、新老搭配。在指挥上，改变了由曾国藩一人指挥各营的规定，在水陆师中分设统领，统领统率二营或三营，即在湘军中增设类似今天团一级的指挥机构。

7 月 25 日，重整后的湘军出师攻陷岳州；8 月下旬，西征军撤出湖南；10 月 14 日，湘军攻取武昌。咸丰帝令曾国藩署理湖北巡抚，7 天后改赏兵部侍郎衔。

2. 湖口战役

公元 1854 年 12 月，曾国藩一方面命令湘军水师摧毁拦江工事，沿江直下，炮轰九江；一方面调集陆师渡江北上，先后攻陷田家镇、黄梅等重要据点。太平军秦日纲、陈玉成等退守安徽宿松等地。

1855 年 1 月上旬，曾国藩集中水陆师围攻九江。西征军大有溃败之相。严峻的现实迫使杨秀清改弦易辙，以智勇双全的翼王石达开为西征军统帅。

■ 湘军与太平军在长江交战

1855 年 1 月，石达开从安庆来到湖口，启用了攻势防御战术。他认为湘军强大在水不在陆，应该坚守九江、湖口以消耗其兵力、挫其锐气；守中有攻，先击破其水师，再反攻武昌。

1 月 29 日，湘军水师轻快船只中计，120 余长龙、舢板船，弁勇 2000 余人被太平军堵扼在鄱阳湖内，余下大型战船停泊江面，失掉了护卫。石达开再用小划子火攻，插入湘军船群，先后焚毁战船百余只。湘军水师败不成军，曾国藩急得再次跳江自尽，获救后逃入九江罗泽南陆营，"终日惶惶，如坐针毡"。

湖口大捷后，石达开率部反攻，连下黄州、汉阳和武昌，又乘胜横扫江西，使 50 多个州县望风归附。

3．太平天国全盛时期的到来

自太平天国遣军北伐、西征之后，天京一直处于清军江南、江北大营的包围和威胁之中。由于兵力单薄，先后弃守扬州、芜湖，镇江危急，天京周围军事形势日趋严重。公元 1855 年底，洪秀全、杨秀清决定从西征战场调兵回救。

1856 年 2 月，燕王秦日纲率冬官正丞相陈玉成、地官副丞相李秀成等部数万人自天京东援镇江，北渡扬州，4 月攻破江北大营，乘胜再占扬州。旋又南渡，连破镇江外围清军营垒后撤回天京。

此时石达开也率部从江西赶回，天京城外兵力更加雄厚，杨秀清便下令对江南大营发起进攻。经4天战斗，江南大营全线崩溃，向荣败走丹阳，忧愤而死。天京威胁始告解除。

由此，太平天国在军事上进入全盛时期。

二、太平天国由盛转衰的转折点——天京变乱

1．洪、杨矛盾的激化

由于军事胜利，洪秀全成了"宰治天下"之主，太平军领导人中也普遍产生了骄傲自满的情绪，开始追求权势和奢侈生活。

洪秀全深居天王府，陶醉于享乐，以至于在天京有"洪秀全是木偶"的讹传。

而杨秀清权势日增，与洪秀全之间关系趋于紧张。洪秀全不甘心大权旁落，杨秀清的个人专权恶性膨胀，特别是其利用代天父传言的权力独断专行，经常诈称天父下凡附体，折辱甚至杖责洪秀全，并压制朝中有功将领。

1856年8月，杨秀清假托天父下凡，逼洪秀全亲到东王府封其为"万岁"。洪秀全佯允其要求，暗中却密诏韦昌辉回京"勤王"。

2．阴柔奸险的韦昌辉

韦昌辉在太平天国的地位仅次于洪秀全、杨秀清而居第三。

早在从广西到南京的战斗中，韦昌辉就参与军事指挥和重要决策；定都天京后，军政要事也由韦昌辉和杨秀清、石达开一起"密计协议"。

但他这个人"阴柔奸险"。他对杨秀清素为不满，表面上却显得十分殷勤顺从，常常装出一副"尚有惊恐之心，不敢多言"的假象，并极尽献媚逢迎之能事。

有一次，韦昌辉的哥哥与杨秀清的妾兄争夺房产，惹怒了杨秀清。杨欲杀其兄，就把他交给韦昌辉"议罪"。韦昌辉为讨好杨秀清，竟五马分尸处死了自己的哥哥，并声言不如此不足以示众。

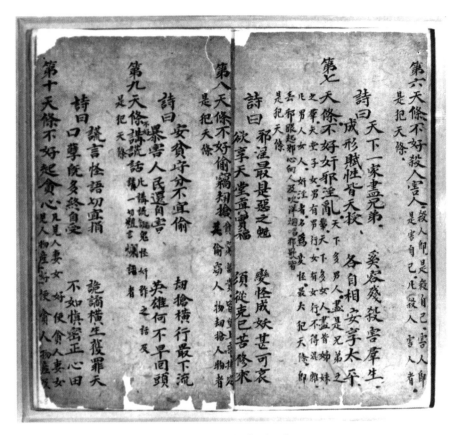

■ 太平军抄本《天条书》

还有一次，韦昌辉的部将任意殴打水营士兵，激起兵变。杨秀清为此事杖责韦昌辉数百。韦昌辉部下替他打抱不平，说："怒遣而杖辱之，其后将何堪？"而韦昌辉却说杨秀清对他"罪责无不公"，一怒之下杀了这个部下"以谢秀清"。

3．杨、韦之乱

1856年9月1日深夜，韦昌辉率3000名亲兵赶回天京，入南门迅速包围东王府。杨秀清猝不及防，于2日凌晨被其所杀，妻室家小及妻舅府内无一幸免。韦昌辉将东王首级献给天王，请"榜诸罪状示众"，同时乘机扩大事态，滥杀文武百姓。

次日上午，洪秀全下诏宣布"韦氏罪状"，谴责其杀人太多，令受鞭刑四百。韦昌辉表示"甘愿受刑",实际上却在暗地里利用杨秀清部下被召观审的机会,实行更大规模屠杀。

史载9月4日上午,"依照天王圣谕,北王与顶天侯(秦日纲)罚受笞刑。施刑之际,两人的随从都高声痛哭,而两人则伸足受刑……行刑者尽力一击,响声可闻,木棍当场折断……因天王曾降诏,东王逆谋是自天泄露的,而其余党一概赦宥不问。当有东王党五千余人被诱卸下军械而被监视。有两座大房是特别指定为收容他们之用,等到全部进去以后,外兵即围攻、屠杀。在一个房内者毫无抵抗,束手待毙,而其他一房者则奋斗之死。东王带甲部兵既芟除净尽,其余党随被大规模的屠杀,其残酷惨状,无以过之。他们虽见有煌煌圣诏,允许受保护,而男女老幼被斩首者无数。"

9月中旬,正在武昌洪山前线督师的石达开回到天京。他目睹天京惨状,怒不可遏,斥责韦昌辉妄杀无辜。韦昌辉又想杀石达开,石达开连夜逃走。韦昌辉把石达开留京一家老小全行杀害。石达开至安庆起兵讨伐韦昌辉,"上奏于天王要求韦昌辉之头",并宣称"如不得其头,即班师回朝攻灭天京"。

紧接着,韦昌辉举兵围攻天王府,跟洪秀全讨说法。洪秀全在"各众内外,并合朝同心"的情况下战斗2日,全诛韦党200余人,并将其首级专程送石达开。

天京变乱历时2个多月,太平天国损失优异将士两万多人,给太平天国造成了严重后果,从此由战略进攻转入战略防御。

4. 石达开出走

天京事变后,石达开回到天京。由于他起兵靖难,威望甚高,合朝同举翼王提理政务。洪秀全遂加封其为"电师通军主将义王"。

但洪秀全吸取之前教训,"未肯信外臣,专信同姓之重",对石达开疑神疑鬼,虽命其为"通军主将""提理政务",却"不授以兵事,留城中不使出",并且加封自己大哥洪仁发为安王、二哥洪仁达为福王,以牵制石达开。

这两个平庸之辈无功受禄,引起了石达开和朝中文武极大不满。安、福二王不仅不能与石达开合作,反而互相结怨。1857年6月,石达开率领太平军精锐部队被逼出走,与洪秀全决裂。

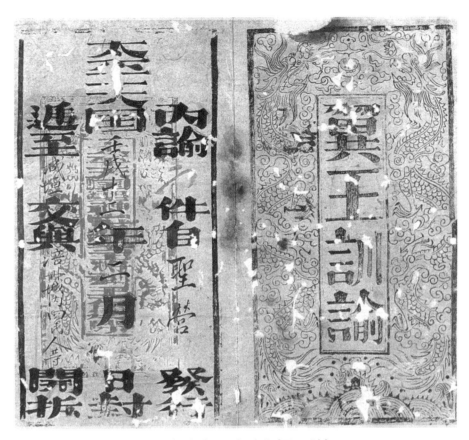

■ 石达开抵达四川时颁布的《翼王训谕》

石达开率部入江西、取浙江、进福建、转战湖南，最后回到广西。不久再出广西，绕湖南、贵州、云南，入四川。威震一时的石达开在流窜奔波中再没打过一次胜仗，结果"愿从者渐少"，逐渐众叛亲离。

1860年夏，吉庆元、朱衣点等67位将领统率十余万大军"万里回朝，出江扶主"，脱离石达开回到天京。这支部队后来被洪秀全命为"扶朝天军"，以示褒奖。

1863年5月，石达开兵抵四川紫打地，为大渡河所阻，部队四面受敌，陷入绝境。四川总督骆秉章派人到石达开营中诱降，石达开想"舍命安三军"，牺牲自己保住部下，遂向清军"低首乞降"。清军许诺"待以不死"，却在石达开来谈判时将其逮捕，随后杀害了其手下数千将士。

石达开被俘后"词气不亢不卑，不作摇尾乞怜之语"。1863年6月25日，"神气湛然，无一毫畏缩态"，在成都被凌迟处死，时年32岁。

经历了如此劫难后，太平天国元气大伤，军事形势不断恶化。湖北根据地全部丧失，江西也大部丢失。只有安徽战场，由于年轻将领陈玉成、李秀成等英勇作战，控制地区略有扩大。

陈玉成、李秀成能力挽狂澜吗？

三、太平天国的防御战

1．陈玉成和李秀成

陈玉成15岁时随叔父参加金田起义，在童子军中表现极为出色，不久便当上童子军首领。洪秀全嘉其忠勇，改名玉成。定都天京后，他主管军粮。1854年6月，18岁的陈玉成在西征军奇袭武昌的战斗中建立首功，被提升为殿右三十检点，位在丞相之下，统领后十三军及水营前四军。因其枪法高强，"三十检点回马枪"美名妇孺皆知。

在西征战场上，陈玉成所向皆捷，1856年又提升为冬宫下丞相。同年为解救镇江之围，陈玉成冒着枪林弹雨，坐一小舟，舍命直冲到镇江，和守将取得联系，内外夹击清军，遂解镇江之围。

天京事变后，为了扭转危局，洪秀全自任军师、总理国政，积极着手组建新的领导核心。在1858年恢复五军主将制，陈玉成为前军主将。

李秀成28岁时参加太平军，作战机智勇敢，很快从一名普通士兵晋升为青年将领。定都天京后升为右四军帅，不久又升为后四监军，1854年春再升为二十指挥、镇守庐州。

1856年2月，李秀成和陈玉成救援镇江。进兵至汤头时，为清军张国梁部所拒。李秀成巧出奇兵，带3000人乘夜越过汤头岔河，与陈玉成内外夹攻，重创清军，遂解镇江之围。太平军乘胜渡江至瓜州，连破清营120余座，占领扬州。

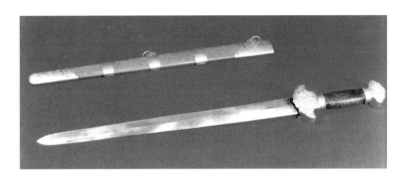

■ 李秀成佩剑

1856年6月，李秀成又配合石达开破袭江南大营。他进驻天京城外东北燕子矶观音门，石达开则进占黄马群，将清军切成两半。20日，太平军与清军发生激战，攻破孝陵卫满、汉营寨20余处。最后清军统帅向荣败走丹阳，自缢而死，江南大营土崩瓦解。

天京变乱后，李秀成于1857年10月被升为副掌率，提兵符令，进入领导核心。但这时的洪秀全"不肯信外臣"而"专信同姓"，李秀成极力劝告其"择才而用，定制恤民，申严法令，肃正朝纲，明正赏罚"，惹恼了洪秀全。

结果李秀成一度罢官，经满朝文武据理力争才恢复了职务。

2. 太平军重振军威的防御战

1858年8月，陈玉成、李秀成召集太平军各地守将会于安徽枞阳，制订粉碎江北、江南大营，制止清军进攻天京的作战方案。

会后，陈玉成部直逼滁州与李秀成部会师。9月25日一举攻下浦口，歼敌一万余人，摧毁了江北大营，扭转了太平天国在天京事变和石达开出走后的被动局面。

此时，湘军曾国藩趁机在安徽境内发动大规模进攻，围困安徽重镇、庐州咽喉、天京粮食和物资的重要供应基地——三河。

陈玉成闻讯后，一面启奏天王调李秀成同去救援，一面率军星夜驰援。陈玉成采取迂回包抄战术，率军到达庐江县西之白石山、金牛镇切断敌人退路；李秀成也赶来在白石山屯兵为后援。太平军集优势兵力，四面包围了湘军。

1858 年 11 月 15 日，陈玉成、李秀成和三河守军里外配合，三路兵马一鼓作气攻破清军营盘，全歼 6000 多人。

浦口、三河两役的胜利，鼓舞了士气，稳定了局势，太平军从此再度转为主动。

陈玉成、李秀成在战斗中表现出卓越的军事才能，成为太平天国后期威名显赫的将领。1859 年夏，23 岁的陈玉成被封为英王。

1860 年，太平军发动了围歼江南大营的战役。李秀成"围魏救赵"，从芜湖发兵，昼夜疾驰，突然攻占敌人粮饷基地杭州，引诱江南大营分兵来救。江南大营统帅和春中计。李秀成当即回师与从上游赶来的陈玉成部一举攻占江南大营，和春狼狈逃窜。

此后，陈玉成、李秀成迅速占领江浙大部分地区。江南清军几乎全部瓦解。和春在绝望中自杀。

3．功亏一篑的第二次西征

接着，洪秀全发动第二次西征，由陈玉成、李秀成分别率主力沿长江向西挺进，于 1861 年 4 月会师武汉。

■ 洪秀全手书诏旨

1860 年 9 月，陈玉成率北路军自天京渡江北上，准备顺道解安庆之围，结果与清军交战后失利。1861 年 3 月，攻克离武汉只有 160 里的黄州。当时清军主力还在安庆、太湖一带，"黄州以上，无一卒一将；武昌忙乱，不可言状"。

正在此时，英国参赞巴夏礼从汉口租界赶到黄州，求见陈玉成。他恐吓说太平军攻取武汉会损害英国商业利益，奉告其"必须远离该埠"；又造谣说南路西征军尚未进入江西，假如陈玉成现在进兵汉口，势将陷入孤军作战，遭到武昌守军和安徽援军的夹击。

由于英国出面阻挠，加上李秀成进兵迟缓、延误会师，陈玉成只能率主力回援安庆。西征会师计划落空。

安庆是长江中游的战略要地，是天京的西大门、西线太平军的基地。安庆的得失与天京的安危息息相关。1861 年，曾国藩集中主力围攻安庆，陈玉成则屯兵在外围据点集贤关。

双方形势犬牙交错，内线外线互相包围。湘军集大江南北主力 10000 多人，深沟高垒、围城打援；太平军在城内阵地防御、城外阵地攻坚。此战成为太平天国史上空前激烈的一次会战。9 月 5 日，湘军炸塌安庆北门城垣，突入城内，弹尽粮绝的 16000 余名太平军将士奋力搏斗，全部壮烈牺牲。

安庆失陷后，陈玉成退守庐州。1862 年 5 月，清军围攻庐州，陈玉成决定弃城北走，同远征的西北太平军会合。

正在此时，太平军寿州守将苗沛霖暗中投降了清军，诱劝陈玉成前往寿州以合兵攻取河南。陈玉成不听部下再三劝阻，出走寿州，中计遭擒，被押往清军统帅胜保营中。胜保想以荣华富贵诱降，陈玉成喝道："大丈夫死则死耳，何饶舌也！"

1862 年 6 月 4 日，陈玉成牺牲于河南延津，时年 26 岁。太平天国西部防线随之瓦解。

四、太平天国的失败

面对东西防线日益险恶的军事形势，洪秀全无所作为，曾国藩则乘机调兵遣将、招募兵勇，准备进攻天京。

1862 年初夏，曾国藩采取"欲拔本根，先剪枝叶"的战略方针，调动湘、淮军 7 万余人，兵分多路对天京实施向心攻击。

1862 年 5 月，曾国藩的弟弟曾国荃率水陆军两万余人进扎雨花台，威逼天京。太平军未能乘其立足未稳时给予打击。直至秋末，湘军已深沟高垒，李秀成才奉命率部约二十万人回救，急攻 40 余日未能解围。

不久，洪秀全又责令李秀成率部取道江北，深入湖北湘军后方，企图迫使敌人回救。李秀成部在西进途中受到湘军节节阻截，加之军粮匮乏等原因，进至安徽六安就中途折返，并于 6 月撤回江南，非但未能牵制湘军，反而损失精锐数万。

与此同时，江苏巡抚李鸿章率部淮军在"常胜军"支持下，由上海西进，于 1863 年 12 月攻陷苏州、无锡，兵锋直逼常州。浙江巡抚左宗棠率部自江西攻入浙江，于 1864 年 3 月攻陷杭州。曾国荃部湘军则逐一攻占天京城外各要点，行将合围天京。

李秀成自前线返回天京，建议"让城别走"，遭洪秀全拒绝，乃决定死守天京。

1864 年 6 月 1 日，洪秀全逝世，年仅 14 岁幼主洪天贵福即位，一切军政事务统归李秀成执掌。7 月 19 日中午，太平门东城墙被轰塌 10 余丈，大队湘军涌入城内，其他方向的湘军也缘城而入，天京遂为湘军占领，太平天国运动失败。

1864 年 7 月，曾国藩加太子太保、一等侯爵。

第三十四讲

慈禧太后垂帘听政（上）

一、错登皇位的咸丰帝奕詝

要想讲清楚慈禧太后垂帘听政，就要先从她的丈夫咸丰皇帝奕詝说起。

1. 咸丰帝奕詝的三个致命错误

奕詝是大清王朝最后一位通过秘密立储继位的皇帝。他19岁登基，在位11年，享年30岁。年号"咸丰"，即"天下丰衣足食"之意。可是在当时，这只能是个不切实际的幻想。咸丰朝内忧外患、国将不国，但他却无胆识、无远略、无才能、无作为。

著名清史专家阎崇年先生把咸丰皇帝的一生归纳为三个错误：一是错坐上皇帝宝座；二是英法联军入侵时错逃离皇都北京；三是临终之前错定了顾命八大臣。笔

■ 咸丰帝朝服像

336

者深以为然。

先说这第一错。咸丰的父皇道光一生共有 9 个儿子。在 1846 年他 65 岁决定立储时，前三个儿子都死了，剩下的第五子奕誴过继旁支，七子奕譞、八子奕詥、九子奕譓都不满 5 岁。因此有条件和能力竞争帝位的，只有 15 岁的四子奕詝和 14 岁的六子奕䜣。

2．幼年的奕詝与奕䜣

奕詝的生母为孝全成皇后钮祜禄氏，家境寒素，入宫之初封为嫔。她聪慧漂亮、妩媚动人，很讨道光喜欢，一步步晋封为贵妃。1831 年夏，她 21 岁时生下奕詝。

两年后，当时的皇后佟佳氏病死，钮祜禄氏晋位皇贵妃、摄六宫事。又过了一年被册封为皇后。然她虽为皇后，却因色衰而爱弛抑郁寡欢，于1840 年春病死，年 32 岁。

钮祜禄氏过世后，只有 9 岁的奕詝被静贵妃抚育。

静贵妃，姓博尔济吉特氏。她生有三子：皇二子奕纲、三子奕继和六子奕䜣。奕纲和奕继早夭，所以静贵妃膝下只有比奕詝小 1 岁的奕䜣。

静贵妃尽职抚育奕詝，奕詝则孝敬其如同生母，视奕䜣如同胞弟。

当时道光连丧三位皇后，悲伤之余没有再立后，册封静贵妃为皇贵妃、摄六宫事。

奕詝与奕䜣兄弟俩都在上书房读书，年龄相近、关系密切。奕詝 6 岁开始读书，比奕䜣早 1 年，师傅为杜受田。他尽心尽力教导奕詝。史载"受田朝夕教诲，必以正道，历十余年"。后来奕䜣也来读书，他比奕詝聪明，师傅是卓秉恬。

奕詝有次南苑射猎，坠马伤股，留下了残疾，行动不便；他小时候还得过天花，脸上留下麻子。奕䜣则身体很好、头脑聪明，文武兼修，还善于发明创造。史载其"与文宗同在书房，肄武事""集花枪法二十八势，曰'棣华协力'；刀法十八式，曰'宝锷宣威'"。

因此道光很喜爱奕䜣，曾赐"白虹"宝刀。

3．奕詝登上皇位之谜："藏拙示仁"

道光晚年，对立储之事犹豫不定：皇四子奕詝年龄最大，又很仁孝；皇六子奕䜣虽为庶出，但家法传嗣不分嫡庶，且他"天资颖异"，能文能武。

随着兄弟俩年龄渐大，皇储争夺逐渐暗藏机关。

■ 道光帝"立皇四子奕詝为皇太子"的秘匣

道光秘密立储的故事，野史笔记和民间传说多种多样、绘声绘色。

有的说是追思亡后而施恩其子。奕詝的生母孝全成皇后，由贵妃晋升为皇后不久就突然死去。道光帝十分悲痛，决定立奕詝以告慰皇后亡灵。

有的说是本欲立奕䜣，后改立奕詝。传说道光本已立奕䜣，但写诏书被太监窥见，这事传了出去，道光很不高兴，便改立奕詝。

以上虽属传说，却说明一个事实：道光应该立奕䜣，不该立奕詝。咸丰是错坐了皇帝宝座。

据野史记载：道光晚年身体衰病。一日，召皇四子与皇六子入对，将借以决定储位。两位皇子都请教自己师傅应如何应对。奕䜣师傅卓秉恬说："皇父如有垂询，当知无不言，言无不尽。"奕詝师傅杜受田则说："阿哥如条陈时政，知识不敌六阿哥。惟有一策：皇上若自言老病，将不久于此位，阿哥就伏地流涕，以表孺慕之诚而已。"于是两兄弟都照做了。结果道光对奕䜣的仁孝很满意，储位遂定。

另一则故事是：至宣宗晚年，以文宗长且贤，欲付大业，犹未决。会校猎南苑，诸皇子皆从，恭亲王奕䜣获禽最多，文宗未发一矢。问之，对曰："时方春，鸟兽孳育，不忍伤生，以干天和。"宣宗大悦，曰："此真帝者之言！"立储遂密定，受田辅导之力也。

由此可见，奕䜣靠"藏拙示仁"、突出"仁孝"而夺得储位。本来立皇太子应当"德才兼备"，但道光却只偏重"德"。可惜后来事实证明，奕䜣遇到大事时缺乏远略、胆识，一味退缩、逃避，在"德"的方面也是有欠缺的。

1846年夏，道光密立储位，将奕䜣名字书写密封于匣。1850年春，道光在正式宣布"立皇四子奕䜣为皇太子"后崩于圆明园。

奕䜣即位，改明年（1851年）为咸丰元年。咸丰二年，咸丰纳一女为贵人，就是后来的慈禧太后。

二、慈禧身世异说

1. 慈禧的家庭溯源

"慈禧"是她活着时候的徽号和死后的谥号。她乳名"兰儿"，出身满洲镶蓝旗（后抬入镶黄旗）一个官宦世家。

慈禧的曾祖父曾在户部任员外郎，遗下银两亏空，离开人世。祖父在刑部山东司任郎中，后因没能按时退赔其父任职时的亏空而被革职。外祖父在归化城当副都统。

慈禧的父亲名叫惠征，在吏部任八品笔帖式，后屡有升迁。1846年调任吏部文选司主事。1849年外放山西归绥道道台。1852年调任安徽徽（徽州府）宁（宁国府）池（池州府）太（太平府）广（广德州）道道员。

2．慈禧出生地点的考察

惠征曾先后在北京、山西、安徽等地任职。而关于慈禧的出生地却几乎没有留下任何文献记载。谁也没有料到几十年后这个普通官宦之家的女子，会成为执掌大清国朝政近半个世纪的圣母皇太后。

于是慈禧生于何地众说纷纭。大致上有：北京、甘肃兰州、浙江乍浦、内蒙古呼和浩特、安徽芜湖和山西长治 6 种说法。下面逐一来分析。

①北京西单劈柴胡同

近几年，从清宫档案中找到了"排单"——皇帝选秀女的名单，其中在 1855 年有慈禧亲妹妹被选为秀女的记录。明确记载：此女属满洲镶蓝旗，姓叶赫那拉氏，父亲名叫惠征，最高官职做到五品道员。

■ 慈禧太后像

按照当时京师八旗分城居住的规定：从 1770 年起，镶蓝旗满洲都统衙门在阜成门内华嘉寺胡同。劈柴胡同距华嘉寺胡同很近。慈禧父亲属于满洲镶蓝旗，那么他们家 1855 年时应当住在劈柴胡同。

②北京东城方家园

有人考证："慈禧母家在东城方家园，父官至安徽徽宁池太广道，时当道光末年，洪杨起事，惠征守土无方，革职留任，旋即病殁，遗妻一、子女各二，慈禧居长。"有书曰："恭亲王曾慷慨言之：'大清天下亡于方家园'！"注云："方家园在京师东北角，为慈禧母家所在地。"

③甘肃兰州

此说的依据是惠征曾任甘肃布政使衙门笔帖式，住在兰州八旗马坊门。但后经过专家查阅文献档案，发现惠征虽做过笔帖式，办公地点却在北京吏部衙门。故此说不实。

④浙江乍浦

此说的依据是惠征曾在浙江乍浦做官。他 1835—1838 年在浙江乍浦任正六品武官骁骑校，生下慈禧。现今乍浦的老人当中，仍然流传着关于慈禧幼年的传说。

但有细心学者从中发现了疏漏：根据清廷的官员考核档案记载，1834年惠征被定为吏部二等笔帖式；1839 年定为八品笔帖式。如果按"乍浦说"来讲，惠征几年内突然连升数级成为正六品武官，又无缘无故一下子降回八品文官，这说不通。

⑤安徽芜湖

此说的依据是惠征曾做过安徽徽宁池太广道的道员，衙署在芜湖，因此慈禧出生在芜湖。

因为她生在南方，便善于演唱江南小曲。电影《火烧圆明园》便采信了这个故事：兰贵人（就是后来的慈禧）在圆明园桐荫深处唱缠绵小曲，咸丰皇帝听得如醉如痴，从此博得宠爱。

但显然不能以慈禧擅唱南方小曲，就说她出生在南方。后经考证：惠征当道员是在 1852 年春，正式上任是在当年夏天。而慈禧在 1851 年已经入宫被封为兰贵人了。可见慈禧不是生于安徽芜湖。

⑥内蒙古呼和浩特

此说的根据是惠征曾任山西归（化）绥（远）道道员，驻地在呼和浩特。据说在当地有一条落凤街，慈禧就出生于此街的道员住宅里，小时候还常到归化城河边玩耍。

但据记载，1849 年惠征任山西归绥道道员时，慈禧已经 15 岁，所以她不可能出生在归化城。不过她很可能随父亲在这里住过。

⑦山西长治

这是近年来的一种新说法，认为慈禧不是满洲人，生父也不是惠征。

今山西长治当地传说：慈禧原是山西省潞安府长治县西坡村王增昌的女儿，名叫王小慊，4 岁时因家道贫寒，被卖给上秦村宋四元家，改姓宋，名龄娥。到了 11 岁，宋家遭到不幸，她又被转卖给潞安府知府惠征做丫头。惠征夫人富察氏发现龄娥两脚各长一个瘊子，认为她有福相，就收她做干女儿，改姓叶赫那拉氏，取名玉兰。后来玉兰被选入宫，成了兰贵妃。

对此，长治地方众口一词，画押证明，还为此专门成立了"慈禧童年研究会"，提供了许多佐证材料。

然经专家考证，在那段时间历任潞安知府共有 7 人，其中没有惠征。那么慈禧怎么会被卖到他家呢？

总之，不管慈禧生长在哪里，她都是出身于官宦家庭；再加上在咸丰身边的阅历，使她具有一般女子所没有的远见、胆识、机智、谋略和手腕。

三、咸丰帝之死

回过头来再看咸丰在位时期都干了什么。这里还是借用阎崇年先生讲的"第二错"：英法联军入侵时错逃离皇都北京。

咸丰登基后面临"内忧"与"外患"两大难题。"内忧"即太平天国占领南京；"外患"即英法联军入侵北京。为此他被困扰了 11 年，无一日安宁。

1. 太平天国运动的崛起

1850 年春，咸丰即皇帝位。当年十二月初十（1851 年 1 月 11 日）便爆发了洪秀全太平天国起义。1853 年，太平军攻占南京，改名"天京"。直到 1864 年清军攻陷天京。太平军余部又奋战 2 年多，最终失败。这次战火燃遍 14 省、历时 14 年之久，成为有清一代中原战争之最。清朝统治元气为之大伤。

2. 第二次鸦片战争

1854 年，英、美、法三国向清政府提出修改《南京条约》等要求，遭到清廷拒绝。1856 年，英国借口"亚罗号"事件，进犯广州，被击退。1857 年冬，英法联军攻陷广州。两广总督叶名琛兵败，后被俘，解送印度加尔各答，死于囚禁。

1858 年春，英法联军及英、法、俄、美四国公使抵达天津大沽口外，要求所谓"修约"。咸丰令直隶总督谭廷襄"以夷制夷"：对俄示好，对美设法羁縻，对法进行诱劝，对英严词责问。谭廷襄奉旨行事，结果没有成功。

同年夏，英法舰队攻陷大沽炮台，逼近天津，清军 8000 余人溃败。这时，咸丰想起当年同英国签订《南京条约》的耆英，但英、法拒绝同耆英谈判。咸丰不得已派大学士桂良、吏部尚书花沙纳为钦差大臣，赴天津谈判。

桂良、花沙纳分别与英、法、俄、美等国代表签订四国《天津条约》。条约样本奏上，咸丰虽然愤怒，却不得不批准。他在盛怒之下令耆英自尽，算是找了一只替罪羊。

于此同时，沙俄趁火打劫，兵逼瑷珲，用武力迫使签订中俄《瑷珲条约》，割去黑龙江以北、外兴安岭以南中国领土六十万平方公里，并将乌苏里江以东四十万平方公里中国领土划为所谓中俄"共管"。

1859 年夏，英、法借口换约，又率军舰到大沽口。英法舰队进攻大沽炮台。清提督史荣椿下令开炮还击，重创英、法舰队，击沉 4 艘、击伤 6 艘，死伤 400 余人，重伤英舰队司令贺布。英法联军在美舰掩护下狼狈退走。咸丰见大沽获胜，尽毁《天津条约》。尔后，英、法两国都在调兵遣将，准备新的侵略。

1860 年春，英军 18000 余人，法军 7000 余人陆续开赴中国。同年夏，英法联军再向大沽进攻。

当时僧格林沁率兵据守大沽，而疏防北塘。他上奏要在大沽同英法联军决战。咸丰谕旨："天下根本，不在海口，而在京师。"

7 月，英法联军由北塘登陆。咸丰战和不定，痛失歼敌良机。英法联军攻陷塘沽后，又攻占天津。咸丰派大学士桂良、直隶总督恒福为钦差大臣，赴天津谈判。英、法提出天津开埠、赔款等要求。桂良拟好接受条款奏报，咸丰谕先退兵后定约。英法联军以谈判不成，向通州进军。

1860 年秋，咸丰派怡亲王载垣、兵部尚书穆荫为钦差大臣，往通州议和。载垣接受英、法要求，但英、法又提出向皇帝亲递国书，被载垣拒绝，谈判破裂。载垣、穆荫拘囚英使巴夏礼等，解到北京。英法联军继续进攻，大战于通州张家湾。僧格林沁战败，退到通州八里桥。英法联军6000余人犯八里桥，僧格林沁、胜保兵再败。

英法联军进逼北京，咸丰帝让皇六弟、恭亲王奕訢为钦差大臣，便宜行事，办理和局。他还暗示大臣奏请"木兰秋狝"。1860年9月23日，咸丰以"木兰秋狝"为名，从圆明园启程奔往热河。

1860年10月6日，英法联军攻占圆明园，总管园务大臣文丰投福海自尽。奕訢奏请放还巴夏礼等。10月18日，英法联军焚毁圆明园。此后中英、中法、中俄《北京条约》先后签订，又定中俄《瑷珲条约》，中国将100多万平方公里土地割让给了俄国。

3."木兰秋狝"的咸丰皇帝

咸丰皇帝在大敌入侵之时不尽职守、不守国门，逃之夭夭还美其名曰"巡狩"，铸成了历史之大错特错。

■ 清人绘《木兰秋狝图》

逃到承德避暑山庄后，他也没有设法挽救国家危亡、关怀黎民涂炭，而是在那里贪女色、丝竹、美酒、鸦片！

咸丰携妃嫔游行园中，寄情于声色聊以自慰，自我麻醉。眷爱"天地一家春"，就是慈禧。还有野史说咸丰养了一位民间寡妇曹氏。在热河行宫，他经常点戏、看戏，在逃难时更醉心于戏剧，把升平署（宫廷戏班）招到承德行宫承差，亲点戏目，钦定角色。他在避暑山庄几乎每天都要戏班承应。

咸丰贪杯，一饮即醉，一醉便闹，大撒酒疯。咸丰继位不久，违背祖训吸上鸦片，并美其名曰"益寿如意膏"。英法联军攻占京城后，北狩热河的咸丰更加夜以继日地吸食鸦片麻痹自己。

在铸成"第二大错"后不久，咸丰很快死在了避暑山庄。

第三十五讲

慈禧太后垂帘听政（下）

1851 年，兰儿（慈禧）被选中秀女；次年入宫，封懿贵人；1854 年封懿嫔；1856 年生载淳，封懿妃，地位仅次于皇后钮祜禄氏。

慈禧是个很有野心与权谋的女人，咸丰也曾经常让她代为批阅奏章。

正是在这样的背景下，咸丰皇帝犯下了"第三错"，在临终前错误指定了顾命八大臣。

一、错定了顾命八大臣

1．咸丰皇帝病逝

1861 年 8 月 20 日，咸丰在热河行宫病重。8 月 21 日，咸丰在烟波致爽殿寝宫立皇长子载淳为皇太子；命御前大臣载垣、端华、景寿，大学士肃顺和军机大臣穆荫、匡源、杜翰、焦佑瀛 8 人为赞襄政务大臣，控制政局；授予皇后钮祜禄氏"御赏"印章，授予皇子载淳"同道堂"印章，规定顾命大臣拟旨后要盖"御赏"和"同道堂"印章。

8 月 22 日清晨，咸丰帝驾崩。当时朝廷主要分成 3 股势力。

■ 咸丰帝遗诏

2.“赞襄政务”的“顾命八大臣”

朝臣势力的代表是顾命“赞襄政务”八大臣：载垣、端华、景寿、肃顺、穆荫、匡源、杜翰、焦佑瀛。他们的具体情况如下：

载垣，康熙第十三子怡亲王允祥五世孙，袭亲王爵。道光时任御前大臣，受顾命。咸丰继位后为宗人府宗正，领侍卫内大臣。扈从咸丰逃难到承德避暑山庄。同端华、肃顺结党，资深位重、权势日张。

端华，清开国功臣舒尔哈齐之子、郑亲王济尔哈朗之后，道光年间袭郑亲王爵，授御前大臣，受顾命。咸丰继位后为领侍卫内大臣。扈从咸丰逃难到承德避暑山庄。与其弟肃顺同朝用事。

肃顺，郑亲王之后，端华之弟。道光时为散秩大臣。咸丰继位后，授护军统领、御前侍卫；又任左都御史、理藩院尚书、都统，后任御前大臣、内务府大臣、户部尚书、大学士、署领侍卫内大臣。

景寿，先祖为一等诚嘉毅勇公明瑞，乾隆时因攻缅甸得胜而受封，世袭罔替。景寿袭封，为御前大臣，恭亲王奕䜣同母妹固伦公主额驸。

穆荫，满洲正白旗人，军机大臣、兵部尚书、国子监祭酒。曾到天津议和，因未达成协议，遂将英法谈判代表巴夏礼等扣押，后事情闹大，改派其护驾热河。

匡源，道光朝进士，军机大臣。

杜翰，咸丰师傅杜受田之子。咸丰为报师恩，授其为军机大臣。曾因力驳两宫太后垂帘听政而受到肃顺等赞赏。

焦佑瀛，道光朝举人，军机章京、军机大臣，依附权臣肃顺。诏旨多出其手。

顾命八大臣中，载垣、端华、肃顺、景寿4人为宗室和军功贵族；穆荫、匡源、杜翰、焦佑瀛4人为军机大臣。

3．帝胤势力的代表恭亲王奕䜣

咸丰死时，道光9个儿子中还健在5人，其中恭亲王奕䜣30岁，醇郡王奕譞20岁，都年富力强。

当时大敌当前，皇帝、军机大臣、御前大臣和内务府大臣等，大多逃到避暑山庄，几乎没有一个人身临前线。奕䜣和奕譞本是闲散王爷，却身处一线收拾乱摊子。

奕䜣本来就对咸丰登上皇位心怀不满；曾被免掉军机大臣、宗人府宗令、八旗都统等职；要往承德奔丧又遭拒绝；特别是作为咸丰血亲而未列入"御赏""同道堂"和顾命大臣，于情于理都不妥当。因此旧怨新恨汇聚。

■ 恭亲王奕䜣像

于是奕䜣和奕譞、帝后势力及朝中顾命大臣以外的势力联合起来，成为一股强大的势力。

4．帝后势力的代表慈禧太后

所谓"帝后势力"，就是6岁的同治皇帝和东太后慈安、西太后慈禧两宫皇太后。她们虽是孤儿寡母，却是皇权核心。

为此，咸丰在临终前，特制"御赏"和"同道堂"2 枚印章。臣工奏折"经赞襄大臣拟旨缮进，俟皇太后、皇上阅后，上用'御赏'、下用'同道堂'二印，以为凭信"。

　　这两枚印章，以"御赏"起，以"同道堂"讫（结束）。前者交皇后钮祜禄氏收掌；后者交皇太子载淳收掌。因其年幼，此章实际上是由其生母懿贵妃掌管。

　　咸丰的用意是由皇后钮祜禄氏、懿贵妃叶赫那拉氏与八大臣联合执政，避免任何一方专权。但皇后与懿贵妃的实权在八大臣之上：她们均有对军政大事不予盖章的否决权；反之，即便不经八大臣同意，加盖"御赏"与"同道堂"两章也能生效。

　　而且在对待顾命大臣的态度上，帝后一方同帝胤一方利益一致。他们联合起来对付八大臣，势力占据优势。

　　5."顾命八大臣"的特点

　　八大臣是满洲贵族（宗室、军功、八旗）与军机大臣结合。从表面上看，这是一个权力平衡的结构，其实不然。如果单从人数看，"赞襄政务"大臣 8 人；两宫皇太后，同治，帝胤贵族奕䜣、奕譞才 5 人，且帝、后为孤儿寡母。然而后者却代表了两个强大的政治集团，且咸丰对慈禧与奕䜣两人的政治潜能也估计不足。

　　因此，朝中看似是三股政治势力，但一开始就是失衡的。其结果就是帝后同帝胤势力结合，发动了宫廷"辛酉政变"，一举摧毁八大臣集团，继而出现"垂帘听政"的局面，慈禧专权的局面影响了中国历史将近 50 年。这是咸丰生前根本没有预料到的，也是他铸成的第三个大错。

二、辛酉政变

1. 辛酉政变的背景

　　当时朝廷大臣实际上分为两部分：一半在承德，另一半在北京。前者是以肃顺为首的"承德集团"，后者是以奕䜣为首的"北京集团"。而在京大臣又有一部分倾向于"承德集团"。局面错综复杂。

这里要讲一下"北京集团"的其余几位骨干：

文祥，满洲正红旗人，道光进士，军机大臣。当初咸丰决定"巡幸"热河时，文祥"以动摇人心，有关大局，且塞外无险可扼，力持不可"，而被留守京师。军机大臣中独其一人被排除在顾命大臣外。

桂良，满洲正红旗人，为奕䜣岳父，历任湖广总督、直隶总督、东阁大学士。

宝鋆，满洲镶白旗人，道光进士，署理户部三库事务。咸丰至热河，调帑银二十万两修葺行宫，宝鋆"以国用方亟，持不可"，而受责降级。

翁心存，道光进士，咸丰时任上书房总师傅，拜体仁阁大学士。对肃顺兴大狱心存不满，因而被革职留任。

贾桢，山东黄县人，道光一甲二名进士，后擢侍讲，入直上书房，授皇六子奕䜣读书，后任武英殿大学士。留守北京时，"日危坐天安门，阻外军不令入"。

可见奕䜣身边的人有以下特点：一是汉儒老臣多，二是正直不阿之臣多，三是对西方了解之臣多，四是力议咸丰在京主政者多，五是议和后请皇帝回銮者多，六是官员年富力强者多。

因此"北京集团"得到了两宫皇太后与同治皇帝的支持。

2．帝胤势力与帝后势力的勾结

1861 年 8 月 23 日，大行皇帝（咸丰）入殓。

9 月 5 日，恭亲王奕䜣获准赶到承德避暑山庄叩谒咸丰梓宫。他化装成萨满，在行宫与两宫皇太后会面 2 小时，密订计划后返京部署。随后，奕䜣在热河滞留 6 天，尽量在肃顺等面前表现出平和的姿态，以麻痹他们。

两宫皇太后与奕䜣破釜沉舟、死中求生，睿

■ 慈安太后像

智果断、抢夺先机，外柔内刚、配合默契。奕䜣回京准备政变时，咸丰皇帝刚驾崩 13 天。

3．辛酉政变的准备

奕䜣首先做的是军事布置。

当时清廷嫡系武装有 2 支，分别控制在僧格林沁和胜保手中。他们都与肃顺嫌隙甚深，于是在咸丰死后都无条件地站在皇太后和奕䜣一边。

咸丰一死，胜保就自行带兵回京，与奕䜣密商后，赴热河祭奠，并乘机在京畿和热河之间沿途布防。奕䜣还以皇太后名义暗自控制京城武装为己所用。

而在此之前，手握重兵的僧格林沁就一再坚持奏折必书"伏乞皇太后、皇上圣鉴"字样，公然与肃顺等人对抗，坚定支持皇太后和皇帝。

与此同时，大清国战斗力最强的湘军统帅曾国藩，面对风雨欲来的局势，也表现出一种惊人的沉默。肃顺的亲信多次企图拉拢他，曾国藩都不为所动。

至此，肃顺完全陷入孤立无援的境地。奕䜣谋划的政变"万事俱备，只欠东风"。

然而，此时肃顺等人却全然不知危险，依然得意忘形。奕䜣则一再以软弱谦卑之态麻痹对手，同时通过心腹密切留意热河的风吹草动。

4．"顾命八大臣"犯下的致命错误

在此关键时刻，肃顺等人又犯下了一个致命错误。

八大臣中的端华当时是步军统领，统率在京八旗步军和绿营马步军 3 万人，掌京师 9 门。肃顺兼向导处事务大臣，掌管皇家侦察部队。载垣兼銮仪卫掌卫事大臣、上虞备用处管理大臣之职，掌管皇帝的侍卫队与仪仗队。当时，他们三人统领着京城和皇帝的主要安全保卫力量。然而，三人见慈禧被迫退让、奕䜣对赞襄制度也不敢提出异议，认为无人能撼动他们的权位，竟然要一起辞去上述要职，以取得皇太后的信任和支持而作出的一个姿态。但这正是两宫皇太后，尤其是慈禧求之不得的，遂马上同意了他们的请求，随后立即委任奕䜣同党瑞常等接任步军统领等职。但为防肃顺等人起疑，又特

地委派端华暂署行在步军统领。八大臣手中没有了兵权，离死亡又近了一大步。

10月26日，咸丰灵柩回京。肃顺等人着实蠢到了家，以致一错再错：他们安排载垣等随同两宫皇太后与小皇帝提前赶回京师，自己则护送灵柩从大道缓缓而行。这一安排又正中慈禧下怀。她抓住机会，选用快班轿夫，日夜兼程，提前4天赶到北京，为发动政变赢得了宝贵时间。

此时八大臣分散两处，载垣、端华等人群龙无首，肃顺遇事孤掌难鸣。

5. 胜保的《奏请皇太后亲理大政并简近支亲王辅政折》

1861年10月31日，两宫皇太后和小皇帝一行到达京郊，奕䜣出城迎接。双方开始为政变做最后准备，商议未来权力格局。

此时肃顺等人败局已定，两宫皇太后垂帘听政势在必行。而奕䜣这位曾经与皇位擦肩而过的皇子，如今功高盖世、众望所归、手握实权。他早已盯上了这次难得的争权机会，但又不好直接提出，于是便策动亲信、手握重兵的胜保上了《奏请皇太后亲理大政并简近支亲王辅政折》。

胜保在奏折里首先抨击了八大臣的不合法性。他说："肃顺等人辅政，是以他们自己代写的圣谕为依据，而当时先皇已在弥留之际，近支亲王多不在侧，所以未能择贤而任之，这是先帝的未竟之志。而现在嗣圣既未亲政，太后又不临朝，谕旨尽出于八大臣。他们已开矫窃之端，势必招致天下大乱。"

接着，胜保又引经据典，说："垂帘听政和亲王辅政多有先例，且合情合理。当务之急应该因时制宜，不应拘泥细枝末节。"

最后，胜保明确主张："为今之计，非皇太后亲理万机，召对群臣，无以通下情而正国体；非另简近支亲王佐理庶务，尽心匡弼，不足以振纲纪而顺人心。"

由此可见，胜保为政变成功后设计的政治体制，是皇太后听政与近支亲王辅政相结合，太后听政为名、亲王辅政为实。至于肩负辅政重任的近支亲王，自然非恭亲王奕䜣莫属。

从后来的事态发展来看，慈禧的目标是代行君权，并不想接受这个提案。但她当时不得不依靠掌握朝廷实权、具有崇高威望的奕䜣和手握重兵的胜保，于是暂且答应下来。

6. 辛酉政变

11月1日，太后一行进城，留京文武官员身着缟素跪迎于道路两旁。銮驾回到大内，奕䜣立即密陈在京政变部署情况，两宫皇太后听后颇为放心。

11月2日，两宫皇太后在宫中召见奕䜣、文祥、桂良、贾桢、周祖培等人。慈禧一把鼻涕一把泪，斥骂肃顺等八大臣大逆不道、飞扬跋扈、图谋不轨等种种罪行，众大臣听后愤慨无比。

■ 养心殿东暖阁太后垂帘听政处

周祖培说："何不重治其罪？"

慈禧顺水推舟："彼为赞襄王大臣，可径予治罪乎？"

周祖培答："皇太后可降旨先令解任，再予拿问。"

说到这里，慈禧确信留京大臣对诛杀肃顺等人毫无异议后，随即抛出早在热河时就由醇郡王奕谭拟好的谕旨，交给奕䜣当众宣示。核心意思有两点：一是要求王公大臣等妥议皇太后亲理大政并另简亲王辅政；二是宣示八位赞襄政务大臣的种种罪行，谕令解除他们的一切职务。

刚宣读完毕，恰逢载垣、端华进宫上朝，见奕䜣等王公大臣竟在殿内，非常诧异，大声质问："外廷臣子，何得擅入？"

奕䜣答道："有诏。"

载垣、端华一听就更摸不着头脑，毫不客气地责备两宫皇太后不该召见奕䜣等人。皇太后大怒，奕䜣则当场宣布："将载垣、端华、肃顺革去爵职拿问，交宗人府会同大学士六部九卿翰詹科道严行议罪。"

载垣、端华听罢如坠云雾之中，厉声斥问："我辈未入，诏从何来？"奕䜣不与理会，一声令下，一群侍卫将其拿下，押到宗人府看管起来。

随后，两宫皇太后又以小皇帝的名义，火速发出密旨，命令正在回京路上监视肃顺的睿亲王仁寿、醇郡王奕谭相机擒拿肃顺，押解回京，交宗人府听候议罪。

此时，护送灵柩的肃顺才行至密云县。仁寿、奕谭接到密旨，连夜率兵赶去，在卧室将其拿获。

肃顺这才如梦方醒，跳骂道："悔不该早治此婢！"待押至宗人府，碰见载垣、端华二人，又怒道："若早从吾言，何至有今日！"二人无可奈何，答道："事已至此，还说什么！"

这样，慈禧和奕䜣集团经过紧密配合和周密部署，取得了政变的成功。

11月8日，奕䜣等人公议八大臣8条罪状，而后令载垣、端华自尽；肃顺被无帷小车押赴刑场处决；景寿、穆荫、匡源、杜翰、焦佑瀛5人革职发配新疆。

随后，慈禧和奕䜣进一步肃清余党，将肃顺等人的亲信官员、太监等发往边远地区为奴。

接着，他们在处死载垣、端华和肃顺后，连下三道上谕，宣布对其余臣工既往不咎。但上谕语气肃杀，意在告诫宗室王公和文武百官不得抗拒垂帘，否则必严惩不贷。同时，军机处将所查抄的肃顺家产账目及其来往书信，全部当众销毁。至此人心大定。

最后，内阁取消了肃顺等所定"祺祥"年号，决定改明年为同治元年。

辛酉政变之所以不经周折而迅速成功，很大程度上是因为取得了绝大多数大臣的拥护和支持。政变之后，统治集团内部关系得到协调，有利于政权、政局和人心稳定，得到京城内外官绅、各国外交人士的广泛拥护。

例如，曾国藩、李鸿章叹服政变为"自古帝王所仅见"之"英断"；英国公使普鲁斯更是欣喜地向本国报告："大家认为其表现最有可能和外国人维持友好关系的那些政治家掌握政权了。"

辛酉年，奕䜣正值而立，慈禧 27 岁，慈安 26 岁。这样几位正值盛年、精力充沛、头脑敏捷、思想新锐的年轻人夺取最高统治权，确实令人们期待。

第三十六讲

左宗棠收复新疆

中国历史上，有谁能所向披靡，为后人收复六分之一的大好河山，留下任我驰骋的广袤疆场？答案是左宗棠。

一、少年大志，自比卧龙

1. 自比卧龙

清嘉庆十七年（1812 年），左宗棠出生于湖南湘阴。3 岁时随祖父在家中梧塘书塾读书；6 岁开始攻读"四书""五经"等儒家经典；8 岁学作八股文；道光六年（1826 年）14 岁的左宗棠参加湘阴县试，名列第一；次年，15 岁高中长沙府试第二名；17 岁开始读顾祖禹的《读史方舆纪要》和顾炎武的《天下郡国利病书》等书，正是这些在儒家经典之外、并不正统的学问，为其日后成功奠定了知识基础。

渐渐地，左宗棠开始以诸葛亮自居，与人

■ 左宗棠像

写信不署自家姓名，只署"小亮"。

2．会试不中

1832 年，20 岁的左宗棠参加湖南乡试，中第 18 名。但之后 6 年 3 次赴京会试，均未考中。

对此，左宗棠最初的心态是复杂迷离的。但他后来认识到"读书当为经世之学，科名特进身阶耳"，没有在悲观中走向沉沦，也没有从此寄情山水，而是决定不再参加会试，从此"绝意仕进"，打算"长为农夫没世"，寻找新的报国途径。

■ 左宗棠篆书对联："盖尝以天下为忧，期不负圣人之教。"

1834 年，22 岁的左宗棠结婚。他在新房里书写对联勉励自己："身无半亩，心忧天下；读破万卷，神交古人。"

这气壮山河的宣言，既是勉励，也是其一生写照。30 年后，左宗棠在福州寓所为儿女写家训时，也用了这副联语。

二、辅佐朝廷，青云直上

1．遇陶澍，得赏识

1838 年，左宗棠经江苏南京时谒见自己老乡、连任 10 多年两江总督、当时经世致用代表人物的陶澍。陶澍对左宗棠显得格外热诚。

早在 1837 年春，陶澍回乡省亲途经醴陵时，县公馆的一副对联让他怦然心动：

"春殿语从容，廿载家山印心石在；大江流日夜，八州子弟翘首公归"。

这副对联表达了故乡人对陶澍的敬仰和欢迎之情，又道出其一生最为得意的一段经历。

待走进公馆，迎面是一幅山水画，上有两句小诗：一县好山为公立，两度绿水俟君清。

60多岁的封疆大吏陶澍看后，当即提出要见见这诗文的作者。

结果时任渌江书院山长、年仅20多岁的左宗棠来了。陶澍推迟归期，与素昧平生的左宗棠彻夜长谈，共议时政。左宗棠则不失时机地提出要拜陶澍为师，毕生仿效。陶澍爱才，欣然应允。

于是左宗棠就这样做了两江总督府的四品幕僚。陶澍甚至将年仅5岁的独子陶桄许给左宗棠为婿。

■ 陶澍书札

左宗棠正是在这里开始接触军国大事，了解夷人的坚船利炮与世界大势，开始初露锋芒。

2．林则徐托重任

1849 年，64 岁的民族英雄林则徐途经长沙，指名要见左宗棠。

时年 37 岁的左宗棠面见林则徐时心情激动，一脚踏空、落入水中。林则徐笑问："这就是你的见面礼？"

随后，林则徐与左宗棠详谈，决定托付终身大事，将自己在新疆整理的资料和绘制的地图全部交给他，并说："吾老矣，空有御俄之志，终无成就之日。数年来留心人才，欲将此重任托付！"还说："将来东南洋夷，能御之者或有人；西定新疆，舍君莫属。以吾数年心血，献给足下，或许将来治疆用得着。"

左宗棠感动地立下誓言，决不负重托。临别时，林则徐写了一副对联相赠："苟利国家生死以，岂因祸福趋避之。"

这句传世名言，被左宗棠当作座右铭，时时激励自己。他后来说："每遇艰危困难之日，时或一萌退意，实在愧对知己。"他征战新疆，带的也是林则徐绘制的地图。

身染重病的林则徐回到福建，知道来日不多，便命次子代写遗书，向咸丰皇帝一再推荐"绝世奇才""非凡之才"左宗棠。

3．出山当幕僚

之后，左宗棠接受湖南巡抚张亮基邀请，入衙门主幕戎机。1860 年初，翰林院侍读学士潘祖荫向咸丰上了一道奏疏，其中说："国家不可一日无湖南，湖南不可一日无宗棠也。"转眼，让左宗棠的名声一夜之间传遍全国。

然而有本事的人大多生性孤傲。当时永州镇总兵樊燮到巡抚衙门办事，左宗棠给他冷板凳，还用言语嘲讽他。樊燮哪能受这窝囊气，一怒之下状告到京城，说左宗棠是"劣幕"。咸丰也很气愤，下令要湖广总督官文处理此事，若属实则将左宗棠就地正法。而樊燮告状恰恰是官文一手策划的，此时左宗棠已经是湖南政界的轴心人物，满洲权贵官文想杀鸡儆猴，打击日益强大的汉人势力。

此事在湖南震动极大，一时间朝野湘籍官员纷纷来保。潘祖荫说："个人去留无足轻重。而湘勇保住了本省，还支援了湖北、江西、广西、贵州，所向无不捷，固然是骆秉章调度有方，实则由左宗棠运筹决策。如果左宗棠走了，湖南就会垮台，东南大局也就完了。"

朝廷为此权衡了一年。最后不但不治罪，反而授左宗棠四品京官。左宗棠经此一劫，全力以赴为朝廷"办贼"，仅用 4 年便破格提拔为闽浙总督，成为当时与曾国藩平起平坐的人物。

4．镇压太平军

1856 年，左宗棠因接济曾国藩粮饷有功，升兵部郎中。

1859 年，太平军石达开部进入湘南，直逼衡阳、宝庆。左宗棠奉命召集民团四万人，于宝庆击败太平军。

1860 年，左宗棠被人诬陷，因得曾国藩、胡林翼等力保才解脱，被授四品京堂候补，协助曾国藩办理军务，在湖南招募 5000 人组成楚军，开赴江西、安徽作战。

1861 年，左宗棠任浙江巡抚。1862 年率部攻入浙江。1863 年任闽浙总督。1864 年攻陷杭州，封二等恪靖伯，随即奉命率部进入江西、福建追击太平军。1866 年在嘉应州镇压了太平军余部。

5．办洋务求富强

镇压太平天国后，左宗棠倡议减兵并饷、加紧练兵。

1866 年，他上疏奏请设局监造轮船，获准试行。即于福州马尾择址办船厂，派员出国购买机器、船槽，并创办"求是堂艺局"，培养造船技术和海军人才。

随后，左宗棠改任陕甘总督，便推荐原江西巡抚沈葆桢任总理船政大臣。一年后，福州船政局（马尾船政局）正式开工，成为中国第一个新式造船厂。

1867 年，左宗棠任钦差大臣，督办陕甘军务，继续从事洋务，创办了兰州制造局以及中国第一个机器纺织厂——甘肃织呢总局。

三、收复新疆，威慑敌军

1．新疆告急

1865 年，浩罕汗国头目阿古柏在英国支持下率兵侵入南疆。1867 年，阿古柏在新疆自封为王，自立国号"哲德沙尔汗国"，宣布脱离清廷，进而占领天山南北广大地区。当时清廷忙于镇压内地农民起义，无暇西顾。

1871年，俄国又乘机出兵占领新疆伊犁地区，加紧与英国争夺中国西北边陲。160万平方公里的新疆逐渐被夺占。与此同时，中国东南、西南和南部边疆也面临列强侵略威胁，危机日益严重。

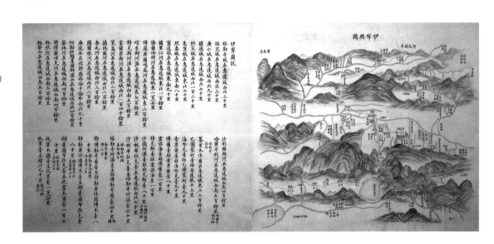

■ 晚清《新疆图说》之"伊犁舆图"

这个时候，大清王朝应该怎么办呢？

当时李鸿章向慈禧太后奏曰："新疆乃化外之地，茫茫沙漠，赤地千里，土地瘠薄，人烟稀少。乾隆年间平定新疆，倾全国之力，徒然收数千里旷地，增加千百万开支，实在得不偿失。依臣看，新疆不复，与肢体之元气无伤，收回伊犁，更是不如不收回为好。"

时任陕甘总督的左宗棠则上奏说："天山南北两路粮产丰富，瓜果累累，牛羊遍野，牧马成群。煤、铁、金、银、玉石藏量极为丰富。所谓千里荒漠，实为聚宝之盆。"

曾国藩听后很不满意，表态说："季子敢言高，仕未在朝，隐未在山，与吾意见大相左。"

左宗棠则回复："藩臣独误国，进不敢攻，退不能守，问他经济有何曾？"

最终，慈禧采纳了左宗棠的观点，决定派其收复新疆。

2．左宗棠收复新疆

①左宗棠出征

慈禧任命左宗棠为钦差大臣、督办新疆军务，赴兰州准备出征。

左宗棠面对"兵疲、饷绌、粮乏、运艰"的困难局面，仍信心百倍，表态"六十许人，岂尚有贪功之念？所以一力承担者，此心想能鉴之"，带着当年林则徐绘制的新疆地图赴任。

他到任后，立刻撤换了一批骄横荒淫的满洲军官，整训队伍，率部队从兰州出发，于1876年春西进。

②制定"缓进速战"方针

左宗棠根据作战地区同内地相隔数千里，"筹饷难于筹兵，筹粮难于筹饷，筹转运又难于筹粮"的情况，提出"缓进速战"方针，要求后勤保障做到"饷运常通""后路衔接"；在没准备好时不宜速进；一切准备就绪则要速战速决。

英国见中国军队即将收复南疆，便出面"调停"，要清廷允许阿古柏残部在喀什独立成国。左宗棠驳斥道："英人要想为他们立国，可以割英国土地给他们，为什么要拿我们的土地做人情！"

随后，左宗棠根据新疆敌情及地理特点，制定了"先北后南""缓进速战"的战略方针。他筹运粮饷、整顿军队、改善装备，编组了一支约六七万人的部队，委刘锦棠总理行营营务，加紧进行战争准备。

1876年4月，左宗棠从甘肃兰州移驻肃州，先后命令部下张曜屯驻哈密；金顺屯驻巴里坤、古城一带；刘锦棠率所部分批出嘉峪关，经哈密前往巴里坤与金顺部会合，先取北路；张曜部固守哈密，防敌由吐鲁番东犯。

阿古柏得悉清军西进，立刻从阿克苏赶至托克逊部署防御：以白彦虎、马人得等率部分守乌鲁木齐等北疆要地，阻击清军；以一部兵力防守胜金台、辟展一线；主力两万余人分守达坂、吐鲁番、托克逊，成犄角之势。

③收复北疆，挺进南疆

1876年8月上旬，以左宗棠为首的湖湘子弟迅速进入乌鲁木齐北面重地古牧地，17 日一举歼敌 5000 余人，并乘胜于 18 日收复乌鲁木齐。白彦虎、马人得等仓皇南逃。此后，左宗棠命刘锦棠部驻守乌鲁木齐，并继续清剿山中残敌。9 月初，金顺部开始进攻玛纳斯南城，于 11 月 6 日占领该城。

至此，天山北路之地全部收复为清王朝所有。

此时已到冬季，大雪封山，刘锦棠等只能就地整军筹粮，准备第二年进军南疆。

1877 年 4 月，左宗棠指挥清军三路人马齐头并进：刘锦棠部自乌鲁木齐南下攻达坂；张曜部自哈密西进；徐占彪部出巴里坤，至盐池与张曜部会师，合攻辟展、吐鲁番。刘锦棠奇袭包围达坂，19 日破城，毙俘敌 3000 余人；随即主力直捣托克逊，迫守敌于 4 月下旬弃城西逃。至此，南疆门户洞开。5 月下旬阿古柏于库尔勒气急暴病而死。其子海古拉携父尸西遁，留下白彦虎防守喀喇沙尔、库尔勒等地。随后，阿古柏的长子伯克·胡里在库车杀掉海古拉，后于喀什噶尔称王，企图在英俄庇护下负隅顽抗。

是年秋，左宗棠以刘锦棠部为主力、张曜部为掩护，相继长驱西进。南疆各族久受阿古柏荼毒，纷纷拿起武器配合清军作战。

1878 年 1 月 2 日，清军攻克新疆和阗。至此，整个新疆除沙俄侵占的伊犁地区外，全部收复。

清军成功收复新疆，彻底粉碎了英、俄两国企图利用阿古柏肢解和侵吞中国西北领土的阴谋。后沙俄迫于形势，同意与清政府谈判。经过长期反复交涉，于 1881 年签订《中俄伊犁条约》，使新疆各族人民免遭殖民统治。

3．在新疆建省

左宗棠早在 22 岁时就心怀西北，关注新疆置省和屯垦。他写诗说："石域环兵不计年，当时立国重开边，囊驼万里输官稻，砂碛千秋此石田。置省尚烦他日策，兴屯宁费度支钱？将军莫更纾愁眼，生计中原亦可怜。"

收复新疆后，左宗棠专门到福建拜谒林则徐祠，在林公像前默默悼念。他没忘记完成这一使命是林公当年的嘱咐和期待。

4．左公柳

左宗棠从小生活在湘江之滨，偏爱绿树。他率领湘兵来到西北大漠后，

■ 左宗棠平定新疆战图

深感气候干燥、了无生气，遂令军士在大道沿途、宜林地带和近城道旁遍栽杨树、柳树和沙枣树，名曰"道柳"，以巩固路基、防风固沙、利行人遮凉。

　　此后凡他所到之处，都要动员军民植树造林，并严加保护。据左宗棠自己记载，光是从陕甘交界的长武县境起，到甘肃会宁为止，种活的树就达 26.4 万株。自古河西种树最是难事，可在其倡导督促下，泾州以西竟然形成道柳"连绵数千里绿如帷幄"的塞外奇观。

　　左宗棠还开渠凿井，屯垦农田，振兴农牧蚕桑，仅在新疆境内就种桑树 80.6 万株；自泾州至敦煌，教民试种水稻；铺沙保墒，广植棉花，以农垦代禁烟，成效显著；创办甘肃制造局和织呢总局，教民纺纱织布；兴办兰山书院，又命地方一律兴办义学，教化当地百姓。

　　后来，他的好友杨昌浚在游历新疆时有感而发，作《恭诵左公西

■ 左公柳

行甘棠》诗曰："大将筹边尚未还，湖湘子弟满天山；新栽杨柳三千里，引得春风度玉关。"

四、左宗棠之死

1881 年，左宗棠调两江总督兼南洋通商大臣。1884 年再任军机大臣。

时值中法战争，法国舰队在福州马尾击溃福建水师，左宗棠奉命督办福建军务。11 月抵福州后，他积极布防，并组成"恪靖援台军"东渡台湾。

1885 年 7 月 27 日清晨，74 岁的左宗棠在福州北门黄华馆钦差行辕任上去世。

接到丧折后，慈禧太后追赠左宗棠为太傅，谥"文襄"，赏治丧银 3000 两。

左宗棠死后，法国人松了一口气，继续攻占台湾岛，在东海耀武扬威。

英国人松了一口气。他们曾在上海租界竖有"华人与狗，不许入内"的牌子，被左宗棠发现，下令侍卫立即将其捣毁并逮捕人犯。此后只要他进入租界，外国殖民者就立马换上中国龙旗。现在他死了，牌子再度被竖了起来。

俄国人松了一口气。左宗棠把他们从新疆赶走，把被其侵占的伊犁收回，甚至曾用兵车运着棺木，将肃州行营前移几百公里于哈密，曰"壮士长歌，不复以出塞为苦"，准备与之决一死战。

朝廷里，李鸿章也松了一口气。一个月前，他在天津与法国签订《中法会订越南条约》。这是中国军队在战场上取得重大胜利后，签订的一个丧权辱国条约，是世界外交史上空前绝后的奇闻。当时左宗棠领衔反对，说"对中国而言，十个法国将军，也比不上一个李鸿章坏事"，还说"李鸿章误尽苍生，将落个千古骂名"。

可惜左宗棠一死，主战派的旗帜倒了。李鸿章终于在不平等条约上签了字，画了押。

第三十七讲

备受争议的李鸿章

李鸿章，是个生前死后一直备受争议的人物。

梁启超曾说："吾敬李鸿章之才，吾惜李鸿章之识，吾悲李鸿章之遇"，又称其为"数千年中国历史上一人物"。"1870年以来，中国的一切重大发展都同李鸿章有关。不知道李鸿章就不能说了解中国历史"。

严复也在给他的挽联上说："使平生尽用其谋，其成功或不止此；设晚节无以自见，则士论又当何如。"

而到了近代，国人则指责说："卖国者秦桧，误国者李鸿章！"

这到底是怎么一回事？

一、太平天国运动前后的李鸿章

1. 李鸿章的家世

李鸿章，本名章桐，字渐甫（一字子黻），号少荃，晚年自号仪叟，别号省心，谥文忠。1823年生于安徽合肥东乡磨店。因行二，故民间又称"李二先生"。

李家世代耕读为生，一直与科举功名无缘，直到李鸿章的父亲李文安

■ 李鸿章像

在 1838 年考中进士，李氏一族才"始从科甲奋起，遂为庐郡望族"。

李文安在科举入仕前，长期以课馆为业。李鸿章 6 岁就进入家馆棣华书屋学习。他少年聪慧、攻读经史，打下扎实的学问功底。1843 年入选优贡。1844 年赴顺天乡试，考中举人；1847 年考中二甲第十三名进士，授翰林院庶吉士。

李鸿章在赴京途中，曾写下脍炙人口的《入都》诗 10 首，其中有"一万年来谁著史，三千里外欲封侯"之句。李鸿章入京后，在时任刑部郎中的父亲引领下，遍访安徽籍京官，得到了他们的器重和赏识。

2．李鸿章的老师

李鸿章那一科的主考官潘世恩出身徽商，是苏州世家；李鸿章的太老师翁心存，也是苏南豪绅。他们在青年李鸿章任翰林院编修时，启迪其"经世致用"；后来在其组建淮军的过程中也予以极大支持。

但最令李鸿章感到庆幸的是，他在 1845 年底、1846 年初，以"年家子"身份投帖拜在湖南大儒曾国藩门下，学习经世之学，奠定了一生的事业和思想基础。

3．李鸿章父子办团练

1853 年初，李鸿章随上司一道回安徽办团练。次年，其父李文安也回乡助力。李家父子的团练"整齐皆可用"。之后，李鸿章一直在皖中与太平军作战，既有"专以浪战为能"美誉，也有"翰林变作绿林"恶名。数年的团练生涯，使他逐步懂得了为将之道不在一时胜败、不逞匹夫之勇。

1855 年冬，李鸿章收复庐州。第二年克复无为、巢县、含山。

1857 年，李鸿章父亲去世，他遂丁忧守制，结束了为时 5 年的团练工作。

1858 年，太平军再陷庐州，李鸿章携带家眷出逃，辗转至南昌，寓居其兄李翰章处。

1859 年末，他投奔建昌曾国藩湘军营中充当幕僚。

4．李鸿章与曾国藩的恩怨

1858 年恰逢太平军在安徽三河镇歼灭湘军精锐，元气大伤，曾国藩急需用人，因此对李鸿章甚为重视，但曾也深知李自恃才高气盛、锋芒毕露，真要独当一面，还需再经一番磨砺。于是，曾国藩平时尽量让李鸿章参与核心机密讨论，将其与胡林翼等地方大员同等看待。当时，湘军幕府中有包括左宗棠在内的不少能人异士，让李知道天外有天，人外有人，不要太过于自满，以挫其锐气。

至于曾国藩本人，更是身体力行，以自己的表率来影响李鸿章。例如，李鸿章爱睡懒觉，曾国藩清晨就必等所有人到齐后方肯用餐，一连数日逼其每日早起；李好讲虚夸大言以哗众取宠，曾就多次以待人唯"诚"正言相诫。曾国藩如此苦心孤诣，使李鸿章改掉自身毛病，变得谦恭努力，使其终身受益。

因此李鸿章说："我从师多矣，毋若此老翁之善教者，其随时、随地、随事，均有所指示"，又说"从前历佐诸帅，茫无指归，至此如识指南针，获益匪浅"。而曾国藩的评价则是："少荃天资与公牍最相近，将来建树非凡，或竟青出于蓝也未可知。"

事情果如曾国藩所料。1860 年秋，师生二人因曾国藩决定移军祁门和弹劾李元度二事发生严重分歧。当时李鸿章认为祁门地处万山丛中，是兵家所忌"绝地"，移驻不妥；而李元度追随曾国藩，好为"文人大言"，而非将才；曾深知其短，却令其领军防守徽州，甫一兵败又严词纠参，李鸿章不愿拟稿，并"率一幕人往争"，终至愤而离营。这表明李鸿章此时的战略和用人眼光已在曾国藩之上。

后来，经过胡林翼、陈鼐、郭嵩焘等朋友的劝说和曾国藩的再三招请，李鸿章于次年夏重回湘军大营。

5. 李鸿章组建淮军

1860年，太平军二破江南大营后，清军在整个长江下游地区已无主力可用。在太平军猛烈攻势下，江南豪绅地主纷纷逃避到已经形同孤岛的上海。为了自保，在沪士绅买办一方面筹备"中外会防局"，依赖西方雇佣军保护上海；另一方面又派出钱鼎铭等为代表，前往安庆请曾国藩派援兵。钱鼎铭软硬兼施，先允诺上海每月可筹饷六十万两，这对当时缺粮缺饷的湘军是极大帮助；同时利用其父亲钱宝琛是曾国藩和李文安同年的关系，走李鸿章的门路，请其说服曾国藩。

曾国藩本来想派自己的弟弟曾国荃领兵东援，可当时曾国荃已经外围了天京，一心要攻下天京建立首功，因而不愿前往。曾国藩随后又想派湘军陈士杰出山，但陈亦以"母亲年老"婉拒。

最后李鸿章临危受命，回到自己的家乡安徽开始组建淮军。两淮地区民风强悍，庐州地区的团练武装，以合肥西乡三山（周公山、紫蓬山、大潜山）的张（树声）、周（盛波、盛传二兄弟）、刘（铭传）三股势力最大。由于庐州团练的这些基础和李鸿章在当地的各种关系，淮军的组建、招募比较顺利。

■ 李鸿章的淮军

曾国藩担心新建的淮军兵力单薄，还从湘军各部调兵借将，整营划拨给淮军。到1862年春，淮军就有了14个营的建制，淮军正式宣告建军。随后，上海士绅出了十八万两白银，雇了英国商船7艘，将淮军分批由水路运往上海。其中"济"字营留守池州，因此最终入沪的淮军共计13营、约9000人。

李鸿章也随军抵沪，被任命为署理江苏巡抚，同年冬实授江苏巡抚。1863年春又兼署通商大臣，从此开始了他在晚清政治舞台上纵横捭阖的40年。

6. 淮军与太平军的鏖战

当时上海是全国最大的通商口岸和江南财富集中之地，淮军抵达时，正值太平军第二次大举进攻。李鸿章能否在上海站稳脚跟，是对他的最大考验。

然而，上海官绅组建的"中外会防局"一心指望外国雇佣军御敌，对洋人百般献媚，对淮军不以为然。面对这种情况，李鸿章大量装备洋枪洋炮、雇请外国教练的新式军队，大大提高了战斗力；同时迅速扩军至50个营头、约两万人；此后更进一步急剧膨胀，至攻打天京前夕，总兵力已达七万余人。

1863年夏，淮军兵临苏州城下，于无锡大桥角击败太平天国忠王李秀成所部。苏州太平军守将郜永宽等人发生动摇，与淮军秘密接洽献城事宜。

1863年冬，郜永宽杀死其余守城主将，开城投降。但淮军入城后，他们率部屯居半城，不愿剃发解除武装，并索要官衔及编制。为此，李鸿章诱杀了降将，并遣散余众。曾国藩接到苏州杀降奏报后，赞赏李鸿章"殊为眼明手辣"。

此后，淮军节节胜利。1864年，苏南地区的太平军基本被肃清。同年夏，李鸿章派淮军27营协助湘军会攻天京。攻克天京后，湘、淮军将帅均加官进爵。李鸿章受封一等肃毅伯，赏戴双眼花翎。

7. 淮军与捻军的鏖战

太平天国失败后，在湘、淮军的去留问题上，曾国藩与李鸿章采取了不同做法。

曾国藩担心湘军"暮气已深"、自己功高震主，便在攻陷天京后不到1个月，就不顾清廷责成他再统皖省军务的命令，毅然裁撤大部分湘军。

李鸿章则看到"目前之患在内寇，长远之患在西人"，主张保留湘、淮军，意不只在"靖内寇"，更在"御外侮"，眼界显然比曾氏高出一筹。

当时北方捻军起义如火如荼。1865年夏，清廷任命曾国藩为钦差大臣，北上督师剿捻；以李鸿章署理两江总督，负责调兵、筹饷等后勤事宜。

由于湘军大部已裁撤，因此曾国藩北上率领的多为淮军。历时一年半，曾国藩督师无功，清廷不得不于1866年冬改命李鸿章为钦差大臣，接办剿捻事务，令曾国藩仍回两江总督本任。

此时淮军剿捻兵力达七万人。李鸿章坚持采用"以静制动"的战略方针，实施"扼地兜剿"的作战方法，最终在1868年夏消灭了捻军。清廷加李鸿章太子太保衔，授湖广总督、协办大学士。

二、直隶总督任上的李鸿章

1. 洋务运动三十年："自强"和"求富"

1870年初，李鸿章被任命为直隶总督，旋兼任北洋通商事务大臣。1872年加授武英殿大学士。自此，他在直隶总督兼北洋大臣任上长达25年，参与了清廷有关内政、外交、经济、军事等一系列重大举措，成为朝廷倚作畿疆门户、恃若长城的股肱重臣。

■ 江南制造局制炮厂

他一手创建的淮军，陆续被清廷派防直隶、山东、江苏、广西、广东、台湾各地。以李鸿章为领袖，由淮军将领、幕僚以及一批志同道合的官僚组成的淮系集团，也成为当时实力最强的一个洋务派集团。

早在1863年，李鸿章就雇用英国人，首先在松江创办了1个洋炮局，此后又在上海创办了2个，合称"上海炸弹三局"。1864年，松江局迁到苏州，改为苏州机器局。1865年，李鸿章在曾国藩的支持下收购了上海虹口美商旗记铁厂，与上海2局合并，扩建为江南制造总局。与此同时，苏州机器局迁往南京，扩建为金陵机器局。1870年，李鸿章调任直隶总督，接管了天津机器局并扩大生产规模。至此，中国近代早期的四大军工企业中，李鸿章一人就创办了3个。

之后，在引进西方设备进行近代化生产的实践中，李鸿章又进一步提出："中国欲自强，则莫如学习外国利器。欲学习外国利器，则莫如觅制器之器，师其法而不必尽用其人。欲觅制器之器与制器之人，则或专设一科取士，士终身悬以为富贵功名之鹄，则业可成，艺可精，而才亦可集。"

出任直隶总督后，李鸿章视野愈加辽阔。他综观世界各国发展，痛感中国积弱不振，得出"富强相因""必先富而后能强"的结论，将洋务运动重点转向"求富"。

1872年底，李鸿章首创中国近代最大的民用企业——轮船招商局，奠定"官督商办"的基调。随后，他先后创办开平矿务局、上海机器织布局、天津电报总局、唐胥铁路、上海电报总局、漠河金矿等一系列民用企业，涉及矿业、铁路、纺织、电信等各行各业，在经营方针上也逐渐由官督商办转向官商合办，从客观上促进了中国近代资本主义发展。

面对清廷内部顽固派的重重阻挠，李鸿章提出："处今日喜谈洋务乃圣之时"，认为在追求自强的过程中，必须坚持"外须和戎，内须变法"，在列强环伺、外侮日甚的环境中，尽最大可能利用"以夷制夷"的外交手段，为中国的洋务"自强"建设赢得尽可能多的和平时间。

2．"法国不胜而胜，中国不败而败"

1883年，中法战争在越南境内初起，清廷命李鸿章统筹边防战事。

李鸿章认为"各省海防兵单饷匮，水师又未练成，未可与欧洲强国轻言战事"，便先与法国驻华公使宝海签订《李宝协议》。但法国政府随后反悔，李鸿章与法驻日公使洽谈也未果，战争遂进入胶着状态。随后慈禧改组军机处，主和舆论渐起。

1884年夏，李鸿章与法国代表福禄诺签订了《李福协定》。后法军进攻谅山，协议又被撕毁，直到清军在广西和台湾战场分别取得胜利后，李鸿章才最终与法国代表巴德诺签订了《中法会订越南条约》，结束了战争。

结果法国取得了对越南"保护权"和中越边境对法开放等特权。因此，时称"法国不胜而胜，中国不败而败"。

3. 北洋海军的兴衰

李鸿章深刻认识到，无论是日吞琉球，还是法占越南，都说明列强威胁来自海上。因此他提出了"海防论"，积极倡议建立近代化海军。

1874年，李鸿章在海防大筹议中系统提出订购铁甲舰，组建北、东、南三洋舰队的设想，并辅以沿海陆防，形成中国近代海防战略。

中法战后，福建船政水师覆灭，清政府决定"大治水师"，于1885年成立海军衙门，由醇亲王总理海军事务，李鸿章会办。

利用这个机会，北洋海军成军，拥有舰艇25艘、官兵4000余人，成为当时亚洲最强大的海上力量。与此同时，李鸿章加紧旅顺、大沽、威海等海军基地的建设。但清廷内耗众生，户部屡次以经费支绌为借口，要求停止添船购炮。于是北洋海军建设陷于停顿甚至倒退的困境。

1894年，朝鲜爆发东学党起义，朝鲜政府请求中国出兵镇压。李鸿章轻信驻朝专员袁世凯的报告，认为日本"必无他意"，遂派直隶提督叶志超和太原镇总兵聂士成率军1500人赴朝。

不料日本此后立即向朝鲜派兵，在朝日军增至8000余人，事态趋于严重。李鸿章设法避免战争，通过英、俄两国出面斡旋，但被日本拒绝，无奈只得增派军队入朝，和日本抗衡。

7月25日，日本军舰在丰岛发动突然袭击，击沉中国运兵船"高升"号，甲午战争爆发。

9 月 15 日，驻朝陆军在平壤与日军激战数昼夜后溃败，左宝贵战死，叶志超逃回国内。

9 月 17 日，北洋舰队与日本海军主力在黄海大东沟附近海域遭遇，经过近 5 小时的鏖战，中国军舰沉没 4 艘，日本舰队亦遭重创。此时中国主力尚存，但李鸿章为保存实力，有意夸大战败程度，命令舰队避入港内不准出击，使日本取得了黄海海域的制海权。

此后，清军在辽东与日军激战，未能挡住其攻势。日军开始进攻旅顺。

旅顺背山面水，地势险要，与大连湾成掎角之势，有炮台 50 多座、大炮 100 多门，号称"东亚第一要塞"。但清军统帅临阵脱逃，导致军心涣散。于是被李鸿章称为"固若金汤"的旅顺陷于敌手。日军占领旅顺后兽性大发，屠城 4 日。

旅顺失陷后，北洋舰队停泊的威海卫军港便成为日军进攻的主要目标。

威海卫为渤海锁钥、京津门户，它三面环山，地理环境极其优越。日军在进攻威海卫时有战舰 25 艘，但其中真正能打仗的只有 10 艘；清军则有铁甲舰 7 艘、炮艇 6 艘、练习舰 2 艘、鱼雷艇 13 艘。

于是舰队提督丁汝昌主动请求歼敌，却遭到李鸿章严厉斥责。在其保船避战方针指导下，清军未能趁日军登陆时出击，被迫坐视敌人上岸，陷入极端困难境地。

最后，日军占领威海卫，北洋舰队全军覆没。

4.《马关条约》

1895 年春，李鸿章受命作为全权大臣赴日本议和。

尽管行前清廷已授予他割地赔款的全权，但李鸿章仍期望"争得一分有一分之益"，与日方代表反复辩论。

在进行第 3 次谈判后，李鸿章于回住处路上遇刺，世界舆论哗然。日方因此在和谈条件上稍有收敛。

4 月，李鸿章伤稍愈，双方第 4 次谈判。日方坚持要中国赔款 2 亿两白银，割让辽东半岛及台湾澎湖等。和谈代表伊藤博文说，摆在李鸿章面前的"但有允与不允两句话而已"。事后日方继续以增兵再战进行恫吓。李鸿章连

■ 中日甲午海战图

发电报请示朝廷，光绪皇帝同意签约。

4月17日，《马关条约》签字。

《马关条约》签订后，在全国引起强烈反响。康有为等人发动公车上书，掀起了维新变法的高潮。

李鸿章也视《马关条约》为奇耻大辱，发誓终生不再踏足日本并倾向变法。但在"国人皆曰可杀"的汹涌舆论下成了清廷的替罪羊，于甲午战后被解除了位居25年之久的直隶总督兼北洋大臣职务。

5.《中俄密约》与出访欧美

1896年春，俄皇尼古拉二世举行加冕典礼，李鸿章奉命作为头等专使前往祝贺。同年夏，李鸿章在莫斯科签订了《中俄密约》，结盟共同对付日本，并同意俄国修筑西伯利亚铁路经过中国的黑龙江、吉林直达海参崴。

此后，李鸿章率随员先后访问德、荷、法、比、英、美、加诸国，由于系亲身游历，他对西方社会制度产生了由衷赞叹，并在演讲中一再大声疾呼："五洲列国，变法者兴，因循者殆"。

回国后，李鸿章面对方兴未艾的戊戌变法运动，慨然以"维新之同志"自许。变法失败后，维新领袖康有为、梁启超流亡海外，慈禧一再下令捕杀康梁余党，时任两广总督的李鸿章却表态"决不做刀斧手"。

三、李鸿章之死

李鸿章在担任两广总督期间，北方爆发了义和团运动和八国联军侵华战争，慈禧携光绪逃至西安，局势一片混乱。

为收拾残局，清廷于1900年夏再授李鸿章为直隶总督兼北洋大臣，并连续通电，催其北上。

李鸿章乘轮船至沪后，以身体不适为由迁延观望。直至慈禧在逃亡途中再次通电催其北上后，才抵京收拾残局，向八国联军求和。

1901年9月7日，李鸿章、奕劻代表清廷签署了《辛丑条约》。

《辛丑条约》签订后2个月，被李鸿章倚为强援的俄国政府趁机发难，提出"道胜银行协定"，试图建立买办银行，通过大肆印发钞票等手段攫取更大权益，并威逼李鸿章签字。

李鸿章"老来失计亲豺虎"，气恼交加、呕血不起，于11月7日去世，临终时"双目犹炯炯不瞑"，带着无尽的遗憾，走完了他78年的人生历程。

■ 李鸿章与儿孙辈合影

第三十八讲

谭嗣同就义菜市口

1898 年 9 月 21 日，"百日维新"运动失败。当月 28 日，"戊戌六君子"之一的谭嗣同，以 34 岁英年就义菜市口。

一、手掷欧刀仰天笑

谭嗣同临刑前，在狱中留下一首脍炙人口的题壁诗："望门投趾怜张俭，直谏陈书愧杜根。手掷欧刀仰天笑，留将公罪后人论。"

后经梁启超改为："望门投止思张俭，忍死须臾待杜根。我自横刀向天笑，去留肝胆两昆仑。"

这首诗概括了谭嗣同壮烈就义的心路历程和志士气概。而经梁启超一改，寓意大不同。其中"两昆仑"更是引起议论纷纷。

在介绍谭嗣同的一生之前，非得先把这首题壁诗弄清楚不可。

诗中提到的张俭亡命遁走，累及宗亲数十人连坐伏诛，实不足取。谭嗣同原诗"怜"张俭，是不愿效其所为。

杜根则是上书皇太后，请求归政皇帝。谭的原诗意思是自愧不如，未能直接上书太后，请其归政光绪。

但梁启超把"愧"改成"待"，意即等太后死了，便可成其功。这就从"直谏陈书"改成"忍死须臾"，足见其苦心。

由此不难发现，梁启超改谭嗣同诗的动机，是出于自己的最后选择。他在亡命日本之前，曾劝谭嗣同一起逃亡，有"忍死须臾，等待出头"之语。但谭嗣同说："各国变法，无不流血而成，今中国未闻有因变法而流血者，此国之所以不昌也，有之，请自嗣同起。"

谭嗣同视死如归，从容不迫。他先是替父亲造出几封告诫儿子的家书，以免老父被牵累。又在题壁诗中清楚表明自己既不愿做张俭第二，贻祸亲友；也不愿意做杜根第二，贪生怕死。

题壁诗的数字之易，可看出梁、谭的归宿。

二、青少年时代的谭嗣同

1."复生"之谜

谭嗣同 1865 年生于湖南浏阳，比康有为小 6 岁，比梁启超大 9 岁。

他是一位热血男儿，自小就有任侠精神。生母徐氏出身贫寒、作风勤朴，督促谭嗣同刻苦学习。

他表字"复生"，是因为 12 岁那年，长兄、二姊与他的母亲在 5 天之内相继死于瘟疫。自己亦昏死 3 日而复生。其父便给他取字复生。

他的父亲谭继洵官至湖北巡抚，但碌碌无为。谭嗣同一生得益于母亲教诲。据他自己回忆："先夫人性惠而肃，训不肖等谆谆然，自一步一趋，至置身接物，无不委曲详尽。"

谭嗣同自幼便性情坚毅。他母亲曾对人说："此子倔强能自立，吾死无虑矣！"

■ 谭嗣同像

母死以后，姨太太当家，谭嗣同备受虐待，却能咬紧牙关忍受，力学不懈。

2．欧阳中鹄和"大刀王五"

谭嗣同 5 岁启蒙，10 岁起在北京跟同乡举人欧阳中鹄读书。欧阳平生最敬佩王夫之和唐代诗人李贺。谭嗣同对这位老师极为尊敬，受其影响，对李贺也特别喜爱。欧阳另有一个学生唐才常，跟谭嗣同是至交。

谭嗣同好任侠，就在他受业于欧阳中鹄门下时，便广泛结交京城侠客。其中一人是"大刀王五"王正谊，另一人是"通臂猿胡七"胡致廷。

大名鼎鼎的王正谊是回族人，从小爱看《水浒传》，痛恨贪官污吏和地方恶霸，干起了窃富济贫的"义贼"。后来金盆洗手，充当"镖客"，在江湖中颇有名气，子弟遍布全国。他常在北京的湖南浏阳同乡会馆走动，胡致廷也常来交游。于是谭嗣同在少年时代便跟王正谊学会耍单刀，跟胡致廷学会了太极拳和双刀术。

3．刘锦棠的幕僚：足迹踏遍大江南北

1878 年，谭继洵外放甘肃巩秦阶道，14 岁的谭嗣同以后便跟随父亲往来于西北、湖南之间。

1883 年，19 岁的谭嗣同结婚。次年便做了新疆巡抚刘锦棠的幕僚。

此后 10 年间，谭嗣同游走江湖，足迹遍布大江南北。他有父亲的高官厚禄做后盾，结交江湖侠士，散财良多。尤其在至交王正谊的搭线下，走访了直隶、新疆、甘肃、陕西、河南、湖北、湖南、江苏、安徽、浙江等省。据谭嗣同自己回忆："旅程合计八万余里，排成长线，堪抵环绕地球一周。"

1889 年，25 岁的谭嗣同进京赴考，不幸落榜。这时他父亲谭继洵从甘肃布政使升任湖北巡抚，谭嗣同便随父到了武昌。

当时湖广总督是张之洞，主张"中体西用"，大兴洋务，不少名流学者都集中在其身边。例如金石学家缪荃荪、数学家徐建寅、军事学家姚锡光、地理学家钱恂、历史学家杨守敬和西洋学家辜鸿铭等。谭嗣同与这些著名学者从游，学问逐渐形成。

三、投身到维新的洪流中去

1．甲午战争和《马关条约》

1894 年，中日甲午战争爆发。中国战败，签订了丧权辱国的《马关条约》。

1895 年 5 月 2 日，康有为上书清政府，要求"拒和、迁都、变法"。

谭嗣同坚决反对帝国主义、反对签订和约，对清政府"竟忍以四百兆人民之身家性命，一举而弃之"的妥协行径极为愤慨。在变法思潮影响下，他开始"详考数十年之世变，而切究其事理"，苦思精研挽救民族危亡的根本大计，深感"大化之所趋，风气之所溺，非守文因旧所能挽回者"，必须对腐朽旧制度实行改革，才能救亡图存。

就在此后不久，他结识了梁启超和康有为，迅速投身到戊戌变法的洪流中。

2．康有为和梁启超

康有为，1858 年生于广东南海的一个官僚家庭。其祖父康赞修是道光年间举人；父亲康达初做过江西补用知县。

康有为自幼学习儒家经史，十分推崇曾国藩。1879 年，康有为开始接触西方文化，阅读了《西国近事汇编》《环游地球新录》等书，"始知西方治国有法度"，如饥似渴地向西方寻找真理。

1882 年，康有为到北京参加顺天府乡试，没有考中。南归时途经上海，购买了大量西学书籍。他吸取西方传来的进化论和资产阶级政治观点，初步形成了维新变法思想体系。

1888 年，康有为再一次到北京参加乡试，借机第一次上书光绪帝，请求变法，受阻未能上达。1891 年，33 岁的康有为完成了《新学伪经考》，考证认为《古文尚书》《左传》《毛诗》等都是西汉末年刘歆伪造的，使清学正统派之立脚点，根本摇动。同年在广州开设"万木草堂"收徒讲学，收梁启超等为弟子。1895 年，他到北京参加会试，听到《马关条约》签订的消息，第二次上万言书，即"公车上书"。同年 5 月底，他第三次上书，得到了光绪的赞许。8月，他和梁启超创办了《万国公报》；不久在北京组织了强学会。

梁启超，1873年生于广东新会一个文人家庭。15岁时受业于广州学海堂，16岁考中举人。1890年，他到北京参加会试，开始看到《瀛环志略》和江南制造总局翻译的书籍，初步接触西方文化。1891年就学于康有为，接受维新思想。1895年，他在北京协助康有为发起"公车上书"，组织强学会。1896年在上海主编《时务报》，发表《变法通议》，编辑《西政丛书》。

3．谭嗣同的哲学著作《仁学》

1896年，32岁的谭嗣同北上，结识了梁启超，引为知己，朝夕相随。在这之前，他已闻康有为大名，曾得到过其回信和赠书《长兴学记》，至此又经梁启超介绍，为康的"私淑弟子"。

当时北京强学会被禁。谭嗣同惋惜之下主张争取汉口英国领事的支持，组织湖南强学会分会。同年7月起，谭嗣同在南京候补知府，空闲时间很多，便集中精神用功钻研中西学问，写成哲学著作《仁学》。

对于写此书的目的，谭嗣同自叙："网罗重重，与虚空而无极，初当冲决利禄之网罗；次当冲决俗学若考据、若词章之网罗；次冲决全球群学之网罗；次冲决君主之网罗；次冲决伦常之网罗；次冲决天之网罗；终将冲决佛法之网罗。"即要同一切封建束缚决裂，具有粗朴的民主思想。

然而，谭嗣同虽反封建，却不敢同孔教真正决裂；虽咒骂君主专制，却卖力拥护光绪皇帝变法。《仁学》实际上是儒、墨、老庄、佛学和西学的糅合，更多渲染的是先验论和神秘主义，模糊物质和精

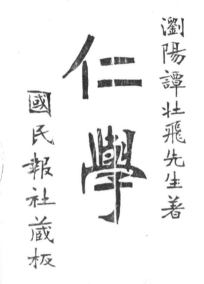

■ 谭嗣同《仁学》

神的界限，很容易把人引入迷途。

另一方面，谭嗣同强调"五伦"中的朋友之伦，要比君臣、父子、兄弟、夫妇来得重要。因为从"平等""自由"和"节宜惟意"来说，唯朋友之间才具备这些条件。他认为"仁"即"任侠之道"，呼吁把"朋友之道"组织起来，定名为"学会"。

4. 长沙时务学堂的分教习

当时，湖南巡抚陈宝箴是唯一倾向变法的封疆大吏。1897年，调任湖南按察使的黄遵宪也赞同变法。于是陈宝箴邀请谭嗣同回湖南，办理学堂、学会和报刊。梁启超也应约同来。

同年10月，长沙设立了时务学堂，梁启超担任"中学"总教习，谭嗣同等担任分教习。梁启超以康有为在万木草堂的教学原则为蓝本，制定《湖南时务学堂学约》，设经学、子学、史学、西学等课程。这是从旧式书院到新式学堂的过渡，也是科举、八股的对立面，因此在湖南引发了新旧冲突。守旧派领袖、岳麓书院山长王先谦等人攻击梁启超是不要父母、不要君上的邪教徒，要把他驱逐出境。

5.《应诏统筹全局折》

1898年1月29日，康有为上了《应诏统筹全局折》，请求光绪帝决定变法。在这篇奏折中，他引述当时波兰、埃及、土耳其、缅甸等国由于守旧不变，遭到分割或危亡险境的例子，认为世界各国趋势"能变则全，不变则亡；全变则强，小变仍亡"。

康有为主张走明治维新的道路，认为其要义有3个方面："一曰大誓群臣以定国是，二曰设对策所以征贤才，三曰开制度

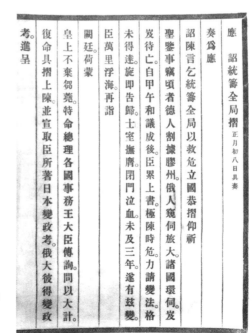

應詔統籌全局摺 正月初八日具奏

奏為應

詔統籌全局以救危立國恭摺仰祈

聖鑒事窃頃者德人割據膠州，俄人窺伺旅大，諸國環伺，發

待亡自甲午和議成後，臣累上書，極陳時危，力請變法格

未得邅旋即告歸，士室撫膺閉門泣血，未及三年，遂有兹變。

臣萬里浮海再詣

闕廷荷蒙

皇上不棄芻蕘，特命總理各國事務王大臣傳詢問以大計。

復命具摺上陳，並宣取臣所著日本變政考，俄大彼得變政

考進呈

■《应诏统筹全局折》印本

局而定宪法。"

以此为依据，他请求光绪帝尽快做好三件事：一是依靠皇帝的权力来推行新政；二是使维新派参与政权；三是在上述二者的基础上，改革中央政府的行政机构。

6.南学会的成立和《湘报》的创办

与此同时，在谭嗣同和唐才常的积极策划下，南学会于1898年2月成立，作为康有为在北京所创强学会的继续和发展，主讲学术、政教、天文、舆地等内容，听众空前踊跃，凭票听讲，经常"人尚未来而坐已满矣"。这自然又引发了新旧冲突。于是王先谦又出来攻击南学会是宣传"邪说"、散布"淫词"，还把南学会邵阳分会的负责人逼离了湖南。

1898年3月，谭嗣同、唐才常等又创办《湘报》，作为南学会的机关报，刊载了不少有关维新变法的论文，主张"君民共主"的立宪政治，认为只要"利之所在，听民自兴之；害之所在，听民自去之"，就可以使旧法逐渐解体，新法逐渐推行。湖广总督张之洞认为《湘报》所载文字有"煽动人心，犯上作乱"之嫌，写信给巡抚陈宝箴，要求加以约束。

同年4月12日，在康有为的领导下，保国会在北京成立，以"保国、保种、保教"为宗旨，在北京、上海设两总会，各省府县设立分会，略具政党规模。

此后，维新变法运动激荡全国。

四、百日维新中的谭嗣同

1."军机四卿"

1898年6月11日，光绪下《明定国是诏》，宣布变法。

6月16日，光绪召见康有为；7月3日召见梁启超；8月29日又命严复、杨锐、刘光第、林旭等人来京晋见。谭嗣同因生病，延至9月才赶到北京。光绪帝召见谭嗣同，命他"凡认为应变的事，随时条陈"。

9月5日，光绪帝特授谭嗣同、刘光第、杨锐和林旭四品卿衔，任军机

■《明定国是诏》档案

章京，时称"军机四卿"。四个人中，刘光第是由湖南巡抚陈宝箴保荐的，杨锐是湖广总督张之洞的门生，林旭是康有为的学生，只有谭嗣同是自己闯出来的。

谭嗣同应召赴京前，和他的爱妻分别时，曾作一首《留别内子》诗，诗后缀以数语。这一诗一跋，有如遗嘱，后来真成语谶。

诗曰："婆娑世界善贤劫，净土生生此缔缘。十五年来同学道，养亲抚侄赖君贤。"

跋曰："视荣华如梦幻，视死辱为常事；无喜无悲，听其自然。惟必温节俭，免得人说嫌话耳。"

2. 戊戌政变

谭嗣同参政时，维新派与顽固派的斗争已是剑拔弩张。

从光绪帝颁布《明定国是诏》以来，慈禧太后周围的顽固保守派日夜谋划，企图置维新派于死地。他们赶走帝师翁同龢，然后升荣禄为北洋大臣兼直隶总督，节制京城军队。

这时各种传闻有很多。其中京津一带盛传慈禧太后将在10月份赴天津阅兵时，以武力强迫光绪帝退位。

光绪得到消息后惶惶不可终日，连下两道密诏，责成康有为、谭嗣同等人急筹对策。然而，这些书生气的维新派一时手足无措、惊恐万状，觉得只有去说服袁世凯站到自己这边，才能保住光绪。

于是谭嗣同冒着风险去找袁世凯，来到其住处，未及通报便径入屋中，二人寒暄几句，就切入正题。

谭嗣同把光绪皇帝的密诏和康有为等商议的对策，告诉了袁世凯：太后与荣禄密谋，十月天津阅兵，将废光绪，取消新政。要袁世凯派一半兵力围住颐和园，一半兵力守住皇宫，杀荣禄让太后还政于皇上。

袁世凯本是李鸿章提拔的洋务派官僚，虽曾加入康有为的强学会，表面上装着拥护皇帝、赞成变法，实际上并不敢反对慈禧太后。他故作慷慨地满口答应。

谭嗣同轻信了袁世凯的鬼话，回去向康有为等人"报喜"去了。

袁世凯则于20日晚赶回天津，向荣禄告密。荣禄立刻密报慈禧太后。21日，慈禧发动政变，并连发懿旨捉拿维新派。

谭嗣同听到政变消息后并不惊慌，置自己安危于不顾，多方活动筹谋营救光绪皇帝，但计划均告落空。在这种情况下，他决心以死来殉变法事业。

谭嗣同把自己的书信、文稿交给梁启超，要他东渡日本避难，并慷慨地说："不有行者，无以图将来，不有死者，无以召后起。"其间日本使馆曾派人与他联系，表示可以提供"保护"，他毅然回绝。

24日，谭嗣同在浏阳会馆被捕。

3．从容就义

谭嗣同等6人从被捕到菜市口斩首，仅有6天。其间，"谭在狱中，意气自若，终日绕行室中，拾取地上煤屑，就粉墙作书。问何为？笑曰：'作诗耳！'可惜刘不文，不然可为之笔录，必不止'望门投止思张俭'一绝而已"。

和谭嗣同一起关押的林旭，在狱中时作微笑。康有为的弟弟康广仁，则以头撞壁，痛哭失声说："天哪！哥子的事，要兄弟来承当。"刘光第听到"提犯人出监直奔西南角门"，乃大愕，骂曰："未提审，未定罪，即杀头耶？"尚有杨深秀、杨锐，无所闻。

由此可见，"戊戌六君子"中，谭嗣同最为英雄。

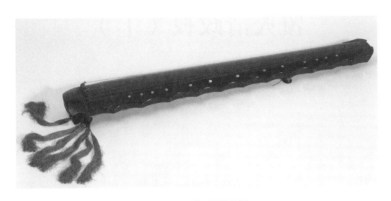

■ 谭嗣同的"霹雳琴"

9月28日，谭嗣同与其他5位志士英勇就义于北京宣武门外菜市口。当他们被杀时，刑场上观看者上万人。谭嗣同神色不变，临终时大声说："有心杀贼，无力回天，死得其所，快哉快哉！"充分表现了一位爱国志士舍身报国的英雄气概。

谭嗣同死后，"大刀王五"为他收尸。1899年，他的遗骸被运回原籍湖南浏阳，安葬于城外石山下。后人在其墓前华表上刻上一副对联，以表扬英灵：

"亘古不磨，片石苍茫立天地；一峦挺秀，群山奔赴若波涛。"

第三十九讲

覆灭清政权（上）

说到大清王朝的灭亡，就必须提到一个人物：在甲午中日战争中崭露头角、在戊戌变法运动中发迹受宠的袁世凯。

一、袁世凯的崛起

1. 袁世凯的青少年时代

袁世凯，1859 年出生于河南项城，字慰亭，别号容庵，在家中排行第三。

袁家在项城是世家，他的父亲袁保中在地方上位列巨绅，参与平捻有功。叔祖袁甲三是淮军名将，最后官拜总督。叔叔袁保庆随叔祖常年征战在外，年已 40 还没有儿子，于是袁保中便把儿子袁世凯过继给了袁保庆。

袁世凯天性聪慧、悟性很高，但

■ 袁世凯像

极不用功。1873 年夏，袁保庆卒于江南盐巡道任上，他生前好友刘铭传、吴长庆为其治丧，并把袁世凯送回项城。

1875 年，袁世凯的堂叔、时任户部左侍郎的袁保恒回家，见其游手好闲、无所事事，就把他和二哥袁世廉一同带到北京管教。这一年秋，袁世凯的生父去世，袁保恒对袁世凯的管教就更严了。

2．两次乡试落第

1876 年秋，袁世凯返回项城参加乡试，落第。他的生母刘氏和嗣母朱氏给他娶了一位于家小姐为妻。

1877 年，袁世凯认识了比他大 4 岁的天津人徐世昌，成为莫逆之交。徐世昌当时穷困潦倒，正在陈州做馆学教师，苦于没有路费北上应试。袁世凯便解囊相赠，资助徐世昌赴考。徐世昌于 1882 年中举，1886 年中进士，入翰林院。此后成为袁世凯一生的重要谋士。

1878 年，袁保恒病故。次年秋，袁世凯又参加了一次乡试，再次落第。当时朝廷盛行捐官，袁世凯得到叔父余荫，成为中书科中书。但他并不把这个捐官放在眼里，而是把所有诗文和书籍一把火烧掉，说："大丈夫志在四方，岂能郁郁久困在笔砚之间，以自误岁月？"

1881 年正月，庆军统领吴长庆督办山东海防，调袁世凯到营中。1882 年 6 月，清廷派吴长庆率兵赴朝鲜，袁世凯亦随军前往，从此开始他在朝鲜的政治生涯。

3．训练朝鲜新军

当时，朝鲜国王鉴于"禁兵之不可用"，试图借助清朝政府的力量改练新军。清廷遂令吴长庆负责具体筹划。1882 年 11 月 3 日，吴委派袁世凯等人编练朝鲜新军。

在袁世凯的组织推动下，新军训练进展迅速。到 12 月初，朝鲜国王于春塘台检阅左营时，发现该营"步法颇正，放枪亦熟"，因而称赞袁"教练之有法"，并决定于江华沁营旧军中选调 500 名士兵，编为"镇抚营"，拨归袁世凯训练。

1883 年 1 月，镇抚营成立，编制一如亲军营，由袁"指授一切教练事宜"。朝鲜旧军和中国绿营一样，均使用旧式刀枪，军官中饱私囊，"饷不如额"。而经袁世凯训练的新军，换上了新式枪炮，表面上"技艺娴熟，步伐整齐"；但这支所谓新军"一切从湘淮军制"，左右两营又"多贵戚豪奴及王京无籍少年""将领复恣渔侵"，腐败现象依然如故。

■ 袁世凯在朝鲜（前排右二）

1885 年 7 月，清军从朝鲜撤出后，李鸿章为了维护中朝"宗藩关系"，起用"足智多谋"的袁世凯为驻朝鲜商务委员。1894 年 7 月 21 日，中日甲午战争爆发前，袁世凯返回天津。

4. 改练新军的积极鼓吹者

甲午战争后，清廷上下痛定思痛，把所有罪责都算在李鸿章身上，却把所有好感都集中在朝鲜成功练兵、安定局面的袁世凯身上。袁世凯留在天津时，还找人代笔编写了一本兵书，记载了他在朝鲜改练新军的经验，获得了"文武双全"之名。

时已 73 岁高龄的李鸿章也很看得起这个后辈，处处提携袁世凯，替他开辟了通向北洋大臣权力的大道。

甲午战争后，清朝举国求"变"。袁世凯是旧势力中的新人，同时也是新势力中的保守分子，两面讨好，逐渐成为政治和军事上的宠儿。

在《马关条约》签署后的 6 个月，清廷派醇亲王奕譞、庆亲王奕劻、军机大臣翁同龢、李鸿章和荣禄等会商编练新军，袁世凯受命负责起草计划和规章，不久又主持训练事宜，开始了其一生中最重要的事业——小站练兵。

二、小站练兵

1. 小站的历史

小站地区东临渤海，处于大沽海防要塞与天津之间，距天津 60 余里，离北京也不过 300 里，是天津的南大门、北京的屏障。这里地域辽阔，交通便利，过去人烟稀少，宜于屯田养兵。

早在 1567 年，大明蓟辽总督戚继光练兵戍边，防御倭寇入侵中国，就专设"督司"，负责南从山东杨家沟起，经天津小站一带，北至芦台一段的防务。这时小站地区已成为驻兵重地。

1874 年，李鸿章奉慈禧太后之命，派淮军部将周盛传率 7000 余人到天津镇守大沽要塞，1880 年调往小站练兵，称"自强军"。它下设 7 个营盘：盛字营、传字营、正营、老左营、后营、前营、副营。周盛传在小站练兵十八九年之久。中日甲午战争爆发后，自强军赴安东与日军作战，不幸全军覆没。

1894 年，清廷派长芦盐运使到小站操练新式陆军，取名"定武军"，聘请德国教官汉纳根主持训练。定武军设有 10 个营盘，装备洋枪洋炮，分步、炮、工、骑 4 个兵种，编有步兵 3000、炮兵 1000、工兵 500、骑兵 250，共计 4750 人。

2. "新建陆军"

1895 年冬，袁世凯来到新农镇，以定武军为基础，又招募了 2500 人，组织起 7250 人的新建陆军。这支部队每年开支军费白银几十万两，加上杂支费共二百万两。其中杂支费专为袁世凯向当朝权贵行贿送礼、应酬亲友及犒赏部下之用。

新建陆军仿照德国军队建制，聘请德国教官进行近代化军事训练。此外成立了督练处，设有粮饷、军械、转运、洋务四个局和督练营务、执法营务两个处。袁世凯聘请其老友徐世昌为营务参谋。徐为文人，不懂军事，不过是为袁运筹帷幄，并非主持练兵。

新建陆军除了吸收原自强军、定武军的营盘外，又在小站附近增设了东右营、西右营、南五营、新军营、黄家营、马房营、工程营、小马队营、大营盘、小营盘等10个营盘。

袁世凯为了避免清廷满洲权贵怀疑，就请满洲贵族陆军大臣荫昌推荐军事骨干。荫昌推荐了武备学堂毕业生王士珍、段祺瑞、冯国璋等人。袁世凯遂任命王士珍为工兵学堂总办兼工兵统带，段祺瑞为炮兵学堂总办兼炮兵统带，冯国璋为步兵学堂总办兼督练营总办。步、炮、工兵3个学堂随军建立，边操练、边培养军事力量。此外，小站营盘还设立了速成武备军官学校，由德国人汉纳根担任教官。

3. "北洋三杰"

从此，王、段、冯3人成为袁世凯新军的3根支柱，分别获得龙（王士珍）、虎（段祺瑞）、狗（冯国璋）绰号，合称"北洋三杰"。

王士珍，字聘卿，直隶正定县人。他家境贫寒，先给人放牛，后投入朝阳镇总兵杨瑞生旗下做马弁。王士珍最早不叫"士珍"。有一年聂士成编练武卫新军，向杨瑞生调用军事人才，杨开了一张名单，其中有个叫王士珍的守备官。不料王守备被保举后因病回了原籍，恰好王马弁为人能干、立志向上，杨总兵便叫其冒名顶替，前往武卫新军报到。王士珍到武卫新军后不久，又被选送到武备学堂受教3年，曾参加过甲午中日战争，战后随聂士成驻军芦台。他一直用此冒名，而真的王士珍却晚年潦倒，沦落到在杨瑞生家中做烧饭司务。

■ 袁世凯与北洋新军军官

段祺瑞，字芝泉，安徽合肥人。在武备学堂毕业后，曾被派去德国研究军事。

冯国璋，字华甫，直隶河间县人。出身秀才，在武备学堂步兵班毕业，曾供职于聂士成的武卫军，后来再度进入武备学堂研究战术。

4. 受宠朝廷

由于小站练兵名目既多，花钱也不少，因此被守旧人物攻击。1896 年，有御史参劾小站兵事浪费国帑，清廷遂派荣禄到小站详细检阅，同时考察训练情形。

荣禄是慈禧的红人，他视察得非常仔细，也因此更加赏识袁世凯的才干。视察报告到了慈禧和光绪手中，他们也对袁世凯有了深刻印象。

1899 年春，荣禄再度莅临小站，点校新建陆军，对新军的规模、训练、精神以及所操演阵形都极为满意，大为激赏。他告诉袁

■ 袁世凯进献的"美国头疼膏"

世凯：奉慈禧太后密旨，授权自己在北洋组织一支崭新的军队。他认为新军应该以小站的新建陆军为模范，并令袁世凯提出具体编制计划。

5. "武卫右军"

袁世凯用 3 天时间拟就新军军制：仿效新建陆军，编为 5 军，每军辖 8 营，即步兵 5 营、炮兵 1 营、马兵 1 营、工兵 1 营，另附 1 个学兵营。每营设 1 名统带，率 4 个领官，每个领官领 1 队，每队 250 人，合计 1000 人。每营兵士必须足额，饷粮按人发放。

荣禄立即接受了袁世凯的建议，将新军定名为"武卫军"。

武卫军分为前、后、左、右、中 5 个军。荣禄担任全军统帅并兼统武卫中军，命袁世凯统武卫右军。

武卫右军由新建陆军改编而成，是武卫军中最完整、最精锐的部队，有 17000 人。此后，袁世凯经常往来北京、天津，圣眷日隆。慈禧特赏他在西苑门内骑马和乘坐拖船，这在当时大臣中是无比殊荣。

三、戊戌政变中的袁世凯

1898 年 6 月 11 日，戊戌变法开始。其间光绪帝发布了上百道新政谕诏，除旧布新。但改革措施遭到了顽固守旧势力的反对和阻挠，很多上谕都成了一纸空文，光绪和慈禧之间的矛盾也逐渐激化。

八九月间，形势进一步恶化，守旧势力预谋政变。光绪帝颁密诏给维新派，要他们筹商对策。康有为、梁启超、谭嗣同等人决定誓死营救皇帝，并实行兵变，包围颐和园，迫使慈禧太后交权。

9 月 18 日深夜，谭嗣同只身前往袁世凯的寓所法华寺，企图说服袁举兵杀荣禄，包围颐和园。

■ 慈禧太后像

9 月 21 日，慈禧发动政变，宣布训政，囚禁光绪，大肆搜捕维新人士。康有为、梁启超逃亡日本，谭嗣同等"戊戌六君子"遇害。变法最终失败。

传统说法认为，袁世凯的告密直接导致了慈禧发动政变。但其实在变法初期，袁世凯与维新派一直过往甚密，表现出积极推动变法的热情。

1895 年夏，当康有为的"上清帝第四书"投递无门时，是袁世凯主动帮忙交给督办军务处，请求当时手握重权的荣禄代递。虽然最后被荣禄拒绝，但康有为因此很感激他。后来维新派成立强学会，袁世凯被列为发起人之一，还捐资作为会金。

1895 年冬，袁世凯受命在天津小站编练陆军时，与维新人士严复等定期相聚，一起谈论维新事宜。

1898 年 6 月，戊戌变法的重要支持者翁同龢被罢官路经天津时，袁世凯冒险派人持函送礼，以示慰问。

1898 年 8 月，变法运动达到高潮，袁世凯派徐世昌到北京与维新派联系，并与康有为、梁启超等不断接触，表达自己对变法事业的关切。

袁世凯的这些举动，赢得了维新志士的信任，因此才在危急时将重任托付于他。经维新派举荐，光绪在颐和园召见了袁世凯，破格提升他为候补侍郎，继续专办练兵事务，并暗示他以后可不受荣禄节制。

9 月 18 日，维新派几位核心人物聚在一起，商议救光绪的办法，其中竟有袁世凯的心腹徐世昌。如果不是袁世凯的全力支持，维新派也不会让徐世昌参与。

然而，袁世凯浮沉宦海多年，不会不明白光绪和维新派远远不是慈禧和顽固派的对手。经过权衡，他决定投靠后党。因此他被提升为候补侍郎后，"自知非分"，唯恐引起后党猜疑，于己不利，便在被召见的当天下午，急忙四处拜访后党权贵进行解释，以表白心迹。

9 月 18 日深夜，谭嗣同走后，袁世凯一夜未睡、"反复筹思"，知道自己面临着生死抉择，对自己在谭嗣同面前的表态非常懊悔，生怕其会将密谈内容向后党揭发。为了保全自己，袁世凯最终下决心出卖维新派。

最后，袁世凯因告密有功，受命暂时署理直隶总督，其新建陆军还得了 4000 两赏银。慈禧为表示对他的信任，还特准他在西苑门内骑马。此后，袁世凯便以慈禧和荣禄为靠山，走上了飞黄腾达的捷径。

当时社会上流传着一首歌谣，讽刺袁世凯出卖维新派：

"六君子，头颅送。袁项城，顶子红。卖同党，邀奇功。康与梁，在梦中。不知他，是枭雄。"

第四十讲

覆灭清政权（下）

1899 年，袁世凯奉命率武卫右军开往山东德州镇压义和团运动，后升任山东巡抚。此后，他和北洋军逐渐崛起。

一、北洋新军的崛起

1."勤王"得宠的北洋新军

1900 年，义和团转战京津，与八国联军侵华部队发生战争，慈禧遂命袁世凯率军入京防卫。

袁世凯率部移驻保定后按兵不动。当年 8 月，八国联军侵占北京，慈禧亡命西安。当时，荣禄的武卫四军全部崩溃，独袁世凯的武卫右军不仅完整保存下来，而且将山东旧军 34 营淘弱留强，编为 20 个营，定名"武卫右军先锋队"，一并带到了保定。至此，以小站新建陆军为骨干的武卫右军发展到 19600 余人。

后来，袁世凯以"勤王"得宠，升任直隶总督、北洋大臣兼任练兵大臣，赏双眼花翎，加宫保衔。袁世凯大权在握，大举扩充军队，将武卫右军调回小站，并添置了洋枪洋炮。他还成立练兵处，以徐世昌为总提督，下设 3 个司，以王士珍为军政司正使，冯国璋为军学司正使，段祺瑞为军令司正使。

1904 年，朝廷改武卫右军为北洋新军，成立 3 个镇，扩兵到 25000 人，转年改为北洋常备军，又新建 3 个镇，扩充到八万人。除第一镇由满人铁良统率外，其余 5 镇都是袁世凯的嫡系，主要将领都是小站练兵出身。

2．北洋军阀的形成

袁世凯从小站练兵开始，就向官兵灌输尊君之命、封建伦理、升官发财和宿命轮回等思想，还编有《劝兵歌》，定为军歌天天唱。

随着清王朝日薄西山，袁世凯的野心和权力越来越大。他明目张胆树立个人权势，小站所建陆军各营供起他的长生禄位牌，宣传其是军队的衣食父母。每天上下操集合时，官长都要问士兵："咱们吃谁的饭？"士兵们齐声回答："咱们吃袁宫保的饭！"官长又问："咱们给谁出力？"士兵们又齐声回答："咱们替袁宫保出力！"常此后，北洋官兵便只知有袁世凯，不知有清朝，更不知有国家民族了。

自 1895 年袁世凯小站练兵新建陆军起，中国近代史上逐步形成了一个庞大的军事、政治集团，史称"北洋军阀"。到 1928 年国民党蒋介石新军阀取代其政权为止，北洋军阀存在长达 33 年之久。

小站练兵起家的北洋军阀将领，后来爬到督军以上的有 34 人，其中还出了 4 个民国总统：袁世凯、冯国璋、徐世昌、曹锟。北洋军阀政府总理、陆军总长一级的也有 6 人：段祺瑞、王士珍、段芝贵、唐绍仪、张怀芝、靳云鹏。

北洋军阀集团，对外投靠帝国主义，引狼入室；对内镇压革命，屠杀百姓。军阀之间争权夺利、连年混战、祸国殃民，在近代史上留下了臭名昭著的一页。

二、袁世凯与"清末新政"

1．"清末新政"的开始和袁世凯的态度

《辛丑条约》签订后，清政府为维护统治，正式发出上谕，开始推行新政，陆续颁布了一系列法令。

袁世凯对于新政一直是采取积极的态度。早在山东巡抚任上，他就开始贯彻执行这些法令，并于1901年春，向朝廷提出了筹办新政的10条办法，包括整顿吏治、改革教育、振兴实业、增强军备等。山东也由此成了全国最早推行新政的地区。

1901年秋，袁世凯署理直隶总督兼北洋大臣，这成为他登上晚清政坛权力顶峰的起点，也成了推动新政的最重要人物。

2. 驭下之道

袁世凯驭下很有一套，他非常清楚每个军官的兴趣爱好、礼贤下士、爱惜人才。对待士兵，他从不摆架势，和他

■ 袁世凯关于筹办新政十条办法的奏折（印本）

■ 担任山东巡抚时的袁世凯与德国官员

们同甘共苦、打成一片。

北洋之虎段祺瑞，受李鸿章提携留学德国学成归国后，在北洋军中担任第三镇统制，后来成为北洋军二号人物。袁世凯将自己的义女张佩蘅嫁给段祺瑞，袍泽关系还加上一层翁婿关系。后来袁世凯被开缺回籍时，还将北京住的房子赠给了段祺瑞。

冯国璋从日本留学回国后，被聂士成介绍给了袁世凯，并献出了自己撰写的《操练兵法》，被袁世凯极为器重。为了拉拢他，袁世凯将府中的家庭教师许配给了冯国璋。一次，袁世凯吃饭时，有道红烧蹄髈的菜，想起冯国璋也喜欢，立即吩咐人给冯国璋送去。

他在小站练兵时，手下谋士阮忠枢有一次对他说，自己看上了一个叫小玉的天津青楼女子，想纳为小妾，看能不能破个例。袁世凯听后当即拒绝，断不会破坏军纪。过了不久，袁世凯让阮忠枢和他一起去天津办事。下车后天色已晚，袁世凯请他一起去看一个朋友，然后被人带到了小站最繁华的地方，而且锣鼓喧天、热闹非凡，这时一个蒙着盖头的新娘被众人簇拥而来，揭开盖头一看，竟然是小玉。原来袁世凯秘密派人给小玉赎了身，安排两人光明正大地明媒正娶，从此，阮忠枢死心塌地效忠袁世凯，甚至袁称帝时都始终如一。

后来，武昌起义爆发时，清廷指派荫昌来指挥北洋军，但一众北洋将领们拒绝荫昌的指挥，直接提出唯听命于袁世凯指挥。

3．创办巡警

庚子事变后，八国联军占据天津，驻天津的直隶总督被迫转移到保定，清政府失去了对天津的统治权。《辛丑条约》签订后，八国联军撤出天津才被提上日程。1902年正月起，清政府开始就列强撤出天津，与列强的驻华公使展开谈判。据当时《申报》所载，列强拟定归还天津条款的第四条规定："距联军占领之天津街市三十基罗迈当（公里）以内，中国不得置守卫兵。"第五条规定："天津街市及督署所占境内，中国可设立警察，但不得三千三百名之数。"

1902年夏，袁世凯在保定设立警务局，开办巡警学堂，后来又把训练好的3000名巡警调进天津，设南、北巡警局，开创了中国近代警察制度。

此后将巡警制度推广到各府县和铁路，建立全省警察网。1905 年，他又建议清廷设立巡警部，并推荐亲信徐世昌任尚书、赵秉钧为侍郎，从而控制了警政。到清末，天津有警察约 5000 人，专业消防队员 120 人，蒸汽消防车 3 台，人力消防车 4 台，运水搬运车 10 辆。

4．废科举，改革教育

科举制在中国已经延续了 1300 多年，但到 18 世纪，科举制度已经不能顺应历史发展的方向，严重桎梏了知识分子们的思想和中国人才的培育。1905 年，由袁世凯领衔，联合湖广总督张之洞、两广总督岑春煊、两江总督周馥等会衔奏请立停科举，建立新式学堂，得到清政府批准。清政府谕令从丙午（1906 年）科起，停止所有乡试、会试和各省岁试，为新式学校发展扫除了障碍。

另外，袁世凯推广兴办新式学校，使直隶省的新式教育迅速发展，奠定了中国近代教育的基础。据统计，在 1907 年，直隶有各类学堂 8700 余所，学生十六万多人，居全国第 2 位。此外，还创办普通科学馆、图书馆，利用阅报处、犯罪习艺所等社会教育机构与设施进行社会教育活动，促进了民众传统观念的转变。

5．发展实业，振兴经济

1905 年，袁世凯出面筹钱，聘请詹天佑担任总工程师，督修了中国人自己建造的第一条铁路京张铁路。袁世凯主动对外开放，开通商埠，引进外资，奖励乡绅兴办各种实业，培养技术人才，购买农业机械。在袁世凯大力提倡下，民族工商业得到很大发展。

6．伪倡立宪

晚清自康梁以来，就从未停止对君主立宪的探索。特别是庚子事变后，君主立宪成为大清不得不启动的政治体制改革。1905 年开始，革命运动方兴未艾，清政府被迫开始了立宪运动。慈禧太后派出载泽、端方等五大臣出洋考察，袁世凯为表支持从直隶拨款十万两作为考察费用。袁世凯看到朝廷意向已决，顺势加入立宪派，与张謇等民族资产阶级立宪领袖上下呼应，共同推动。

在立宪新政过程中，袁世凯大肆配置自己势力，仅仅五六年的时间便形成北洋集团，成为清末最大的政治势力，并赢得了立宪派的好感和信任。武昌起义后，袁世凯之所以被南北各方面政治势力所认可，是以新政时期他的举措为基础的，袁世凯改革家的形象在当时深得人心。

然而北洋势力的崛起已经威胁到了清政府，摄政王载沣刚上台不久，就将袁世凯开缺回籍，这不仅没有挽救清王朝的危机，反而加速了其灭亡的速度。

■ 监国摄政王载沣像

三、袁世凯与辛亥革命

1．武昌起义的爆发

1905 年，中国同盟会在日本东京成立，推举孙中山任总理，以"驱除鞑虏，恢复中华，建立民国，平均地权"为纲领开展行动。

1907 年夏，同盟会组织民众在广东黄冈、安徽安庆、浙江绍兴等地起义，均告失败。1910 年春发动广东新军起义，失败。1911 年春发动黄花岗起义，再度失败。

1911 年 10 月 10 日，武昌起义爆发。当晚革命军占领武昌。12 日，武汉三镇全部光复。

革命党人占领武汉的消息传到北京，引起了清廷惊恐。由于南方新军大都倒向革命，清廷只能把镇压革命的希望寄托在北洋军身上，急命陆军大臣荫昌率北洋军南下。但荫昌根本没有指挥作战的经验和能力，且北洋军都是袁世凯一手训练出来的，根本不听指挥。

于是清政府内阁总理大臣奕劻提出："此种非常局面，自己绝对不能承当。袁世凯有气魄，北洋军队都是他一手编练，若令其赴鄂剿办，必操胜算，否则不堪设想。"

2．"隐居"洹上的袁世凯

1907 年，袁世凯权高震主，被免去直隶总督兼北洋大臣职务，调任军机大臣兼外务部尚书，削去了兵权。

1908 年冬，光绪和慈禧先后病逝，醇亲王载沣之子溥仪继位。在慈禧死的前一天，她宣布由醇亲王为摄政王、监国，主持朝政。1909 年初，载沣忌惮袁世凯，怕自己大权旁落，决定让他"开缺回籍养疴"。后来他隐居到河南彰德城北门外的洹上村。

在洹上村的养寿园里，袁世凯每天逍遥自在，并在上海《东方杂志》上登载自己"蓑笠垂钓"画面，自称"洹上渔翁"，对此时期居住的园林照片还作了题跋："余于巳酉、庚戌岁，养疴安阳。负郭辟园，尚饶佳趣，命名曰养寿。策杖弄舟，游观自得，宁静旷远，有足乐者。辛亥改政，迫于安危，暂弃林泉，勉膺大任，四年于是，日不计暇。追怀洹水，时复惘然。因检旧有摄景 16 帧，重治一册，偶加披览。傥国基底定，付托得人，或可躬历，以偿优游之愿尔。"

然而，袁世凯虽然身居乡村，却经常有一些朝野要人来看望。他还紧紧

■ 袁世凯在彰德蓑笠垂钓

控制着北洋军，等待时机东山再起。

3．内阁总理大臣

1911 年 10 月 10 日，辛亥革命的开端武昌起义打响。到 12 日，武昌、汉口、汉阳 3 镇，已经被革命党迅速占领。黎元洪被推举为都督，改国号为中华民国，其他各省民众纷纷起义响应。

清廷派出四路大军前往武汉镇压。第一路统帅是满人将领荫昌，但是北洋新军根本不听他诏令；第二路统帅是袁世凯的嫡系冯国璋，根本和清廷不是一条心，在去往湖北的路上，冯国璋还去向老领导请示，一路慢慢悠悠直到 10 月底才到了武汉；第三路是载沣的弟弟载涛——大清禁卫军，负责督战；第四路是大清海军主力，统帅是海军老将萨镇冰。本来载沣一上台就把海军大权交给了他弟弟载洵，一打仗，又把萨镇冰推出来出苦力。后来，海军军舰射出去的炮弹，不是落到江面上就是落到野地里，根本伤不到革命军。

1911 年 10 月 14 日，清廷火速任命袁世凯为湖广总督，要他率北洋军去镇压革命。但袁世凯借故称病，故意拖延。

此后革命形势发展得更快，而湖北前线的清军却一直停滞不前。清廷万不得已，于 27 日任命袁世凯为钦差大臣，节制湖北水陆各军及长江水师，并全部答应了他的各种要求。这下袁世凯的病全好了，30 日赴湖北誓师。11 月 1 日，他指挥冯国璋部攻入汉口。当天，清廷任命袁世凯为内阁总理大臣。

武汉三镇，袁世凯一来就拿下汉口和汉阳。汉阳一战，革命党和北洋军都损失惨重。

4．清帝退位

1911 年 12 月 18 日，南北和谈经过四次会议后南北双方初步达成停火协议，南方各省愿意支持袁世凯当总统，但条件是清帝必须退位。革命党人希望袁世凯逼迫清帝退位后，再以南京为首府，由其担任总统，通过这种方式限制袁世凯的权力，但袁世凯坚持定都北京，并在清帝退位前就要认可他为总统，双方一直僵持不下。

到了 1912 年 1 月 1 日，孙中山宣布就任中华民国临时大总统。袁世凯极为恼怒，决定采取武力威胁，并指使北洋将领群起造势。在各种力量压迫下，革命党人被迫同意在清帝退位和袁世凯赞成共和的条件下，把政权让给他。

公元1912年1月26日，袁世凯在与革命党人谈妥后，授意段祺瑞率北洋将领50人联名奏请清廷立定共和政体，接着又发表通电声称："共和国体，原以致君于尧舜，拯民于水火。乃因二三王公迭次阻挠，以至恩旨不颁，万民受困……瑞等不忍宇内有此败类也……谨率全军将士入京，与王公剖陈利害。"言外之意，如果清帝再不退位，北洋军就要攻打北京。这样清皇室内部就没有人敢反对了。

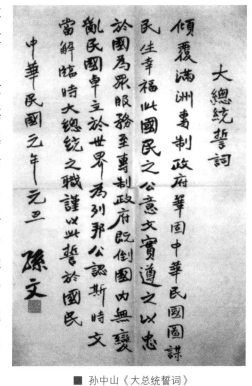

■ 孙中山《大总统誓词》

1912年2月12日，清帝溥仪宣布退位，结束了清朝268年的统治，也结束了中国2132年的帝制。袁世凯在退位诏书中擅自添加了"即由袁世凯以全权组织临时共和政府与民军协商统一办法"一句，意在表示袁世凯政权是受自清政府，与南京临时政府毫无关系。孙中山对此非常愤慨，却又无可奈何。

■ 清帝退位诏书